Peroratas

Fernando Vallejo

Peroratas

ALFAGUARA

© 2013, Fernando Vallejo
© De esta edición:
2013, Distribuidora y Editora Aguilar, Altea, Taurus, Alfaguara, S. A.
Carrera 11A No. 98-50, oficina 501
Teléfono (571) 7 05 77 77
Bogotá - Colombia

Santillana Ediciones Generales, S. A. de C. V.
Av. Río Mixcoac 274, Col. Acacias,
México, D. F., C. P. 03240, México.
Teléfono 5420 7530
www.alfaguara.com/mx

ISBN: 978-607-11-2681-8
Primera edición: abril de 2013

© Diseño:
Proyecto de Enric Satué

© Imagen de cubierta: Brand X Pictures, Thinkstock by Getty Images

Impreso en México

PRISA EDICIONES

Prólogo

Alfaguara ha reunido aquí treinta y dos textos míos: artículos, discursos, conferencias, ponencias, prólogos y presentaciones de libros y películas. En ellos quedan expresados mis sentimientos más fuertes: mi amor por los animales, mi devoción por algunos escritores, mi desprecio por los políticos y mi odio por las religiones empezando por la católica en que me bautizaron pero en la que no me pienso morir. Si la Iglesia no me ha quemado vivo con lo que he dicho de ella es porque ya no puede, porque desde el Siglo de las Luces y la Revolución Francesa ha ido perdiendo poco a poco su capacidad de hacer el mal. Hoy ya no pueden levantar en las plazas públicas las hogueras para quemar herejes y brujas. Cuando leía en Ámsterdam mi conferencia «La Patagonia, el fin del mundo», que aparece en este libro, los holandeses que me escuchaban en traducción simultánea del español al holandés se iban saliendo indignados tirándome de paso sobre el podio donde hablaba los audífonos. ¡Y pensar que terminaba mi conferencia invocando el espíritu libre de Erasmo el tolerante! No alcanzaron a llegar hasta el fin. Acabando de leer mi conferencia con media sala vacía me sonaron muy sarcásticas mis palabras finales. En cuanto al tema de la Patagonia, fue idea de los que me invitaron, y tenía que ver con el segundo milenio, que estaba por terminar. Entonces entendí que Europa, que vivió las guerras de religión, no es nuestra América Latina libre, el último reducto de la libertad. Allá no se puede hablar. Ni en los Estados Unidos. Ni en los cincuenta y dos países musulmanes. En el vasto ámbito geográfico que abarcan es un riesgo afirmar que Dios no existe y que si existe es Malo; que Cristo no existió y que si existió fue un loco rabioso; que el cristianismo ha sido desde que empezó una inmensa farsa y una empresa criminal, y que el Islam es otra, siendo imposible determinar cuál de esas dos barbaries disfrazadas de civilizaciones es más infame.

Otras explicaciones sobre algunos personajes y circunstancias de estos textos. Cuando leía en el Parque Nacional de Bogotá, durante un encuentro de escritores, mi mensaje «A los muchachos de Colombia», me gritaban desde el público «¡Apátrida!» Y sí, pero se quedaron cortos. Yo ya no sé dónde meterme en el planeta. Ruido y bribonería es lo que encuentro por todas partes. Y elecciones. Este planetoide del Sistema Solar se la pasa los 365 días del año ejerciendo lo que llaman la «democracia», eligiendo hampones.

«El palacio embrujado de Linares» es mi presentación de mi libro *Mi hermano el alcalde*. Fue la primera presentación de libro que se hizo por teleconferencia (ya no saben qué inventar) y tuvo lugar entre las oficinas de mi editorial Alfaguara en la Ciudad de México, desde donde hablaba yo en medio de una nube de humo y con un altar de muertos mexicano encendido de veladoras detrás de mí y sonando el comienzo del poema sinfónico «Finlandia» de Sibelius que de niño me causaba miedo, y la Casa de América en Madrid donde estaba el público. El «palacio embrujado de Linares» es hoy justamente la Casa de América. El edificio de Alfaguara, de varios pisos (entonces mi editorial era una empresa boyante que se podía dar el lujo hasta de quemarlo), se llenó del humo de una máquina que contratamos para darle al asunto una atmósfera de terror. Llegaron los bomberos con sus sirenas a apagar el incendio, pero no, ¡falsa alarma!

A cada uno de ellos le di un ejemplar del libro dedicado: «Para el bombero fulano de tal, quien nunca leerá estas páginas». Cosa evidente porque los bomberos no están para leer libros. ¿Y quién los leerá mañana? Ahí está mi ponencia «¿El fin del libro?» para medio contestar.

Mi perra Bruja es a quien más he querido. Clarita Gómez era una psicoanalista que murió poco después de leer el prólogo que le escribí para su libro, que resultó póstumo. ¡Como ella! Y es que su papá, que fue un escritor importante en mi tierra de Antioquia, murió meses antes de que ella naciera. A García Márquez ya lo conocen. Aún vive. ¿Y este «aún» sobra? ¿Será pleonasmo? El filólogo, gramático y árbitro del idioma Rufino José Cuervo, mi paisano, y que está en dos de estos textos y canonizado por mí en el cielo, es quien habría podido decirnos a ciencia cierta si ese «aún» es pleonástico, pero ya murió. ¿Y este «ya» también será pleonástico? La revista *Soho* aún no la clausuran y es un éxito. Vive de sacar viejas en pelota.

En la presentación de *La Rambla paralela* una señora ingenua del público me preguntó en público que por qué no me casaba. «Consígame un muchacho bien bonito que me quiera y me caso», le contesté. ¡Qué me iba a conseguir nada! A mi conferencia «El lejano país de Rufino José Cuervo», que tuvo lugar en el auditorio del Gimnasio Moderno de Bogotá, llegué acompañado de veinte perros callejeros. El «Discurso del Congreso de Escritores colombianos» lo pronuncié delante del vicepresidente de Colombia Gustavo Bell, que lo tomó muy civilizadamente, con sonrisitas. La plata del Premio Rómulo Gallegos se la di a los perros callejeros de Caracas. La del Premio de la FIL, a los de México. Si algún día me dan un premiecito más substancioso, me lo guardo para mi entierro o funeral. O «funerales», con plural aumentativo, como cuando hoy decimos «Los dineros de las ayudas a los damnificados se los robaron los políticos». El queísmo, el dequeísmo, los anglicismos, los «dineros», las «ayudas», los altos «cargos», los altos «mandos», la pluralitis, la mayusculitis... ¿Para dónde irá este idioma? Pues para donde van el libro y el mundo.

El artículo «Leyendo los Evangelios» me costó mi renuncia a la nacionalidad colombiana. Un leguleyo que hoy es procurador de la República me demandó por agravios a la religión y me iban a meter preso. ¿Preso yo en el país del narcotráfico, de los paramilitares, de las FARC, de la impunidad rampante? Dios libre y guarde. México me dio entonces la nacionalidad mexicana, y como a la colombiana es imposible renunciar por razones burocráticas pues el proceso toma mucho más de lo que vive un ser humano, hoy soy colombo-mexicano, ciudadano por partida doble. «Al que no quiere caldo se le dan dos tazas», decía mi mamá, que nunca estuvo completamente bien de la cabeza. Nunca entendí qué quería decir con eso. A ver si ustedes pueden.

A las madrecitas de Colombia*

Entre hombres, mujeres y del tercer sexo, mi mamá tuvo veinticinco hijos. Hijos y más hijos y más hijos que ella fabricaba en su interior y que después expulsaba por la vagina con la placidez de quien desgrana avemarías de un rosario. Era una máquina vesánica de parir. Por eso hoy somos en Colombia cuarenta y cuatro millones. Si yo hubiera seguido su ejemplo y el de mi papá, con los hijos de los hijos de mis hijos hoy seríamos cien millones y ya habríamos acabado con las últimas tortugas, con las últimas nutrias, con los últimos micos, con los últimos caimanes, y estaríamos en pleno desastre ecológico, que sumado al moral que siempre nos ha caracterizado nos habría hecho del país un infierno. Bueno, otro infierno quiero decir, pues en el infierno estamos. Uno más calientico. Para acomodar cien millones de colombianos se necesitan cuando menos cien millones de kilómetros cuadrados y sólo tenemos un millón. Varios suizos pueden convivir en una misma cuadra y miles de abejas en una simple colmena; pero los colombianos no, necesitan más espacio: de a kilómetro cuadrado por habitante. Entre colombiano y colombiano hay que dejar por lo bajito un kilómetro de separación o se matan. Son como las ratas de laboratorio que si se hacinan, primero copulan, después paren y finalmente se despedazan a dentelladas. Como yo también soy colombiano entiendo muy bien esto. Yo necesito campo, campo, campo. Respirar.

---

* Artículo publicado en el número de febrero de 2005 de la revista *Soho*.

Cuando este que habla nació, Medellín tenía ciento ochenta mil habitantes. ¿Hoy cuántos? ¿Dos millones? ¿Tres millones? Decida usted, pero por ahí va la cosa. Tres millones de medellinenses embotellados desde que el mariquita manzanillo de Gaviria abrió las importaciones de carros sin haber construido una sola calle y nos embotelló el porvenir. Y en Medellín hoy no sólo están congestionadas las calles, las carreteras, los hospitales: está congestionada la mismísima morgue, donde ya no caben los cadáveres. Treinta mesas apenas para un sangriento fin de semana en Medellín en su única morgue no alcanzan y hay que apiñar los cadáveres como bultos de papas. ¿Pero sangriento fin de semana en Medellín no es pleonasmo? Ya ni sé, con el deterioro ambiental y moral se nos deterioró hasta la gramática. ¡Dizque Bogotá la Atenas sudamericana! ¡Dizque éste un país cuidadoso del idioma! ¡Dizque el país de Caro y Cuervo! ¡Ja, ja! Permítanme que me ría.

Y como no caben los cadáveres en la sala de autopsias de la inefable morgue, entonces los cuelgan de ganchos como reses en un cuarto frigorífico. Todos hombres. Y en pelota. Muy excitante la situación. Yo en tratándose de cadáveres nunca he tenido nada en contra. Lo que me saca de quicio es la paridera. Vivo que desocupa, ¡qué bueno! Uno menos pa comer, uno menos pa excretar, más puro el cielo, menos congestionamiento en las calles y mejoría en el aire que respira cada ciudadano irrepetible e irreemplazable, y lo digo pues si bien hoy en el mundo somos seis mil cuatrocientos millones, no hay dos individuos iguales. Iguales sí para comer, fornicar y excretar, mas no para pensar. Y lo que cuenta es el pensamiento, ¿o no? Bueno, digo yo.

Pero volvamos a mi mamá y a sus veinticinco vástagos. ¿Qué comían, con qué los alimentaban? Carnívoros como nacimos, y de religión cristiana, comíamos salchichas: salchichas de cerdo o salchichas de res que la abeja reina compraba por cargas en La Llanera, una fábrica de embutidos de unos lituanos, de esos que acogieron los salesianos y que venían huyendo, católicos como eran (vale decir como nosotros), de la Lituania comunista de Stalin. De esos lituanos proviene el simio Mockus, el bobo que se hace el loco, hombre de culo de mandril que toda Colombia conoce pero de buen corazón pues durante una de sus alcaldías bogotanas, en Engativá, por mano de su secretaria de salud, Beatriz Londoño (doña concha puta de su puta madre, mamona empecinada de la teta pública de la que sigue agarrada), mató a cuatrocientos perros. Un estaliniano de pura cepa, un hombre malo, malo de verdad, habría matado mil.

¿Pero por qué les estoy hablando de perros y de compasión y misericordia por unos simples animales a ustedes que en su conjunto nacieron y se educaron como cristianos y hoy no pasan de ser unos degradados morales? Dejemos esto de los animales, no prediquemos en el desierto y volvamos a nuestro tema, la paridera, o dicho en palabras corteses, «el problema de la expansión demográfica»: la hoguera que aviva el Papa. O sea éste, Wojtyla, que se niega a morir. Y yo digo: si quiere que haya más niños, que desocupe él porque ya no hay espacio para tanto viejo. Que tome pendiente abajo por el camino en bajada que en buena hora tomó la madre Teresa. ¡Tan buena ella! ¡Tan su compinche! ¡Tan promotora del *boom* natal! Wojtyla, no te resistas que ya vas para el pudridero. Tus días están contados. Te va a enterrar Castro.

¡Ah mi Medellín de cuando yo nací, tan solito, tan aireado! Sin tanta fábrica ni tanto carro ni tanta rabia. Rabia sí, pero poquita: se mataban dos o tres y pare de contar. Salíamos en un Forcito modelo 46 que lo más que daba eran veinte kilómetros por hora. ¿Pero para qué más, si no había prisa de llegar? ¿Llegar a qué? ¿Al último tope de la carrera, que es la muerte? Mejor sigamos despacito. Curva aquí, curva allá, por una carreterita solitaria. Y a la vera del camino pastando las vacas, y buscándose su sustento diario las gallinas. Hoy los pollos se crían en galpones, encerrados en minúsculas jaulas, sin ver la luz del sol: ahí pasan sus miserables existencias para que nos los comamos los cristianos con la bendición del Señor. Madrecitas de Colombia: ¿no les despiertan compasión estos pobres animalitos? A mí se me hace que no porque ustedes no pasan de ser unas lujuriosas sexuales, unas paridoras empecinadas. Bueno, pero puntualicemos lo anterior. La lujuria está bien: el sexo es bueno, despeja la cabeza y alegra el corazón. Con lo que sea: con hombre o mujer, perro o quimera. Pero eso sí, siempre y cuando no esté destinado a la reproducción, en cuyo caso ya sí es pecado. Reproducirse es un crimen, en mi opinión el crimen máximo. Pero no les pido que la compartan, madrecitas de Colombia, porque eso sería pedirle peras al olmo, exigirle al enano cojo que trepe por la pendiente empinada. Y a ustedes, con la altura moral que han alcanzado pastoreadas por la Iglesia y los políticos, educadas como fueron en la religión de los salesianos, les queda la subida muy fundillona, el fin está muy alto. Ustedes son unas minusválidas morales.

Entonces, hablando en plata blanca, ¿a qué voy? Voy a que el cura Uribe es un tartufo que invoca el nombre de Dios en público y se refocila con viejas tetonas en privado y ustedes no tienen por qué seguir pariendo. Porque no hay espacio, porque ya no hay agua, porque no hay qué comer. Porque los ríos los volvimos alcantarillas y el mar un resumidero de cloacas. Por eso. Porque ya acabamos con el águila real, con el cóndor de los Andes y con el nido de la perra. Porque somos un país de cagamierdas vándalos.

—¿Y cómo vamos a tener sexo sin parir, padre Vallejo? Aconséjenos usted.

—Muy fácil: con la píldora Ru-486 francesa.

—¿Y dónde se consigue esa pildorita, en qué farmacia?

—Pues en las de Francia, señora, allá. ¿No le acabo de decir que la píldora es francesa?

—Ah, padrecito, usté sí es como mamagallista. ¿Y con qué viajo hasta Francia, si no tengo ni pa la lechita de los niños?

—Muy fácil, señora, va a ver. Lea lo que sigue abajo.

Cuando el zigoto u óvulo fecundado por el espermatozoide empieza a formar la mórula, que a simple vista ni se ve pues no llega ni al tamaño de la punta de un alfiler, el flujo menstrual de la mujer se interrumpe y he ahí el momento de parar la cadena de la infamia y la fuente de todo el dolor del mundo. Usted va a la farmacia, señora, y pide así:

—Buenos días señor boticario. Me da por favorcito una cajita de Cytotec de doscientos microgramos.

El Cytotec es un remedio para la gastritis, pero entre sus efectos secundarios está el producirles a las mujeres embarazadas el aborto en las primeras semanas de gestación. O mejor dicho, el «miniaborto», porque «aborto» no es, no llega a tanto. ¿O me van a decir que expulsar un gusanito o una tenia es un aborto? Si a eso vamos, entonces en cada eyaculación el hombre aborta ochocientos millones de seres humanos, pues ésos son los renacuajitos que se van en ese líquido pegajoso y blanco cada vez que explota el volcán: un hombrecito, dos hombrecitos, tres hombrecitos... Y que no me venga este Papa a discutir porque lo desafío a un duelo por televisión: yo solo contra él, y él con todos los teólogos de la Universidad Pontificia Javeriana. ¡Para todos tengo, montoneros!

Se toma pues usted, señora, dos pastillas de Cytotec con agua, se inserta otras dos en la vagina y listo, santo remedio, ya no va a parir la marrana. No le nacerá a Colombia otro Tirofijo, otro Pablo Escobar, otro Gaviria, otro Samper, otro Pastrana, otro mono Jojoy, otro Raúl Reyes, otro Mancuso, otro Uribe, otro Romaña...

—¿Y el padre García Herreros qué?

—¡Al diablo con los curas limosneros! Piden para dar, pero jamás dan de su bolsillo. ¡Así qué gracia! ¡Gracia la de ese escritor colombiano loco que dio en Venezuela un premio de cien mil dólares para los perros callejeros de Caracas! Cien mil dólares que eran suyos, ganados sudando tinta, y que bien pudo haberse gastado en complacencias personales cual *delicatessen,* putas o mancebitos en flor.

Y una última recomendación, señora: si la primera dosis de dos pastillitas falla y no le produce esa pequeña hemorragia vaginal por la que se irá el demonio, repita la dosis dos días después.

Madrecitas de Colombia, por favor, ya no lo sean que somos muchos y no cabemos y el mundo se va a desfondar. Pichen pero no paran, que desde aquí les mando mi bendición.

A los muchachos de Colombia[*]

Muchachitos de Colombia: Ustedes han tenido la mala suerte de nacer, y en el país más loco del planeta: no le sigan la corriente, no se dejen arrastrar por su locura. Pues si bien la locura ayuda a sobrellevar la carga de la vida, también puede sumarse a la desdicha.

El cielo y la felicidad no existen. Ésos son cuentos de sus papás para justificar el crimen de haberlos traído a este mundo. Lo que existe es la realidad, la dura realidad: este matadero al que vinimos a morir, cuando no es que a matar, y a comernos de paso a los animales, nuestro prójimo.

Porque nuestro prójimo también son los animales, y no sólo el hombre como creyó Cristo. Todo el que tenga un sistema nervioso para sentir y sufrir es nuestro prójimo: los perros, los caballos, las vacas, las ratas. Mis hermanos los perros, mis hermanos los caballos, mis hermanas las vacas, mis hermanas las ratas, que también hacen parte de Colombia. O sea de ustedes. O sea de mí.

En consecuencia no se reproduzcan. No hagan con otros lo que hicieron con ustedes, no paguen en la misma moneda, el mal con el mal, que imponer la vida es el crimen máximo. Dejen tranquilo al que no existe, ni está pidiendo venir, en la paz de la nada. Total, a ésa es a la que tenemos que volver todos. ¿Para qué entonces tanto rodeo?

---

[*] Palabras pronunciadas en el Parque Nacional de Bogotá a fines de agosto de 2000 durante el Encuentro Iberoamericano de Escritores *El amor y la palabra*.

La patria que les cupo en suerte, que nos cupo en suerte, es un país en bancarrota, en desbandada. Unas pobres ruinas de lo poco que antes fue. Miles de secuestrados, miles y miles de asesinados, millones de desempleados, millones de exiliados, millones de desplazados, el campo en ruinas, la industria en ruinas, la justicia en ruinas, el porvenir cerrado: eso es lo que les tocó a ustedes. Los compadezco. Les fue peor que a mí.

Y como yo, que un día me tuve que ir y justo por eso hoy les estoy hablando (vivo, a lo que parece), probablemente también se tengan que ir ustedes, pero ya no los van a recibir en ninguna parte porque en ninguna parte nos necesitan ni nos quieren. Un pasaporte colombiano en un aeropuerto internacional causa terror: «¿Quién será? ¿A qué vendrá? ¿Qué traerá? ¿Coca? ¿Vendrá a quedarse?»

No. No vinimos a este mundo a quedarnos. Vinimos a pasar como el viento y a morir. A veces ese viento al pasar hace estragos y tiene nombre: se llama Pablo Escobar, se llama Miguel Rodríguez Orejuela, se llama Tirofijo, se llama Gaviria, se llama Samper, se llama Pastrana. Aprendan mientras se van a ponerle nombres propios a la infamia.

Cuando yo nací me encontré aquí con una guerra entre conservadores y liberales que arrasó con el campo y mató a millares. Hoy la guerra sigue aunque cambió de actores: es de todos contra todos y ya nadie sabe quién fue el que mató a quién. Ni sabe, ni le importa, ni lo piensa averiguar, porque ¿para qué? ¿Para qué, si a ningún asesino lo van a castigar en el país de la impunidad? ¿Si nuestro primer mandatario va en peregrinación a los Llanos a abrazar a nuestro primer delincuente? Como diciéndoles con la iniquidad de ese abrazo: «¡Maten, roben, extorsionen, destruyan, secuestren, pero eso sí, háganlo a cabalidad para se queden con lo que queda de Colombia!»

Y aquí vamos, por estas calles de este país embotellado, por entre perros y niños abandonados, sacándoles el cuerpo a los baches, a las balas y a los impuestos del Gobierno y de las FARC. ¿Pero hacia dónde vamos? ¿Adónde es que pretendemos llegar?

Somos muchos y ya no nos soportamos ni cabemos. Nos hemos convertido en un estorbo para los demás, a los que nos les estamos bebiendo el agua, respirando el aire, contaminándoles los ríos, embotellándoles las calles. El aire se va a acabar, el agua se va a acabar, las calles ya no alcanzan y esos ríos fantásticos de Colombia que cuando yo nací vivían, bullían de peces, también ya los matamos. Hoy los ríos de Colombia son alcantarillas que van a dar al mar, un desaguadero de cloacas.

No se reproduzcan que nadie les dio ese derecho. ¿Quién lo pudo dar? ¿Dios? ¿Dios que es tan bueno y se ocupa de los niños y los perros abandonados que llenan las calles de Colombia? ¡Qué se va a ocupar! Dios no trabaja. Con eso de que el séptimo día se sentó a descansar... De los niños y los perros abandonados que llenan las calles de Colombia el que sí se ocupa es el Papa.

Yo he vivido a la desesperada, y se me hace que a ustedes les va a tocar vivir igual. Y un día me tuve que ir, sin quererlo, y se me hace que a ustedes les va a tocar irse igual. El destino de los colombianos de hoy es irnos. Claro, si antes no nos matan. Pues los que se alcancen a ir no sueñen con que se han ido porque adondequiera que vayan Colombia los seguirá. Los seguirá como me ha seguido a mí, día a día, noche a noche, adonde he ido, con su locura. Algún momento de dicha efímera vivido aquí e irrepetible en otras partes los va a acompañar hasta la muerte.

Amores prohibidos y amores imposibles*

No hay amores imposibles, como no sea para los que tienen muerta el alma. En cuanto a los prohibidos, ¡cuál no en esta civilización judeo-cristiana en que nos tocó vivir, para la que todo es pecado! Todo, salvo la reproducción, que es justamente el pecado máximo. Nadie tiene derecho a reproducirse: ni los pobres, ni los ricos, ni los feos, ni los bonitos, ni los curas, ni los papas. Imponer la vida es un crimen peor que quitarla.

Nacimos bajo el imperio del tabú, de la prohibición, de la culpa, sucios de pecado mortal y por eso nos bautizan: para limpiarnos el alma del delito que no cometimos. Dice Calderón en *La vida es sueño* que «el delito mayor del hombre es haber nacido». ¡Cómo va a ser delito nacer, si nadie nace por voluntad propia! Todos nacemos por imposición ajena. El delito no está en nacer sino en hacer que otro nazca.

Ya Plinio el Naturalista había dicho en la antigüedad: «*Et a suppliciis vitam auspicatur unam tantum ob culpam, quia natum est*». ¿«Y entre suplicios pasa la vida del hombre por la sola culpa de nacer»? ¿Se podría traducir así la frase? Con eso de que al latín le dio por hablar telegráficamente a lo Morse, quitando sujetos, verbos, uno nunca sabe a ciencia cierta a qué atenerse, quién fue el que mató a quién. ¡No vivir don Miguel Antonio Caro para que me ayudara a tradu-

* Conferencia dictada en la Biblioteca Luis Ángel Arango de Bogotá a fines de agosto de 2000 durante el Encuentro Iberoamericano de Escritores *El amor y la palabra*.

cir a Plinio! Va para un siglo que se murió. ¡No saben cómo lo extraño! Este país sin Caro quedó valiendo un carajo.

«Y entre suplicios pasa la vida del hombre por la sola culpa de nacer». ¿Pero de quién sería la culpa entonces? ¿Del que nace, como dijo Calderón, o del que lo hace nacer, que es lo que sostengo yo, y lo que le he repetido hasta el cansancio a mi mamá, quien tuvo después de mí veintidós hijos que me tocó ayudarle a criar? Claro, así qué fácil, ¿por qué no llegaría a cien? Tenía terror la pobre de que se le perdiera el molde. Pues por lo que a mí respecta se le va a perder.

Dice la Declaración Universal de los Derechos del Hombre en su artículo decimosexto que el hombre tiene derecho «a casarse y a fundar una familia». Paso por alto la formulación ridícula, la redacción gazmoña, que suena a sermón de cura, para ir al espíritu de la letra. Si lo que quieren decir con eso es que el hombre tiene el derecho de asociarse con una mujer para tener hijos –para engendrarlos, concebirlos, gestarlos, parirlos, traerlos al desastre de la vida–, entonces pregunto yo: ¿Y quién les dio ese derecho? ¿Dios? Dios no existe. Dios no es más que ese viejo malgeniado y barbudo que pintó Miguel Ángel en el techo de la Capilla Sixtina. Para más fue el comunismo, que mató a cien millones.

Por imposibilidad ética Dios no puede existir. No puede haber un ser tan malo que pudiendo dar en su omnipotencia la felicidad dé el dolor. Y si no miren en torno, el horror por todas partes: enfermedad, vejez y sangre y muerte. Y esta vida efímera del hombre con un ansia burlada de eternidades. Y en tanto llegamos a la muerte y volvemos a la nada de la que nunca debimos salir, tener que vivir en la infamia, comiéndonos a nuestro prójimo los animales.

Porque mi prójimo es mucho más amplio que el que creyó Cristo. Mi prójimo es todo el que tiene un sistema nervioso para sentir y sufrir, camine o no camine en dos patas. Todo el que nazca condenado al dolor, al espanto sin sentido de la vida: los perros, los caballos, las ballenas, los delfines, las vacas, las ratas... Mis hermanos los perros, mis hermanos los caballos, mis hermanas las ballenas, mis hermanos los delfines, mis hermanas las vacas, mis hermanas las ratas. Esos seres inocentes que llamamos animales y a los que esta Iglesia loca de Cristo les quiere negar el alma. Pobres animales, atropellados por el hombre, despreciados por la Iglesia y dejados a su suerte por la mano infame de Dios.

Me trajeron a este encuentro de escritores a hablar de amores prohibidos como si yo fuera un experto. ¡Qué voy a ser! En lo único en que me estoy volviendo experto es en morirme, día a día, de a poquito, pero eso sí, créanmelo, ya casi me voy a graduar y va a ser *summa cum laude*.

Yo lo único que sé del amor es que está ahí, como la luz, como la gravedad, como una infinidad de fenómenos y cosas que me rodean y no entiendo. ¡No entiendo el espejo ni la pila de Volta! Y si veo el televisor es porque está ahí y me lo enseñaron a prender apretando un botoncito. Aprieto el botoncito y me sale entonces de la caja idiota un idiota de presidente, una figura gris, borrosa, verbosa, ignorante, inepta, cobarde, estúpida, rebuznando entre un hormigueo de electrones. O me sale algo peor, un papa. Entonces ya sí me pongo de lleno a maldecir, a mentarle lo que en este país del Sagrado Corazón de Jesús llaman la madre. Pero en fin, entre tantas maldiciones lo que a mí me salva es que quiero a los animales. Por eso digo y repito a donde voy que, como dijo cierto loco, quien los quiere está conmigo y quien no los quiere está contra mí. Y subo a mi apartamento en ascensor con la naturalidad con que sube a mi lado mi perrita Kim. Nos amamos. Y amándonos nos ponemos a ver la susodicha caja, el hervidero de electrones.

–Kimcita, niña, mirá a este cura tartufo dándoselas de defensor de la vida, como si con seis mil millones de bípedos sabios no tuviéramos suficiente para acabar con lo que queda del planeta. ¡A ver! ¿A cuál pobre le ha dado siquiera un pan este zángano al que alimenta la pobrería sin esperanzas de la Tierra? Te aseguro que esta Santidad excretora come carne de ternera, de cerdo, de pollo, de caballo, y a lo mejor de humano. Ojalá le dé la enfermedad de las vacas locas. O el kuru, que pone al cristiano a delirar. Entonces vamos a tener a un delirante al cuadrado. El freak de los freaks.

Kimcita me ve y se ríe. No me hace caso. Me conoce al derecho y al revés y me aguanta todas las mañas.

Yo no sé muy bien qué sea el amor, pero de lo que sí estoy convencido es de que es algo muy distinto al sexo y a la reproducción, con los que lo confunde mi vecino. El amor es puro; el sexo, entretenido y sano; y la reproducción, criminal.

Cuando el amor va unido al sexo, a mi modo de ver ya se jodió la cosa. Y es que el amor es para siempre, mientras que el sexo por naturaleza es inconstante y pasajero. El mismo tipo con la misma vieja repitiendo noche tras noche, año tras año, el mismo disco rayado, ¡qué aburrición! Hay que variar. ¡Si el menú es muy amplio! Sancocho todos los días cansa.

En cuanto al sexo unido a la reproducción... He ahí lo que me saca de quicio y lo que me mantiene al borde del psiquiatra.

La reproducción es fea, engorrosa, embarazosa, y le toma a la mujer nueve meses que bien podría aprovechar en componer una ópera. No. Se va inflando, inflando, inflando, como un globo lleno de humo pero que no es capaz de alzar el vuelo. Y ahí van estos adefesios grávidos retenidos por la gravedad, desplazándose sobre la faz de la Tierra como barriles con dos patas. Embarriladas de satisfacción y poniendo cara de Giocondas. ¡Ay, que dizque si no tienen un hijo no se realizan como mujeres! Que es una cuestión fisiológica. ¡Y qué tal que para realizarme fisiológicamente yo me diera por salir a la calle a violar fisiológicamente lo que se me antoje! Una mujer embarazada no sólo es un atropello a la ética, es un atentado a la estética. La maternidad degrada a la mujer, la vuelve una vaca. Con perdón de mis hermanas las vacas.

En esta asociación delictiva que es el ayuntamiento de un hombre con una mujer (la bestia de dos culos que dijo nuestro padre Rabelais) para producir un hijo, me he referido en especial a ella porque es la que pone la mayor parte. Pone, para empezar, el óvulo, que es millones de veces más grande que el espermatozoide; y pone, para continuar, los nueve meses y al marido a trabajar. Nacido el hijo, su juguete, amarra entonces al marido con la cadena del hijo para que no se le vaya con otra. Y para retenerlo mejor después lo engorda. La maternidad es egoísmo disfrazado de altruismo, lujuria enmascarada de virtud. No somos hijos del amor. Somos hijos de sucia lujuria fisiológica.

Con el cuento de la realización de la mujer en mi casa fuimos, como les dije, veintitrés. En reconocimiento Pío XII le mandó a mi mamá un diploma. Y Mussolini otro. Colombia nada. Este país es tan mezquino y tan avaro que le duele el codo hasta para dar un papel con firmas.

De todas las especies de la Tierra que se reproducen por el sexo, sólo la nuestra, y sólo ahora, puede disociarlo de la reproducción. Los animales no, y antes nosotros tampoco: el tabú y la ignorancia no nos dejaban ver. Hoy ya podemos. Es cuestión de querer. Abramos los ojos.

La reproducción no es un derecho, es un atropello. No hay por qué imponerle a otro la carga de la vida perturbando la paz de la materia. La materia es feliz, fluye en paz consigo misma en sus átomos, girando en torno al núcleo los electrones. Y le importa un comino el infinito. ¿Por qué cargarla entonces de vida efímera con ansias de eternidad?

La vida viene de la materia, y como no sea de vuelta a la materia por el camino de la muerte no va hacia ninguna parte. Hace cuatro mil millones de años, de un mar de compuestos orgánicos que se dio en la superficie de este planeta surgió la vida. Todo ese largo tiempo, según los paleobiólogos, es lo que llevamos probando suerte. Mucho para llegar a tan poquito. Porque, ¿dónde está la maravilla del hombre? ¿En el alma? El alma es ruido del cerebro y el cerebro caos, un pantano, turbulencias, turbiedades que no duran más que fracciones de segundo y que se borran las unas a las otras.

Por más papel que emborronemos de ecuaciones y por más billones de años que nos siga alumbrando el sol, nunca vamos a entender la luz del sol. Más olvidada la *Summa Theologica* de Tomás de Aquino que caído el muro de Berlín, hoy por lo menos ya sabemos que no estamos aquí para cumplir el plan creador de Dios ni el quinquenal del Partido Comunista. Nos resultaron ambos un fracaso. ¿Con qué nos vamos a seguir engañando ahora? ¿Con el viaje a Marte? En Marte no hay sino terregales.

Nadie sobrevive en los hijos, no nos hagamos ilusiones. Uno a uno a cada uno nos va a ir borrando la muerte, y no hay más muerte que la propia. ¿Por qué seguir entonces con este empeño de propagar lo inútil haciendo el mal?

Los veintisiete artículos de la Declaración Universal de los Derechos del Hombre sobran, caben en uno solo: «El hombre no tiene más derecho que el derecho a no existir, a que lo dejen tranquilo en la paz de la nada». ¡Malditos padres, malditas madres! Abramos los ojos, no nos engañemos más, no le tengamos miedo a la verdad que estamos en un país libre donde se puede hablar: estamos en Colombia, el corazón del matadero.

Clarita en el diván*

Clarita Gómez es psicoanalista y como tal tiene una visión sesgada de muchas cosas. Cree, por ejemplo, que «las niñas buscan ganarse el afecto del padre embelleciéndose, maquillándose, haciéndose iguales a la madre», y que ésta, «por ser mujer, tiende inconscientemente a preferir a los hijos hombres». ¡Qué va! Ésas son generalizaciones sin fundamento, freudismos. Hay que tener siempre presente, al hablar de las madres, que aunque madre no hay sino una, hay madres de madres. La mía, por ejemplo, fue una mujer *sui generis:* buscando completar los doce apóstoles casi ajusta las once mil vírgenes.

Y como Clarita también es mujer, y madre, pretende que «se subsidie durante los dos primeros años a las madres para que no tengan que trabajar y puedan sostener a sus hijos», según propone en una entrevista. Y en uno de sus artículos: «Y también sería buena idea que nuestra sociedad diera a las seiscientas mil madres de cada año siquiera dos años pagados para criar a sus hijos sin tener que trabajar afuera». ¡Ay, Clarita, por Dios, qué locura, se te corrió la teja! Tu propuesta es alcahuetear, ni más ni menos, en un país de cuarenta y tres millones, la sinvergüencería de la paridera. Seiscientas mil madres y de a dos años por madre, ¿cuánto da? ¡Un millón doscientos mil años-madre! ¿Para

* Prólogo al libro *Colombia en el diván* de la psicoanalista Clarita Gómez de Melo, aparecido en agosto de 2004.

cuánto te gusta, Clarita, el mes-madre? ¿Para cien dólares? Sacá entonces cuentas y vas a ver. A las madres hay que hacerlas abortar a palo para que aprendan, no darles plata para que se envicien y paran más. A la mía, que tuvo dieciocho hijos, Colombia le está debiendo, si hacemos caso a tu propuesta, treinta y seis años de subsidios. ¡Como para acabar de quebrar con ella sola a este país en bancarrota! No, Clarita, eso no puede ser. Tu libro empieza muy bien, muy lúcido, con un artículo sobre el aborto, pero después se daña. Una psicoanalista digna de Freud y Lacan nunca debe mezclar sus instintos maternales con el psicoanálisis. Por eso yo propongo que éste sea ocupación de hombres. O mejor, que lo tiremos junto con Freud y Lacan al bote de la basura.

Pero como Clarita además de psicoanalista y madre también es antioqueña, algo de sensatez tenía que tener. Y a esa sensatez le debemos lo mejor de estos artículos espléndidos, recopilados de los que ha venido publicando en su columna de *El Tiempo* «Colombia en el diván».

El primero, y para mí el más importante pues no hay tema que pueda serlo más en este planeta superpoblado y fracasado en el que ya no cabemos, es el que trata del aborto y los derechos del niño. Clarita sostiene que la mujer tiene el derecho de abortar si quiere, y el de no abortar si no quiere. Yo digo que no: que el único que tiene algún derecho en este cuento es el niño que no existe, y que ese único derecho es justamente el derecho a no existir. Nadie tiene por qué imponernos la existencia perturbándonos la paz de la nada. Y ni se diga a principios de este milenio que se ve venir infame, cuando ya pasamos de los seis mil millones y se nos está acabando hasta el agua para enfriar el infierno. Pero en fin, este libro no es mío, es suyo, yo nada más comento.

Instantáneas de Colombia, de la gran fiesta trágica que es Colombia, los artículos de Clarita nos iluminan sobre

infinidad de temas: el sexo, la moral, la psicología, la etno-
logía, la pedagogía, la historia, la política, el idioma... Este
idioma deshecho y esta actividad infame de la política o
arte de mentir que nos ha llevado al abismo. Páginas llenas
de ideas inteligentes y lúcidas, de frases que estimulan e iluminan, *Colombia en el diván* está escrito con la perspectiva
de quien se atreve a pensar por sí mismo, a contracorriente de
los lugares comunes que ha acuñado el rebaño. Para un país
donde la vida es especialmente terrible estos artículos se me
hacen un buen antídoto, un libro muy original y gracioso.
En uno de los que más me gustan encontrarán quintaesen-
ciadas la palabrería y las recetas del político colombiano, el
aprovechador público que se dice servidor público, el lobo
disfrazado de cordero, el granuja travestido de señor. O de
dama. Pues para complementar, ahora que se nos vino encima la peste de las mujeres burócratas, hay aquí una carta
abierta a una de ésas, de esas mujercitas oportunistas y ambiciosas que piensan que nacieron para presidentas de Colombia por las malas o por las buenas, secuestrando y matando
con la guerrilla u ordeñándole al electorado los votos. Clarita, tu carta abierta está bien, ¿pero por qué saliste a votar?
¿Y justo por el que escogió como vicepresidenta a la ex guerri-
llera matona? ¿Te pusieron un revólver en la cabeza? ¡O qué!
El día de las elecciones has debido quedarte en tu casa tranquila, sin hacerle el juego a los bandidos, sentada en tu diván.

Consideraciones imprácticas sobre la política*

Había en Antioquia, en mi infancia, un político flaco, alto, cadavérico, solterón, con el pelo cortado en cepillo y a quien llamaban el tuso Navarro: Luis Navarro Ospina, el jefe en mi tierra del partido conservador. Lo cual era mucho cuando mandaba el partido conservador, pero absolutamente nada cuando no. Él fue el jefe durante cincuenta años, una barbaridad habida cuenta de la brevedad de la vida humana. Al principio jefe indiscutido, al final no: mi papá, con otros, se le rebelaron. Y es que el tuso Navarro era ospinista; y mi papá y los otros, laureanistas. Lo barrieron, le ganaron lo que jamás había perdido en Antioquia, unas elecciones, y el tuso empezó a decaer, a decaer, hasta que se murió. Pero antes de contarles su entierro les voy contar el milagro: el tuso Navarro era un hombre absolutamente generoso, sin segunda intención. Repartió miles y miles de puestos públicos, y él jamás ocupó uno. Y jamás usó el inmenso poder que le daba la política para hacer un centavo. Tenía de qué vivir, y ya. Incluso hasta bastantico. No padecía el avorazamiento de varios que conozco. ¿Qué buscaba entonces? ¿Detrás de qué iba? Detrás de nada para él, quería simplemente servirle a la sociedad, o sea a Colombia, pues para nosotros la sociedad es Colombia. Y eso fue lo que hizo durante cincuenta años. A mi modo de ver andaba equivocado porque era conservador, mal partido; y católico, mala religión. Madrugaba

---

* Artículo publicado en *El Tiempo* de Bogotá el 2 de diciembre de 2004.

todos los días a misa, a comulgar. Yo jamás oigo misa ni comulgo, y pienso que la religión católica es la plaga más grande de Colombia, pero quiero ser como él. Lo he tomado siempre como ejemplo. Como paradigma moral. Nunca, y con todo lo que he vivido, he conocido otro igual. Él es un político único en la historia de Colombia, desinteresado, insólito. Los demás, todos, todos son logreros, utilitarios, buscan puestos y figurar y en estas últimas décadas, plata: plata y más plata y más plata como para el pozo de nunca llenar. ¡Qué voracidad! Partida que tocan se la apropian, se la embolsan. Por eso los concejales han trabajado tantos años gratis. Ahora me dicen que tienen sueldo. O sea, hoy cobran por robar. A ver si alguien me menciona otro político como el tuso Navarro, mi paisano de Antioquia.

Y ahora sí empiezo mis consideraciones morales sobre la política diciendo que en Colombia los políticos se dividen en dos: unos los desinteresados, y otros los que no lo son. En el primer grupo está el tuso Navarro. Y en el otro el resto. O sea que el tuso Navarro es un hombre-grupo. ¡Qué maravilloso! Yo quiero ser como él. ¿Pero se podrá? Claro que se puede. Todo lo que uno quiere, se puede. Incluso se puede ser mejor y superarlo, ser el paradigma de los paradigmas del paradigma moral. Y es que el tuso Navarro era mejorable. Aunque a la sombra y aunque no salía en la televisión (que entonces no había), ni daba entrevistas (que entonces no se estilaban), el tuso Navarro era el que mandaba. Él decía: «Esto se hace así». Y así se hacía. «Fulanito para tal puesto». Y para fulanito era dicho puesto. Detentaba el poder y lo ejercía repartiendo puestos. Miles, miles fue los que «colocó». Miles que estaban «sin oficio» y que empezaron a trabajar gracias a él, a llevarles lechita a los hijos. ¿Sí me entienden? ¿O estoy tan viejo que ya no me entienden? Y dicho lo anterior queda claro de dónde resultaba el poder del tuso Navarro: de su capacidad de dar trabajo, de repartir los puestos públicos. Y es que una de las grandes tragedias de Colombia (dejando aparte la Iglesia católica con la que para que no me maten no me meto) es que el primer empleador nuestro es el Estado. O mejor dicho el Gobierno, porque el Estado es mucha cosa, y el Gobierno son una partida de bellacos. De rapaces emisores de leyes y exactores de impuestos. Con las leyes nos atan las manos para no dejarnos trabajar. Pero los impuestos no nos los perdonan. ¿Y con qué quieren que se los paguemos? Si la sanguijuela quiere chuparnos la sangre, que nos deje engordar.

Así pues, el que se apodera del Gobierno en Colombia es el que parte el pastel y reparte la marrana. Ése era el secreto del tuso Navarro: que se convirtió en el único dueño del cuchillo para lo uno y para lo otro. Ah, pero eso sí, para él no dejaba ni un pedacito del pastel ni un chicharroncito de la marrana. Todo para los demás. ¡Qué hombre tan generoso, yo quiero ser como él! Pero sin poder para ejercer ni puestos para repartir, eso no. Lo que quiero es otra cosa, que algún día diré.

Del tuso Navarro oí hablar toda mi infancia pero sólo una vez lo vi, cuando ya yo era un hombre: saliendo en ataúd de la Catedral Metropolitana de Medellín: lo sacaban del Oficio de Difuntos para llevarlo al cementerio. Lo vi como a cincuenta metros. O sea que en realidad no lo vi, porque ¡quién ve a cincuenta metros un cadáver que sale de una iglesia metido en un ataúd! Unos cuantos viejos lo llevaban, lo cargaban. ¿Cinco? ¿Diez? Diez a lo sumo. Y entre ellos mi papá, otro viejo. Yo me disimulé y me aparté para que no me viera. Sentía pena por él. Lo recordé de joven, lleno de ímpetu, en campañas políticas por los pueblos de Antioquia con el tuso Navarro, su jefe. Cuando regresaban en las noches a Medellín en cualquier carromato que traqueteaba, exhaus-

31

tos, cansados de adoctrinar turbas, el tuso sacaba la camándula y entonaba el rosario. Y los otros a hacerle coro y a decir «amén». El tuso fue por años la voz cantante, hasta que se le rebelaron. Pero la rebelión venía de Bogotá, de Laureano. «¡Al diablo con estos mamasantos hipócritas!» Y barrimos con el ospinismo. Bueno, yo no, yo nunca he sido conservador: barrieron con el ospinismo mi papá y otros. Uno de esos otros llegó muy lejos, a lo más alto a que puede aspirar un simple mortal de dos patas colombiano: el solio de Bolívar, el supremo bien. Y el día del entierro en nuestra Catedral Metropolitana ese mortal de dos patas que les digo, quien por esas fechas justamente se ceñía la banda tricolor y se sentaba en el sacrosanto solio, no asistió al entierro, siendo así que el tuso Navarro había sido su jefe y los valores del partido conservador (del de antes, del que yo veía de lejos desde la atalaya de mi niñez asombrada) le obligaban a estar ahí. Máxime que la semana anterior, habiendo llegado en su avión presidencial de Bogotá, había asistido en esa misma catedral de esa misma ciudad amada mía al entierro de Fernando Gómez Martínez, el propietario de *El Colombiano,* quien nunca fue su jefe, sino por el contrario su enemigo, pues el de la banda tricolor era laureanista y el de *El Colombiano* ospinista, vale decir como el tuso Navarro. ¿Y por qué a un entierro iba y al otro no? Ah, porque los hijos de Gómez Martínez le iban a agradecer el gesto y con el gesto se compraba para lo futuro la voluntad del periódico. Bueno, digo yo que soy un malpensado, a lo mejor no fue así, a lo mejor ese día amaneció con diarrea el bípedo y no pudo tomar el avión presidencial. Dios sabrá.

Ya sé que no me están entendiendo muy bien y que se están enredando con tanto nombre y tanta secta. No importa. Algún día entenderán, sigamos, pasemos a mi papá. ¿A qué categoría de políticos perteneció él? ¿A la del tuso Navarro, o a la otra? Hombre, pues a la otra. Ya dije que el tuso Navarro es único, un hombre-grupo. Y ahora que recuerdo a mi papá, con gusto me echaría a llorar por él si me quedaran lágrimas. De vocación era finquero, no político. Político lo fue por necesidad, porque tenía que alimentar veinte bocas y las fincas no dan ni para el aguardientico. Bueno, para que nunca más en las casas colombianas haya veinte bocas que alimentar y obliguen al papá a ser político me quiero dedicar a la política. Quiero adquirir el poder para hacer el bien, para esterilizar. «¡El poder para qué!», dijo un bobo. «Para ejercerlo, doctor Echandía, y en haciéndolo cortar aquí, cortar allá, haciendo sonar cantarinamente las tijeras. Para eso».

Bueno pues, resumiendo, lo que quiero decir es que con tanto que he vivido y visto el doctor Luis Navarro Ospina ha sido el único político honorable que he conocido en Colombia. Pero como dije, se puede mejorar. Nada de repartir puestos públicos. Nada de acumular poder. Nada de atropellar. Nada de capar. Que se sigan reproduciendo.

Cursillo de orientación ideológica para García Márquez*

Hombre Gabo: Te voy a contar historias de Cuba porque aunque no me creás yo también he estado ahí: dos veces. Dos vececitas nomás, y separadas por diez años, pero que me dan el derecho a decir, a opinar, a pontificar, que es lo que me gusta a mí, aunque por lo pronto sólo te voy a hablar ex cathedra, no como persona infalible que es lo que suelo ser. Así que podés hacerme caso o no, creerme o no, verme o no. Si bien el águila, como su nombre lo indica, tiene ojo de águila, cuando vuela alto se traiciona y no ve los gusanos de la tierra. Eso sí lo tengo yo muy claro.

Llegué a Cuba la primera vez con inmunidad diplomática, en gira oficial arrimado a una compañía de cómicos mexicanos que protegía el presidente de México, protector a su vez de Cuba, Luis Echeverría. No sé si lo conocés. Con él nunca te he visto retratado. Retratado en el periódico te he visto con Fidelito Castro, Felipito González, Cesarito Gaviria, Miguelito de la Madrid, Carlitos Andrés Pérez, Carlitos Salinas de G., Ernestico Samper. Caballeros todos a carta cabal, sin cuentas en Suiza ni con la ley, por encima de toda duda. ¿Con el Papa también? Eso sí no sé, ya no me acuerdo, me está entrando el mal de Alzheimer. Sé que le tenías puesto el ojo, tu ojo de águila, a Luis Donaldo Colosio, pero te lo mataron. Me acuerdo muy bien de que cuando lo destaparon (cuando lo destapó tu pequeño amigo Carlitos Salinas

* Artículo publicado en el número de diciembre de 1998 de la revista *El Malpensante*.

de G. para que lo sucediera en su puesto, la presidencia de México, supremo bien) madrugaste a felicitarlo. Le diste, como quien dice (como se dice en México), «un madrugón».

–¿Y qué hace usted, Gabo, en casa del licenciado Colosio tan temprano? ¿Es que es amigo de él? –te preguntaban los reporteros curiosos.

–No –les contestaste–. Pero voy a ser. Tenemos muchas afinidades los dos.

–¿Como cuáles?

–Como el gusto por las rancheras. Nos encantan a los dos las rancheras. Por eso madrugué hoy a cantarle «Las mañanitas».

Gabo: Estuviste genial. Me sentí en México tan orgulloso de vos y de ser colombiano...

Donde sí no te vi fue en el entierro de Colosio cuando lo mataron (cuando lo mató el que lo destapó, vos ya sabés quién porque era tu amigacho). E hiciste bien. No hay que perder el tiempo con muertos. Que los muertos entierren a sus muertos, y que se los coman los gusanos, y que les canten «Las mañanitas» sus putas madres.

¿Pero por qué te estoy contando a vos esto, tu propia vida, que vos conocés tan bien? ¿Narrándole yo, un pobre autor de primera persona, a un narrador omnisciente de tercera persona su propia vida? ¿Eso no es el colmo de los colmos? No, Gabito: Es que yo soy biógrafo de vocación, escarbador de vidas ajenas, y te vengo siguiendo la pista de periódico en periódico, de país en país y de foto en foto en el curso de todos estos largos años por devoción y admiración. Tu vida me la sé al dedillo, pero ay, desde fuera, no desde dentro porque no soy narrador de tercera persona y no leo, como vos, los pensamientos. Vos me llevás a mí en esto mucha ventaja desde que descubriste a Faulkner, la tercera persona, el hielo y el imán.

Y a propósito de hielo. Ahora me acuerdo de que te vi también en el periódico con Clinton en una fiesta en palacio, en México, «rompiendo el hielo», como les explicaste a los periodistas cuando te preguntaron y les contestaste con esa expresión genial. Vos de hielo sí sabés más que nadie y tenés autoridad para hablar. ¿En qué idioma hablaste con Clinton, Gabito? ¿En inglés? ¿O le hablaste en español cubano? Ese Clinton en mexicano es un verdadero «mamón», que se traduce al colombiano como una persona «inmamable». Ay, esta América Latina nuestra es una colcha de retazos lingüísticos. Por eso estamos como estamos. Por eso el imperialismo yanqui nos tiene puesta la bota encima, por nuestra desunión. Si vos vas de palacio en palacio –del de Nariño al de Miraflores, del de Miraflores a Los Pinos, de Los Pinos a La Moncloa–, lo que estás haciendo es unirnos. Vos en el fondo no sos más que un sueño bolivariano. Gracias, Gabo, te las doy muy efusivas en nombre de este continente y muy en especial de Colombia. Sé que ahora andás muy oficioso entre Pastrana y la guerrilla rompiendo el hielo. Vas a ver que lo vas a romper.

Bueno, te decía que he estado dos veces en Cuba y que me fue muy bien. En la primera me conseguí un muchacho esplendoroso, y te paso a detallar enseguida una de las más grandes hazañas de mi vida: cómo lo metí al hotel. Pero te lo presento primero en la calle vestido para que le quitemos después la ropa prenda a prenda en la intimidad del cuarto: de dieciséis tiernos añitos, de ojos verdes, morenito, con una sexualidad que no le cabía en los pantalones, lo que se dice una alucinación. Sus ojos verdes deslumbrantes se fijaron en los pobres ojos míos apagados, y la chispa de sus ojos viéndome incendió el aire. ¡Uy Gabo, qué incendio, qué inmenso incendio en Cuba, el incendio del amor! Menos mal que medio lo apagamos después en el cuarto, porque si no, les quemamos los cañaverales y listo, se acabó la zafra.

—¿Cómo te llamas, niño? —le pregunté.

—Jesús —me contestó.

Se llamaba como el Redentor.

—¿Y qué podemos hacer a estas alturas de mi vida y a estas horas de la noche? —le pregunté.

—Hacemos lo que tú quieras —me contestó.

—Entonces vamos a mi hotel.

—Aquí los cubanos no podemos ir a ninguna playa ni entrar a ningún hotel —me explicó—. Pero caminemos que esos que vienen ahí son de la Seguridad del Estado, y además nos están viendo desde aquel Comité de Defensa de la Revolución.

—¿Y de quién la están defendiendo?

—No sé.

La estarán defendiendo, Gabo, de los pájaros. Vos me entendés porque vos sos un águila.

Los dos pájaros o maricas seguimos caminando, y caminando, caminando llegamos a los prados del Hotel Nacional. Era el único sitio solitario en toda La Habana. A mi hotel, el Habana Libre, ex hotel Hilton (que construyó Batista pues la revolución no ha construido nada), era imposible entrar con Jesús: el hall era un hervidero de ojos y oídos espiándonos. El estalinismo, ya sabés Gabito, que es lo que procede montar en estos casos: si al pueblo se le deja libre acaba hasta con el nido de la perra y de paso con la revolución.

Ese Hotel Nacional de esa noche era irreal, alucinante, palpitaba como un espejismo del pasado. Ardiendo sus luces como debieron de haber ardido las luces de la mansión de El Cabrero, la que tenía Núñez en Cartagena, hace cien años, con su esposa doña Soledad. Pensé en Casablanca, la de Marruecos, y en el ladrón de Bagdad. Y entonces, de súbito, como si un relámpago en la inmensa noche oceánica me iluminara el alma, entendí que Castro, el tirano, había logrado lo que nadie, el milagro: había detenido el tiempo. En los marchitos barrios de Miramar y de El Vedado, en los ruinosos portales, en el malecón, el monstruo había detenido a Cuba en un instante exacto de la eternidad. Entonces pude volver a los años cincuenta y a ser un niño. Nos sentamos en un altico de los prados, cerca de unas luces fantasmagóricas y un matorral. El mar rugía abajo y las olas se rompían contra el malecón. Tomé la cara de Jesús en mis manos y él tomó la mía en las suyas y lo fui acercando y él me fue acercando y sus labios se juntaron con los míos y sentí sus dientes contra los míos y su saliva y la mía no alcanzaban a apagar el incendio que nos estaba quemando. Entonces surgió de detrás del matorral un soldadito apuntándonos con un fusil.

–¿Qué hacés, niño, con ese juguete? –le increpé–. Apuntá para otro lado, no se te vaya a soltar una bala y acabés de un solo tiro con la literatura colombiana.

Fijate, Gabo, que no le dije: «Qué haces, niño» o «Apunta para otro lado» sino «Qué hacés» y «Apuntá», con el acento agudo del vos antioqueño que es el que me sale cuando yo soy más yo, cuando no miento, cuando soy absolutamente verdadero. ¡El susto que se pegó el soldadito oyéndome hablar antioqueño! Hacé de cuenta que hubiera visto a la Muerte en pelota. O que hubiera visto en pelota al hermano de Fidel, a Raúl, el maricón.

–No te preocupes, que anotó mal mi apellido –me dijo Jesús.

Y en efecto, el apellido de Jesús es más bien raro, y Jesús vio que el soldadito lo escribió equivocado.

¿Y cuál es el apellido de Jesús? Hombre Gabo, eso sí no te lo digo a vos porque estando como estamos en este artículo en Cuba desconfío de tu carácter. No te vaya a dar por ir a denunciar a mi muchachito ante la Seguridad del Estado o ante algún Comité de Defensa de la Revolución.

Anotado que hubo el nombre de Jesús en la libretica con su arrevesada y sensual letra, como había aparecido, por la magia de Aladino, desapareció. ¿Pero sabés también qué pensé cuando el soldadito nos estaba apuntando? Pensé: ¿Y si la misa de dos padres la concelebráramos los tres? *Un ménage à trois, une messe à trois pour la plus grande gloire du Créateur?* Pero no, no se pudo, no pudo ser.

Se fue pues el soldadito, se nos bajó la erección, y echó a correr otra vez el tiempo, la tibia noche habanera.

—Jesús, esto no se queda así. Si no me acuesto contigo esta noche me puedo morir.

—Yo también me puedo morir —me contestó.

Estando pues como estábamos en grave riesgo de muerte los dos, determinamos irnos a mi hotel, al Habana Libre, a ver qué pasaba. Yo tenía una camisa rojita de cuadros y él una gris descolorida, hacé de cuenta como de la China de Mao. En el baño del hall del Habana Libre las intercambiamos: yo me puse la suya vieja, gastada, comunista; y él la mía nueva, reluciente, capitalista. Mi gafete del hotel se lo puse a Jesús en lo más visible, en el bolsillo de la camisa, y yo me quedé sin nada. Cruzamos el hall de los espías y entramos al ascensor de los esbirros. Dos esbirros del tirano operaban el ascensor y nos escrutaron con sus fríos ojos. Jesús con mi camisa reluciente de prestigios extranjeros y mi gafete no despertaba sospechas. Yo con mi camisa cubana y sin gafete era el que las despertaba. ¿Pues sabés, Gabito, qué me puse a hacer mientras subía el ascensor para despistarlos? ¡A cantar el himno nacional! El mío, el tuyo, el de Colombia, en Cuba. ¿Te imaginás? «Oh gloria inmarcesible, oh júbilo inmortal, en surcos de dolores el bien germina ya». ¡Gloria y júbilo los míos, carajo, me volvió la erección! ¡Nos volvió la erección! Y así, impedidos, caminando a tropezones, recorrimos un pasillo atestado de visitantes rusos y de cancerberos cubanos.

Los rusos cocinaban en unas hornillas de carbón, con las que habían vuelto al viejo Hilton un chiquero, un muladar. ¡Qué alfombras tan manchadas, tan quemadas, tan desastrosas! Ni las del Congreso de Colombia. ¡Y las cortinas, Gabo, las cortinas! La guía nuestra, una muchacha bonita, se había hecho un vestido de noche con un par de ellas. Pero para qué te cuento lo que ya sabés, vos que habés vivido allá tantos años y con tantas penurias.

Con la erección formidable y al borde de la eyaculación entramos Jesús y yo a mi cuarto. Las cárceles a mí, y por lo visto también a Jesús, me despiertan los bajos instintos, y me desencadenan una libido jesuítica, frenética, salesiana. Pero pasá, Gabito, pasá con nosotros al cuarto que vos sos novelista omnisciente de tercera persona y podés entrar donde querás y ver lo que querás y saber lo que querás, vos sos como Dios Padre o la KGB. Pasá, pasá.

Pasamos al cuarto, y sin alcanzar a llegar a la cama rodamos por el suelo, por la raída alfombra, como animales. ¡Uy, Gabito, qué frenesí! ¡Qué espectáculo para el Todopoderoso, qué porquerías no hicimos! Por la quinta eyaculación paramos el asunto y entramos en un delirio de amor. Salimos al balconcito, y con el mar abajo rompiéndose enfurecido contra el malecón, y con la noche enfrente ardiendo de cocuyos, y con el tiempo otra vez detenido por dondequiera, atascado, empantanado, nos pusimos a reírnos de los esbirros del tirano, y del tirano, y de sus putas barbas, y de su puta voz de energúmeno y de loco, y de todos los lambeculos aduladores suyos como vos, y riéndonos, riéndonos de él, de vos, empezamos a llorar de dicha y luego a llorar de rabia y ahora que vuelvo a recordar a Jesús después de tantísimos años me vuelve a rebotar el corazón en el pecho dándome tumbos rabiosos como los que daban esa noche las olas rompiéndose contra el malecón.

Pero te evito, Gabo, mi segundo viaje a La Habana, mi regreso por fin al cabo de diez años en los que no dejé nunca de soñar con él, con Jesús, mi niño, mi muchachito, y el desenlace: cómo la revolución lo había convertido en una ruina humana. Ya no te cuento más, no tiene caso, vos sos novelista omnisciente y de la Seguridad del Estado y todo lo sabés y lo ves, como veía la Santa Inquisición a los amantes copulando *per angostam viam* en la cama: los veía la susodicha en el lecho desde el techo por un huequito.

Discurso del Congreso
de Escritores Colombianos*

Señor vicepresidente, señora directora de Comfama, amigos escritores: Que cada quien hable por sí mismo, en nombre propio, y diga lo que tenga que decir que el hombre nace solo y se muere solo y para eso estamos en Colombia donde por lo menos, en medio de este desastre, somos libres de irnos y volver cuando queramos, y de decir y escribir y opinar lo que queramos, así después nos maten. ¡Y qué importa! Una libertad de semejante magnitud no tiene precio. En uso de esa libertad espléndida que me confiere Colombia, que a nadie calla, me dirijo a ustedes esta noche aprovechando que todavía estoy vivo. ¡Y que se callen los muertos! Con eso de que cualquier vida humana aquí no vale más que unos cuantos pesos, los que cuesta un sicario... ¡Y adivinen quién lo contrató! Ésa es la ventaja de vivir en Colombia, de morir en Colombia, que uno se va tranquilo sin saber de dónde vino la bala, si de la derecha o de la izquierda, y así, ignorante el difuntico del causante de su muerte, sin resentimientos ni rencores, se queda por los siglos de los siglos en la infinita eternidad de Dios.

Pero una cosa por lo menos para mí sí está muy clara, pese a lo turbias que parecen estar aquí las aguas: que hoy por hoy el signo de Colombia es la impunidad, que se le viene a sumar al de la infamia. ¿Cuál infamia? La de siempre, la inno-

---

* Discurso de inauguración del Primer Congreso de Escritores Colombianos pronunciado el 30 de septiembre de 1998 en el auditorio Comfama de Medellín.

minada, la que todos padecemos pero que nadie señala como si nadie la viera porque fuera invisible, y la que nadie nombra como si no tuviera nombre. Y sin embargo sí lo tiene y sí se ve. Es cuestión de querer nombrarla y verla. Es de ella de la que voy a hablar aquí, y para empezar les diré que tiene la duración de nuestra historia, la historia de Colombia.

Ya va para doscientos años que nació esto, un día en que se quebró un florero. ¿Lo quebraron los criollos? ¿Lo quebraron los peninsulares? Unos y otros lo quebraron puesto que eran unos mismos: tinterillos de corazón en busca de puesto. Acto seguido les declaramos la guerra de independencia y se la ganamos. ¿Pero independencia de qué? ¿De quién? ¿Por qué? ¿De España? España era eso: los tinterillos, las estampillas, el papel sellado. Pues los tinterillos con sus estampillas y su papel sellado han pesado desde entonces sobre nosotros y se han parrandeado nuestro destino. Nosotros lo hemos permitido, nosotros les hemos dejado hacer, la culpa es nuestra. ¡Cuánta tinta no ha corrido por este país en esos doscientos años en constituciones y plebiscitos, en ordenanzas y decretos y leyes! Casi tanta como sangre. ¿Y para qué? ¿Para estar en donde estamos? Me salto las guerras civiles para llegar de carrera al presente. Me salto las muchas del siglo pasado y la de comienzos de éste, pero no la de mediados de éste porque de esa a mí me tocó saber de niño, la guerra no declarada en el campo entre conservadores y liberales, la del machete; un machete de doble filo, por un lado conservador y por el otro liberal, pero solo y único, cortador de cabezas. ¿Y cuándo va a llegar la hora en que las palabras «conservador» y «liberal» se entiendan aquí como lo que son, los nombres de la infamia? ¿Habrá que esperar a los historiadores del año tres mil para que la etiqueta de la infamia se la pongan ellos a quienes se la ganaron? ¿O seremos capaces de ponérsela de una vez nosotros? Y para que no digan que soy un calumniador y que les estoy poniendo a quienes no debo los calificativos que no debo, y que en un congreso de escritores, y justamente el primero que se celebra en Colombia, estoy usando mal las palabras, les voy a recordar unos nombres: El Dovio, Fresno, Irra, Salento, Armero, La Línea, Letras, Icononzo, Supía, Anserma, Cajamarca, El Águila, Falan. El genocidio de El Dovio, el genocidio de Fresno, el genocidio de Irra, el genocidio de Salento, el genocidio de Armero, el genocidio de La Línea, el genocidio de Letras, el genocidio de Icononzo, el genocidio de Supía, el genocidio de Anserma, el genocidio de Cajamarca, el genocidio de El Águila, el genocidio de Falan, ¿qué? ¿Nunca ocurrieron? Centenares de campesinos decapitados, extendidos en fila por el suelo con las cabezas asignadas por manos caritativas a los cuerpos a la buena de Dios. ¡Qué! ¿Colombia ya los olvidó? ¿Es que con tanto muerto le entró el mal de la desmemoria y se le borró la historia? A mí no. Pues esos genocidios se cometieron en nombre de los principios irrenunciables del gran partido conservador o de los principios irrenunciables del gran partido liberal, según fuera la filiación de los asesinos y del pueblo de los muertos. Poquito después los dos partidos se pusieron de acuerdo, crearon el Frente Nacional y se repartieron los puestos. ¿Y los muertos qué? ¿Y los principios qué? ¿No dizque eran irrenunciables? Si eso no es infamia, entonces yo no sé qué quieren decir aquí las palabras.

Y sin embargo seguimos eligiendo para los puestos públicos a quienes se siguen llamando, o se dejan llamar cuando les conviene, conservadores o liberales. O son o no son. Si no son, díganlo y renieguen del nombre. Pero si lo son, carguen con la responsabilidad de lo que es hoy Colombia y con la etiqueta que se merecen de infames.

Todo lo regularon, todo lo legislaron, todo lo gravaron. No se movía aquí una hoja de árbol sin que pagara un impuesto o la controlara una ley. Hubo aquí un impuesto de ausentismo para los colombianos que vivíamos afuera, y un impuesto de soltería para los que no teníamos hijos. ¿Ausentismo el de los millones de colombianos que vivíamos en los Estados Unidos, en México, en Venezuela, regados por el mundo, donde fuera, porque aquí nos cerraron todas las puertas? ¿Y soltería donde la gente se reproduce como animales y ya no cabemos? Los animales los matamos, los bosques los tumbamos, los ríos los secamos, y los que aún corren los volvimos cloacas. Cuando yo me fui, hace años, muchos años, me llevé en la memoria al Cauca, el río de mi niñez. Se fue conmigo ese río caudaloso, torrentoso, sonándome en el corazón sus queridas aguas. Un día, en uno de mis regresos, lo volví a ver: era una quebrada sucia.

Yo no soy vocero de nadie ni hablo por nadie, pero en estos instantes siento como si hablara a nombre de esos millones que se fueron de Colombia sin querer, porque yo también me fui, porque yo soy uno de ellos. Yo nunca me he querido ir. Yo no tengo más patria que ésta. ¡Impuesto de ausentismo como si la ausencia forzada fuera una traición! ¡E impuesto de soltería como si casarse para imponer la vida fuera una obligación! ¿No será al revés, crimen lo que creen mérito? Quitar la vida incluso, lo cual va contra el quinto mandamiento, es un delito menor. Imponer la vida es el crimen máximo, así para ése no haya mandamiento que lo prohíba.

Aquí todo el mundo se rasga las vestiduras por los treinta mil asesinados de Colombia al año con los que nos hemos convertido, y desde hace mucho, en el país más asesino de la Tierra. ¿Y quién levanta su voz por los quinientos mil o un millón de niños que sin haberlo pedido nacen en el país cada año? ¿La Iglesia? ¿La Iglesia que es la que los va a sostener? La Iglesia no sostiene a nadie, ella está para que la sostengan. ¿Y dónde van a vivir? ¿Y qué van a comer? Vivirán en las comunas de Medellín que son una delicia, y comerán maná del cielo que les lloverá la Divina Providencia.

Ni el partido conservador ni el partido liberal ni la Iglesia, que aquí son los dueños de la voz, han hablado nunca por ellos. Por eso de los dos millones que éramos al comenzar este siglo ya somos cuarenta y no nos toleramos porque no cabemos.

Pero estábamos en la proliferación de impuestos. ¡Cómo así que un impuesto de guerra! ¿No se ha venido pues gastando siempre el Ejército una parte enorme del presupuesto nacional? ¿Todo ese dinero qué se hace, qué se hizo, a qué saco roto ha ido a dar? Como el impuesto de guerra lo que nos resultó fue el impuesto de la derrota, ahora estrenamos gobierno con el impuesto de la paz. ¿La paz un impuesto? O sea, como quien dice, que aquí pagamos porque estamos vivos y pagamos porque estamos muertos. Un Estado que no es capaz de protegerle la vida a nadie no tiene derecho a cobrar impuestos. Ni de paz ni de guerra ni de nada. Eso es una inmoralidad.

Poniendo una tras otra las leyes y constituciones que aquí se han expedido desde el Congreso «admirable», le podemos dar la vuelta a esta galaxia. La más reciente Constitución le cambió el nombre a la capital y se lo volvió al del comienzo, Santafé de Bogotá, que era el que tenía hace ciento ochenta años, cuando lo del florero. Así que aquí avanzamos retrocediendo como el cangrejo. No faltará otro presidente genial que convoque otro Congreso admirable que nos expida otra Constitución admirable que le vuelva a cambiar el nombre a esa ciudad por el que tenía cuando nacimos, el de la simple Bogotá. Ya dirán que es lo más conveniente para el correo. Sigan brillando, genios nuestros de la administración y de las leyes, que mientras más brillen ustedes nosotros más nos apagamos.

¡Y el actual Congreso! No este de esta noche de esta sala sino el otro, el honorable. El espectáculo que nos ha venido dando durante estos últimos años el honorable, ¿no les hace pensar a ustedes, amigos escritores, que estamos usando muy mal el idioma? Yo tenía entendido que «honorable» significaba «gente de bien» y no lo contrario. Entonces una de dos: o la palabra «honorable» pasa en adelante a designar lo opuesto a lo que designaba cuando yo nací y así se lo notificaremos a la Real Academia Española de la Lengua para que tome nota, o se la quitamos al Congreso de Colombia. Yo le propongo a este Primer Congreso de Escritores Colombianos aquí reunidos que al Honorable Congreso de la República de Colombia le quitemos el «honorable»: primero para aligerarlo de arandelas; y segundo para que tratemos de salvar aunque sea, en medio de esta catástrofe, el idioma, de suerte que si nos vamos a seguir matando por lo menos nos entendamos y nos podamos decir por qué.

En la confusión los linderos de las palabras se nos han borrado y ya estamos en plena torre de Babel. Ya no sabemos dónde está la decencia y dónde la delincuencia. Ya no distinguimos a la víctima del victimario. Se nos enloqueció la semántica.

La brecha inmensa que se ha abierto entre los colombianos en estos dos siglos que van corridos desde el florero no es entre ricos y pobres como dicen muchos. Pobres siempre ha habido y siempre habrá, y mientras más se reproduzcan más. La brecha, la brecha injusta, la brecha inmensa es entre gobernantes y gobernados, entre funcionarios y ciudadanos. Aquí no hay servidores públicos. Ésos son cuentos. Lo que hay es aprovechadores públicos que se reparten y parrandean los puestos. Se los pasan de padres a hijos, de amigos a amigos, de compinches a hermanos: las alcaldías, las gobernaciones, los ministerios, la presidencia. Ellos son los que dicen, ellos son los que hablan, ellos son los que gesticulan; nosotros los que los oímos y los vemos y los padecemos. Ellos son los protagonistas de la Historia; nosotros los comparsas de su gloria. En ellos están puestos los reflectores; nosotros estamos en la sombra. Ellos son los que suben; nosotros los que bajamos. Ellos son los que cobran; nosotros los que pagamos, los que pagamos los impuestos y los platos rotos de su fiesta. Dueños ellos y señores de las primeras planas, nosotros saldremos en la página roja. Ellos van, vienen, funcionan, y mientras más van y vienen y funcionan, con sus patas enormes de elefante ciego más nos atropellan. Nosotros somos los servidores y ellos son los señores. Ellos trocaron los papeles. La sirvienta se nos convirtió en la dueña de la casa.

Todos los caminos nos los bloquearon, todas las puertas nos las cerraron, en todo se metieron y lo que estaba bien lo dañaron y lo que estaba mal lo empeoraron. Para nada sirven pero en todo están: en la salud, en la economía, en el transporte, en la educación. Hasta convocan congresos de escritores y nos ceden un ratico la palabra. Muchas gracias y aprovechemos y sigamos que el tiempo se nos va a acabar.

Y ya piensan gravar a la industria editorial. La van a quebrar. También la van a quebrar. ¿Y quién nos va a editar los libros?

Siempre se las arreglan para conciliar los contrarios. Y así son pero no son y están pero no están; quitan para poner y ponen para quitar. Hoy crean un ministerio de cultura, mañana lo quieren quitar, pasado mañana volverlo a poner. Políticos de Colombia, o sea burócratas, camarillas del partido conservador y liberal: No más trabas, no más leyes, no más cambios, no más impuestos. No declaren más en los noticieros. Desaparezcan, bórrense, ¡déjennos respirar!

Al monstruo bicéfalo liberal-conservador últimamente le salieron otras cabezas: la guerrilla, los paramilitares y el narcotráfico. Y así tenemos hoy pesando sobre Colombia a la hidra de cinco cabezas. Si bien las viejas produjeron a las nuevas y hacen parte de un solo animal, las cabezas no se hablan ni se ven ni se quieren reconocer. Temen verse en el espejo. Aunque a ratos cambian de opinión y sí se miran y se ven y se reconocen y arman híbridos de cabezas. Entonces nos nacen el Frente Nacional y la narcoguerrilla. En estos días dos de las cabezas resolvieron hablarse y reconocerse y andan en diálogos de paz. Por eso el impuesto de la paz.

¿Y el de la guerra entonces qué? ¿Contra quién era la guerra? ¡Era una guerra entre cabezas! ¡Y yo que de malpensado en México pensé que era contra Venezuela!

Para ser equitativo con las cabezas pero sin abusar más de su paciencia, les voy a leer una última paginita.

Aquí, en esta tierra mía de Antioquia, en las montañas del municipio de Envigado, el capo de los capos, difunto ya y cuyo nombre todos conocemos, al viceministro de no sé qué de un presidentico reciente y genial (el que con estas avenidas tan amplias que él nos construyó abrió la importación de carros y nos embotelló a Colombia) lo tomó preso y lo arrodilló en su catedral y lo puso a oír misa. Yo estaba aquí y vi el show por televisión, muerto de risa y de vergüenza. Al Estado colombiano mi paisano capo cuando quiso lo compró y cuando quiso lo humilló y cuando quiso lo mató. ¡Descanse en paz el pobre, gran contratador de sicarios!

En fin, los bandoleros, que por cuestiones de semántica hoy se llaman guerrilleros. ¡Cuánto petróleo no han regado, cuánta sangre no han derramado! ¡Cuánto boleteado, cuánto desplazado, cuánto secuestrado, cuánto asesinado por ellos! Con sus chantajes, con sus cultivos de coca, con sus secuestros, ya tienen dizque de todo: armas modernas, cuentas en Suiza, sofisticados equipos de comunicación. Yo no sé, no los conozco. A mí todavía no me han secuestrado, para quitarme estas regalías enormes que me pagan en Planeta y Alfaguara. Pero lo que sí sé es que también tienen, tienen, tienen «ideólogos». Como el Partido Comunista de Cuba, vaya, o como tenían antaño aquí el partido liberal y el conservador. ¿Y quiénes serán, qué harán estos señores «ideólogos» del E Ele Ene y de las FARC? Ah yo no sé, no sé qué harán. Serán los que idean los chantajes, los secuestros, y qué tramo del oleoducto hay que volar o a qué sicario hay que contratar para que mate a fulanito de tal. ¿Y habrá posibilidad de negociar con estos «ideólogos», o será pura ilusión, espejismo? ¡No, qué va! Sí se puede negociar, por supuesto. ¿Y cómo? Denles puestos. Repártanse con ellos los puestos, según la fórmula ya probada y requeteprobada del Frente Nacional. Por sus «ideologías», sus convicciones, no se preocupen, que son tan sólidas e inconmovibles como los principios del gran partido conservador y liberal.

Pero dejemos esto que ya parezco Torquemada y éste es un Congreso de Escritores, y no la quema de brujas de la Santa Inquisición. Amigos escritores: Colombia para la literatura es un país fantástico, no hay otro igual. En medio de su dolor y su tragedia Colombia es alucinante, deslumbrante, única. Por ella existo, por ella soy escritor. Porque Colombia con sus ambiciones, con sus ilusiones, con sus sueños, con sus locuras, con sus desmesuras me encendió el alma y me empujó a escribir. Ella prendió en mí la chispa, y cuando me fui, la chispa se vino conmigo encendida y me ha acompañado a todas partes, adonde he ido. Por eso yo no necesito inventar pueblos ficticios, y así pongo siempre en todo lo que escribo, siempre, siempre, siempre: «Bogotá», «Colombia», «Medellín». ¡Cómo no la voy a querer si por ella yo soy yo y no un coco vacío! ¡Qué aburrición nacer en Suiza! ¡Qué bueno que nací aquí!

Discurso de la Universidad Nacional*

Señores del Consejo Superior y del Consejo Académico, señor rector, señores decanos, señores profesores, amigos que me acompañan esta noche tan notable de mi vida: En febrero próximo va a hacer cincuenta años que entré a esta Universidad a estudiar filosofía y letras en la facultad de que era decano Rafael Carrillo, discípulo de Heidegger. Al año me fui dejando la carrera empezada, y así he procedido en adelante, dejándolo empezado todo. ¡Quién iba a decir entonces que medio siglo después ese muchacho inconstante, ese solemne irresponsable que lo único que tenía era ilusiones, ya de viejo se iba a graduar de doctor no por sus méritos, que no ha tenido ninguno, sino por la generosidad de ustedes! ¡Cómo ha cambiado el mundo! ¡Qué loco está esto! ¡Qué raro me siento! Ustedes han dejado de ser ustedes y yo hace mucho que no soy yo.

A Rafael Carrillo, mi profesor de filosofía y decano de esa Facultad de Filosofía y Letras que ya no existe, ya lo anoté en mi *Libreta de los muertos,* el inventario que llevo de los que conocí y se me murieron, y que va en setecientos cincuenta. A Heidegger no porque no lo conocí y no llena por lo tanto la segunda condición de mi libreta, la de haber estado aunque sea un instante al alcance de mis ojos, siendo la primera, claro, que el vivo se haya muerto. En fin, si quie-

---

* Pronunciado el 25 de septiembre de 2009 en el Auditorio León de Greiff de la Universidad Nacional de Colombia para recibir el doctorado *honoris causa* en letras.

ren saber de Heidegger y de Rafael Carrillo, los encuentran en Google, en Internet. Están muy olvidados. Que yo esté muerto no me preocupa. Lo que me aterra es el olvido. Cuando me muera (si es que estoy vivo) seguramente algunos de ustedes me recordarán, cosa que por anticipado les agradezco y me tranquiliza, aunque no del todo porque cuando ustedes se mueran, ¿qué? ¿Quién me va a recordar? ¿Google? ¿Su Wikipedia? Google y su Wikipedia son el basurero del olvido. A mí me gusta que me recuerden neuronas vivas, no átomos muertos, microchips.

Pues para terminar con Heidegger y sus existencialistas, al que sí pude poner en mi *Libreta de los muertos* fue a Sartre porque lo vi de cerca en la plaza Navona de Roma, en el Tre Scalini, un café muy famoso: ahí estaba con su esposa Simone de Beauvoir y con mi paisano Roberto Triana tomando vino y hablando de Colombia y su tragedia pues entonces vivíamos en plena era de los decapitados, la de la Violencia. Pues he aquí que por ponerse a gesticular al calor de los recuerdos de la patria Roberto Triana le vació encima la copa a Sartre. ¡El padre del existencialismo francés bañado en vino por un colombiano! ¡Qué horror, qué honor! A Sartre lo tengo en la ese de la lista, así: «Sartre, Jean-Paul». A Simone de Beauvoir en la be de burro, aunque era muy inteligente. Y a Rafael Carrillo en la ce («Carrillo, Rafael»), en la que también tengo a Colombia, habida cuenta de que la Colombia mía también se murió y junto con ella sus sueños de honorabilidad y decencia. Esa cosa rara que la reemplazó para mí no es más que una advenediza, una oportunista impúdica y protagónica que en medio de una carraca de vallenatos y telenovelas y noticieros de radio y televisión y de periodistas venales y presentadoras delincuentes con lo único con que sueña es con ganar el mundial de fútbol para hacerse ver. Que lo gane a ver si puede, con las patas. Por lo pronto, mientras sueña

nombre. ¿Y cómo la ponemos? Ah, yo no sé, ya no estoy en la edad de los bautizos: estoy en la edad de los entierros. Setecientos cincuenta muertos se dicen rápido, ¡pero pesan! En cuanto a ustedes, la mayoría de ustedes, ¿cuántos muertos tendrían para poner en sus libretas si hoy las empezaran? ¿Cinco? ¿Diez? ¡Pobrecitos! La que les espera. Una vía dolorosa cargando muertos.

Con esta manía de cambiar las cosas porque sí o porque no que le ha acometido al mundo, a mi pobre Facultad de Filosofía y Letras la atomizaron volviéndola no sé cuántas carreras, y a la filosofía prácticamente la desaparecieron. Será por eso que esta noche yo apenas voy a ser doctor a medias, en letras y no también en filosofía, como debiera ser. Les quedó faltando pues, señores, la otra mitad, la filosófica. Qué importa, no me deben nada, no es un reproche, yo no quiero ser filósofo. La filosofía sirve para lo que sirve Dios. Para un carajo. Desde Tales de Mileto, Pitágoras, Demócrito, Parménides, Heráclito, Empédocles, Anaxágoras, Anaxímenes, Anaximandro y Zenón de Elea —esto es, los presocráticos— hasta Heidegger, los filósofos no han hecho más más que empantanarse en falsos problemas que ellos mismos se buscaron, hundirse en unas arenas movedizas que finalmente, gracias a Dios, acabaron por tragárselos a todos. ¡Qué bueno! *El ser y el tiempo* de Heidegger es horrible, la *Crítica de la razón pura* de Kant es horrible, la *Suma teológica* de Tomás de Aquino es horrible, el *Discurso del método* de Descartes es horrible, *El ser y la nada* de Sartre es horrible. Horrorosos todos, no pierdan el tiempo en eso, créanme, aprendan de la experiencia ajena para que ganen tiempo, que está muy escaso. ¡Qué bueno que no me dieron el doctorado en filosofía, muchas gracias!

Y las letras, la literatura, ¿ésas qué? También vamos a salir de ellas no bien desaparezca el libro. Lo único verdaderamente importante para el hombre es la alimentación y la cópula. O mejor dicho, la alimentación para la cópula, pues el hombre en esencia no vive para comer sino que come para lo otro. El bípedo humano tiene grabado el sexo en las neuronas con que nace. Y no desde el *Pithecanthropus,* que es recientísimo. No. Desde hace seiscientos millones de años, que es cuando aparecieron las especies que se reproducen por el sexo, de las que surgimos. Esa manía fea nos quedó grabada desde entonces en el cerebro como con cincel. Y ahí va el simio humano recientemente bajado del árbol siempre en lo mismo detrás de lo mismo. ¡Cuál Kant, cuál Anaxímenes, cuál Heráclito, cuál Heidegger! La filosofía no sirve para nada. Además, ¿qué título les van a dar a esos muchachos cuando se gradúen? ¿Filósofos? El hábito no hace al monje y el filósofo no es un título, es una forma necia de ser. Tales, reflexionando en la noche estrellada sobre no sé qué, se fue a una zanja y casi se desnuca. Ése fue el comienzo de eso.

¿Me permitirán un recuerdo, habida cuenta de mis muchos años y de que ya no tengo ilusiones? Cierro los ojos y recuerdo, en un aula de la Facultad de Filosofía y Letras de la Universidad Nacional de Colombia, al profesor Alfredo Trendall copiando en griego en el tablero los fragmentos de los presocráticos que se salvaron de la destrucción del tiempo y que recopiló Hermann Diels. A Alfredo Trendall lo veía yo entonces muy mayor: tenía veintiocho años y hoy podría ser mi nieto. Lo recuerdo con admiración. A veces, en las noches, me lo encontraba caminando por la Ciudad Universitaria, donde yo vivía (en las Residencias Gorgona, así llamadas en honor a una colonia penitenciaria nuestra de entonces), caminando bajo el cielo estrellado, absorto en sus pensamientos y con grave riesgo de irse, como Tales, a una zanja. ¡Cuánto aprendí de él a querer a los presocráticos!

Y muy en especial a los sofistas y sus terribles paradojas que no tienen solución. Con los presocráticos, o sea los filósofos anteriores a Sócrates, el hombre empezó a pensar en serio. El río de Heráclito, en cuyas mismas aguas no volveremos a bañarnos nunca, me acompaña desde entonces. No volveré a bañarme en el Cauca de mi niñez, ni a oír a Rafael Carrillo el discípulo de Heidegger filosofando, ni a ver la mano de Alfredo Trendall trazando en el tablero las letras griegas de los fragmentos de los presocráticos: alfa, beta, gamma, delta, épsilon... Todo se vuelve recuerdos y uno se muere con ellos. La filosofía es una maravilla. Me quedan debiendo, señores, el título de filósofo, ¿eh? No me volveré a bañar en el Cauca de mi niñez y en sus peligrosas aguas, pero por aquí vuelvo algún día por él. Mi agradecimiento por el que me dan esta noche y por su afecto. Muchas gracias.

Discurso para recibir
el Premio Rómulo Gallegos*

Amigos que me acompañan esta noche tan notable de mi vida: Como ustedes, o la mayoría de ustedes, yo nací en la religión de Cristo y en ella me bautizaron. Pero en ella no me pienso morir. Si Cristo es el paradigma de lo humano, la humanidad está perdida. En el evangelio de san Mateo está la parábola de los labradores del campo: que el dueño de la tierra les paga al final del día igual a los que contrató al amanecer que a los que contrató a mediodía o al anochecer. Y cuando los que llegaron al amanecer se quejan y le dicen: «Patrón, ¿cómo nos vas a pagar igual a los que trabajamos diez horas que a los que no trabajaron ni una», el patrón les contesta: «Los contraté por tanto y eso les estoy pagando, ¿de qué se quejan?»

Con lo viejo que estoy y lo mucho que he vivido nunca he podido entender esta parábola. Se me hace inconsistente, caprichosa, y su personaje un arbitrario. A los que llegaron al final del día les tendría que haber pagado menos, ¿o no? O más a los que llegaron temprano. Pero como él era el dueño de la tierra y el que ponía las condiciones... ¿Hay que trabajar, o no hay que trabajar? ¿Hay que contratar, o no hay que contratar? El mensaje de la parábola no está claro. ¿Qué dirán de ella los comunistas? Me hubiera gustado que Castro se la hubiera comentado al Papa.

---

* Pronunciado en el Centro de Estudios Latinoamericanos Rómulo Gallegos de Caracas el 2 de agosto de 2003 en la decimotercera entrega del Premio Internacional de Novela Rómulo Gallegos.

Yo, si les digo la verdad, no soy partidario de darles trabajo a los demás porque después dicen que uno los explota. Y me pongo siempre, por predisposición natural, del lado del patrón y no de los trabajadores. ¡Ay, los trabajadores! ¡Qué trabajadores! Viendo a todas horas fútbol por televisión, sentados en sus traseros estos haraganes. ¡Que les den trabajo el Gobierno o sus madres! O la revolución, que es tan buena para eso. Y si no, vean a Cuba, trabaje que trabaje que trabaje. En Cuba todo el mundo trabaja. ¡Pero con las cuerdas vocales!

Pero volvamos a Cristo y a su parábola. ¿No está reflejada en ella la prepotencia de Dios, que da según se le antoja, según su real gana? ¿Que a mí me hace humano para que aspire a la presidencia, y a la rata la hace rata para que se arrastre por las alcantarillas y a la culebra culebra para que se arrastre por los rastrojos? A ellas les está dando menos que a mí. ¿Por qué? ¿O no será que es al revés, que a mí me da la carga, el horror de la conciencia? Si es éste el caso, entonces la injusticia la está cometiendo conmigo y no con ellas.

También está en los Evangelios el episodio de los mercaderes del templo a quienes Cristo expulsó furioso a latigazos porque estaban vendiendo adentro sus baratijas. Si Cristo no quería que los mercaderes comerciaran en el templo, ¿por qué no los hizo ricos para que no tuvieran que trabajar? ¿O por qué no les dio local propio, una tienda? ¿No era pues el hijo del Todopoderoso? ¡Le habría podido mover el corazón a su papá! ¿Y cómo es eso de que el paradigma de lo humano pierde los estribos y se deja llevar por la rabia? En México dicen que el que se enoja pierde. Yo no sé.

¿Y por qué resucitó a Lázaro y sólo a él y no también a los demás muertos? ¿Y cómo supo que Lázaro quería volver a la vida? A lo mejor ya estaba tranquilo, por fin, en la paz de la tumba. ¿Y para qué lo resucitó si tarde que temprano Lázaro se tenía que volver a morir? Porque no me vengan ahora con el cuento de que Lázaro está vivo. Un viejito como de dos mil años. No, Lázaro se volvió a morir y Cristo no lo volvió a resucitar. ¿Por qué esas inconsecuencias? ¡Una sola resurrección no sirve! Si nos ponemos en plan de dar, demos; y en plan de resucitar, resucitemos. Y si resucitamos a uno, resucitémoslos a todos y para siempre. Así a los seis mil millones de *Homo sapiens* que hoy poblamos la Tierra les sumamos otros tantos por lo bajito. ¿Con doce mil millones no se contentará este Papa? ¿O querrá más? ¿Doce mil millones copulando sin condón cuántos producen al año? A ver, saque cuentas, Su Santidad. ¿Dónde los va a meter? ¿En el Vaticano?

Pero esto en realidad a mí no me importa. Que se hacinen, que se amontonen, que copulen, que se jodan. A mí los que me duelen son los animales. A ver, ¿cuántos hay en los Evangelios? Hay una piara de cerdos donde dizque se metió el demonio. Un camello que no pasará por el ojo de una aguja. Una culebra símbolo del mal. Y un borriquito, en el que venía Cristo montado el domingo de ramos cuando entró en triunfo a Jerusalén. ¿Y qué palabra de amor tuvo Cristo para estos animales? Ni una. No le dio el alma para tanto. ¡Cómo va a estar metido el demonio en un cerdo, que es un animal inocente! A los cerdos, en Colombia, en Navidad, los acuchillamos para celebrar el nacimiento del Niño Dios. Todavía me siguen resonando en los oídos sus aullidos de dolor que oí de niño. El demonio sólo cabe en el alma del hombre. ¿No se dio cuenta Cristo de que él tenía dos ojos como los cerdos, como los camellos, como las culebras y como los burros? Pues detrás de esos dos ojos de los cerdos, de los camellos, de las culebras y de los burros también hay un alma.

Cristo viene de la religión judía, una de las tres semíticas, a cuál más mala. Las otras son el cristianismo, que él fundó, y el mahometismo, que fundó Mahoma. A estas dos religiones o plagas pertenece hoy la mitad de la humanidad: tres mil millones. Tres mil millones que se niegan a entender que los animales también son nuestro prójimo y sienten el dolor y tienen alma y no son cosas. Dos mil años llevamos de civilización cristiana sin querer ver ni oír, haciéndonos los desentendidos, atropellando a los animales, cazándolos por sus colmillos o sus pieles, experimentando con ellos, inoculándoles virus y bacterias, rajándolos vivos para ver cómo funcionan sus órganos y sus cerebros, maltratándolos, torturándolos, vejándolos, enjaulándolos, asesinándolos, abusando de su estado de indefensión, con la conciencia tranquila y la alcahuetería de la Iglesia y la indiferencia de Dios. Por algo está la Biblia llena de corderos que el hombre sacrifica en el altar de Dios regándolo con su sangre. ¿En qué cabeza cabe sacrificar a un cordero, que es un animal inocente que siente y sufre como nosotros, en el altar de Dios que no existe? Y si existe, ¿para qué querrá la sangre de un pobre animal el Todopoderoso?

Los animales no son cosas y tienen alma y no son negociables ni manipulables y hay una jerarquía en ellos que se establece según la complejidad de sus sistemas nerviosos, por los cuales sufren y sienten como nosotros: la jerarquía del dolor. En esta jerarquía los mamíferos, la clase linneana a la que pertenecemos nosotros, están arriba. Mientras más arriba esté un animal en esta jerarquía del dolor, más obligación tenemos de respetarlo. Los caballos, las vacas, los perros, los delfines, las ballenas, las ratas son mamíferos como nosotros y tienen dos ojos como nosotros, nariz como nosotros, intestinos como nosotros, músculos como nosotros, nervios como nosotros, sangre como nosotros, sienten y sufren como nosotros, son como nosotros, son nuestros compañeros en el horror de la vida, tenemos que respetarlos, son nuestro prójimo. Y que no me vengan los listos y los ingeniosos que nunca faltan a decirme ahora, para justificar su forma de pensar y de proceder, que entonces no hay que matar un zancudo. Entre un zancudo y un perro o una ballena hay un abismo: el de sus sistemas nerviosos.

Varias veces al año las playas de las islas Faroe (al norte de Dinamarca) se transforman en campos de matanza de ballenas. Grandes grupos de ballenas son guiados hacia ellas y atacados desde las embarcaciones balleneras y sacrificados sin misericordia. Primero les entierran un garfio metálico de cinco libras de peso, luego les cortan la médula espinal con un cuchillo ballenero de seis pulgadas. El gancho se lo entierran varias veces hasta que las pueden enganchar bien para empezar a cortar. Como por instinto las ballenas luchan violentamente en medio de su agonía, es casi imposible matarlas con un solo corte. Deben soportar y sufrir varios antes de morir. A los nórdicos ahora se les han venido a sumar los japoneses. ¡Los japoneses! Los de Pearl Harbor, los que en la Segunda Guerra Mundial les hicieron a los chinos y a los coreanos ver su suerte. Ahora cazando ballenas. ¡Cómo vamos a comparar a un japonés –que es un hombrecito bajito, feíto, amarillo, cruel– con una ballena que es un animal grande y hermoso! Y los delfines, los otros mamíferos acuáticos, que protegen a los náufragos de los tiburones: en los últimos cuarenta años hemos matado setenta millones.

El dolor es un estado de conciencia, un fenómeno mental y como tal nunca puede ser observado en los demás, se trate de seres humanos o de animales. Cada quien sabe cuándo lo siente, pero nadie se puede meter en el cerebro ajeno para saber si lo está sintiendo el prójimo. Que los demás lo sienten lo deducimos de los signos externos: retorcimientos, contorsiones faciales, pupilas dilatadas, transpiración, pulso agitado, caída de la presión sanguínea, quejas, alaridos, gritos. Pues estos signos externos los observamos tanto en el hombre como en los mamíferos y en las aves. Aunque la corteza cerebral está más desarrollada en nosotros y este mayor desarrollo es el que nos permite el uso del lenguaje, el resto del cerebro en esencia es el mismo en todos los vertebrados pues todos procedemos de un antepasado común. Así las estructuras cerebrales por las que sentimos el hambre, la angustia, el miedo, el dolor, las emociones son iguales en nosotros que en el simio, en el perro o en la rata. ¿Cuántos millones de simios, de perros y de ratas hemos rajado vivos para llegar a estas conclusiones?

Los genomas del gorila y del orangután coinciden en el noventa y ocho por ciento con el humano, y el del chimpancé en el noventa y nueve. Y el ciclo menstrual de la hembra del chimpancé es exacto al de la mujer. Ya lo sabemos, somos iguales a ellos, ¿cuánto tiempo más nos vamos a seguir haciendo los tontos? Y los que duden de que los simios son como nosotros, mírenles las manos y mírenlos a las caras y a los ojos. No hay que saber biología molecular ni evolutiva ni neurociencias para descubrir el parentesco. Sólo hay que abrir el alma. Y sin embargo candidatos altruistas al Premio Nobel de medicina, médicos y científicos generosos, siguen experimentando con ellos, con los chimpancés y los mandriles y los macacos inoculándoles el virus del sida dizque para producir una vacuna dizque para salvar dizque a la humanidad. ¡Mentirosos! ¡Pendejos! La humanidad no tiene salvación, siempre ha estado perdida. Que se jodan los drogadictos de jeringa y los maricas si se infectaron de sida, suya es la culpa. Y dejen tranquilos a los simios. En la medida en que nos parezcamos a ellos no podemos tocarlos, y en la medida en que no, ¿para qué experimentar con ellos? ¿Para qué si no sienten, si son objetos, si son cosas inertes sin alma?

En el siglo XIX Pío Nono (el que convocó un concilio vaticano para elevar a dogma su infalibilidad, la infalibilidad del Papa) prohibió que se abriera en Roma una Sociedad Protectora de Animales arguyendo que los animales no tienen valor intrínseco y que lo que hacemos con ellos no tiene que ser gobernado por consideraciones morales. Desde entonces esta inmoralidad es la norma en los países católicos. Con la conciencia tranquila, sin poner en riesgo nuestra salvación eterna, podemos cazar impunemente a los animales para hacer teclas de piano con sus colmillos, adornos con sus caparazones y abrigos con sus pieles; experimentar con ellos e inocularles cuantas bacterias y virus se nos antoje; encerrarlos de por vida en jaulas, practicar la vivisección en ellos, torturarlos en las galleras, en las plazas de toros y en los circos, transportarlos como bultos de cosas bajo el sol ardiendo sin importarnos su sed y acuchillarlos en los mataderos, porque ellos no son como nosotros ni sienten el dolor. ¿En qué círculo del infierno te estarás quemando, Pío Nono, cura bellaco? ¿Me alcanzarás a oír desde abajo? En las vacas acuchilladas en los mataderos de este mundo se revive día a día la pasión de tu Cristo. El mismo dolor, la misma angustia, el mismo miedo que él sintió colgado de una cruz lo sienten ellas cuando las acuchillan, así las pobres, las humildes, no se digan hijas de Dios. Y su sangre es igual a la suya: hemoglobina roja. Todo es cuestión de bioética, un sentido que no han desarrollado en lo más mínimo papas ni cardenales, curas ni obispos. ¿Cómo pueden ser los guías de una sociedad estos inmorales?

Los que cazan animales para quitarles las pieles, los «tramperos», los agarran en trampas metálicas que les destrozan las patas. Luego les introducen un palo en el hocico abierto por la angustia de la agonía, y herido e inmovilizado el animal, pisándole las patas traseras lo asfixian por presión en el cuello y en la caja torácica. Toda la paciencia y la calma para producirles la muerte sin ir a maltratar la mercancía.

¡Y los musulmanes, estos devotos de Alá! Hoy andan los iraquíes muy ofendidos con los gringos porque irrumpen en sus casas con perros a buscar armas. ¡Con perros, qué ofensa, qué horror! Si un perro toca a un iraquí con el hocico, lo saló de por vida porque el perro es un animal sucio, impuro. ¡Ay, tan puros ellos, tan inodoros, tan limpiecitos! Arrodillados rumbo a La Meca con los zapatos apestosos afuera y los traseros al aire. Si supieran estos asquerosos que mis dos perras me despiertan todos los días con besos...

¡Y los indómitos afganos con los que no pudo ni Alejandro Magno, pero que cayeron en veinte días hace un año y se pusieron de moda! También son de los que ponen a pelear a los perros. ¿Por qué no pondrán más bien a pelear a sus madres estos esbirros de Alá? Que les quiten los velos y el bozal a esas viejas paridoras y que se saquen el alma a dentelladas.

Mahoma es un infame. Un sanguinario, un lujurioso. Tuvo quince mujeres: catorce concubinas y una viuda rica con que se casó para explotarla. Y este mantenido lúbrico que ni siquiera hacía milagros, que despreciaba a los animales pero que se reproducía como ellos, propagó su religión con la sangre y con la espada. Hoy esa espada pesa sobre medio mundo. Los ayatolas y los imanes y demás clérigos rabiosos del Islam ladran desde sus mezquitas. Ladran, pero dizque no son perros.

Las corridas de toros, las peleas de perros, las peleas de gallos, el tráfico con los animales, las tortugas de la Amazonia convertidas en objetos decorativos de carey y los zorros y los caimanes cazados para hacerles abrigos con sus pieles a las putas y cinturones y zapatos a los maricas y a las respetables señoras de la más alta sociedad que van a misa los domingos. ¿Y qué dice de todo esto el Papa? ¿Por qué no excomulga a los que participan en esos espectáculos infames? ¿Y a los maestros de biología que practican la vivisección y rajan sapos vivos en las escuelas dizque para enseñarles a los niños el funcionamiento del sistema nervioso? ¿Y a los que torturan animales en los circos? ¿Por qué no dice nada de las vacas y los toros y los terneros y los cerdos acuchillados en los mataderos? El que viaja en jet privado y habita en palacios y castillos atendido como un rey con Guardia Suiza no dice una palabra. No levanta su voz. Calla. Este Papa besapisos es un alcahueta de la infamia. Y se entiende, es el derecho canónico, es su Iglesia, su tradición, la de Pío Nono, el infalible. Hoy le pide perdón a Galileo, al que iban a quemar vivo en una hoguera, porque la Tierra siempre sí resultó girando en torno al Sol, y a los protestantes y a los musulmanes y a cuantos combatió y masacró su Iglesia. Ya vendrá otro como él cuando el actual se muera a pedir perdón por las iniquidades y las irresponsabilidades de éste.

Dios no existe. Dios es un pretexto, una abstracción brumosa que cada quien utiliza para sus fines propios y acomoda a la medida de su conveniencia y de su infamia. Caprichosa, contradictoria, arbitraria, inmoral, la religión cristiana no tiene perdón del cielo, si es que el cielo es algo más que el atmosférico. Una religión que no considera a los animales entre nuestro prójimo es inmoral. Por inmoral hay que dejarla. A los que están en ella no les pido, sin embargo, que la dejen porque ya sé lo que es el vacío de la vida y el espejismo del cielo y la fuerza de la costumbre. Les pido simplemente que sean consecuentes y que aprendan de Cristo. No se reproduzcan, así como él no se reprodujo. Y absténganse de la cópula con mujer, así como él se abstuvo.

El primero de septiembre de 1914 a las cinco de la tarde murió la última paloma migratoria en el zoológico de Cincinnati. Ya acabamos con las palomas migratorias, con el tejón rayado, con la musaraña marsupial, con el potoro de Gaimard, con el kanguro-rata achatado, con el balabí de Toalach, con el lobo de Tasmania, el bisonte oriental, el bisonte de Oregón, el carnero de Canadá, el puma oriental, el lobo de la Florida, el zorro de orejas largas, los osos Grizzli, el asno salvaje del Atlas, el león de Berbería, el león de Caba y el león de Cuaga, la cebra de Burchell y el blesbok. Ya no existen más, a todos los exterminamos. ¡Qué bueno, benditos sean! ¡Qué bueno que se murieron y se acabaron! Especie que se extingue, especie que deja de sufrir, especie que no vuelve a atropellar el hombre. ¡Y que se jodan los ecologistas que ya no van a tener bandera para que los elijan al parlamento europeo! Al ritmo a que vamos dentro de unos años este planeta estará habitado sólo por humanos. Entonces no tendremos qué comer, y en cumplimiento de nuestra más íntima vocación nos comeremos los unos a los otros. ¿Y el Papa, qué va a comer? ¡Que coma obispo!

El hombre no es el rey de la creación. Es una especie más entre millones que comparten con nosotros un pasado común de cuatro mil millones de años. Cristo es muy reciente, sólo tiene dos mil. Al excluir a los animales de nuestro prójimo Cristo se equivocó. Los animales, compañeros nuestros en la aventura dolorosa de la vida sobre este planeta loco que gira sin ton ni son en el vacío viajando rumbo a ninguna parte, también son nuestro prójimo y merecen nuestro respeto y compasión. Todo el que tenga un sistema nervioso para sentir y sufrir es nuestro prójimo.

Gracias a Venezuela por el premio que me da, y por haberme escuchado y concedido el privilegio de hablar desde esta tribuna, una de las más altas de América.

Discurso para recibir el Premio de la FIL[*]

Como este acto se encamina a su final y ya queda poco tiempo, les diré brevemente que me siento muy honrado por el premio que me dan; que no pienso que lo merezca; que este diploma lo guardaré en mi casa con orgullo; y que los ciento cincuenta mil dólares que lo acompañan se los doy, por partes iguales, a dos asociaciones caritativas de México: los Amigos de los Animales, de la señora Martha Alarcón de la ciudad de Jalapa; y los Animales Desamparados, de la señora Patricia Rico de la Ciudad de México. En mi encuentro del lunes con los jóvenes universitarios que tendrá lugar en esta misma sala, se los entregaré a las señoras.

Habría preferido que esos dólares se los hubiera dado la FIL directamente a ellas sin pasar por mí, porque cuando tomo dinero me tengo que lavar las manos, pero no pudo ser por razones burocráticas. Eso de la lavada de las manos es una manía que me viene de la infancia, de la educación familiar. Cada que cogíamos una moneda, mi mamá nos decía: «Vaya lávese las manos m'hijo, que tocó plata». (Allá a los niños les hablan de «usted».) De unos niños educados así, ¿qué se podía esperar? Puros pobres. Me hubieran educado en la escuela del PRI, y hoy estaría millonario. ¡Pero qué iba a haber allá PRI! Medellín era una ciudad encerrada entre montañas, lejos del mundo y sus adelantos. Y mi mamá

* Pronunciado el 26 de noviembre de 2011 durante la Feria Internacional del Libro de Guadalajara para recibir el Premio FIL de Literatura en Lenguas Romances.

viendo microbios por todas partes como si fuera bacterióloga. No. Era una señora de su casa entregada a la reproducción como quiere el Papa, una santa. ¡Cómo la hicimos sufrir! Muy merecido. ¡Quién la mandó a tener hijos!

De México supe por primera vez de niño, una noche de diciembre próxima a la Navidad, lo recuerdo muy bien. Estábamos en el corredor delantero de Santa Anita, la finca de mis abuelos, con mis abuelos, rezando la novena del Niño Dios. Entonces éramos pocos, cinco o seis, aunque después fuimos muchos. Mis papás tenían instalada en Medellín una fábrica de niños: niños carnívoros que alimentaban con costales de salchichas, unos demonios, unas fieras, todos contra todos, mi casa era un manicomio, el pandemónium. El Papa, Pío XII, les mandó de Roma un diploma que un vecino nos compró en la Via della Conciliazione con indulgencia plenaria (que costaban más), para que se fueran los dos derechito al cielo sin pasar por el purgatorio por haber fabricado tanto niño que se les habrían de reunir todos allá a medida que el Señor los fuera llamando. ¡Qué nos iba a llamar! Nos hemos ido yendo de uno en uno a los infiernos y el que nos llamó fue Satanás.

Santa Anita estaba entre los pueblos de Envigado y Sabaneta, en la mitad de la carretera que los une, a ocho kilómetros de Medellín, lejísimos. Hagan de cuenta saliendo de la Ciudad de México camino de Tlalnepantla. Teníamos que ir en carro, en el Ford de mi papá. Si no, habríamos podido ir en burro: en la burrita de la canción de Ventura Romero: «Arre que llegando al caminito, achimichú, achimichú. Arre que llegando al caminito, achimichú, achimichú». Tarata tata tara tara tata tata tara tara tata tata tara tata tá. «¡Burra! ¡Burra! Ya vamos llegando a la Mesa de Cacaxtla. ¡Burra! Arre que llegando al caminito, achimichú, achimichú a mi burrita y aunque vaya enojadita porque no le di su alfalfa porque no le di su máiz». ¡Qué raro! También en Antioquia decíamos «máiz»! Antioquia es hagan de cuenta Jalisco. El disco de la burrita lo trajeron mis papás de México esa noche. En setenta y ocho revoluciones que era los que había entonces. Una aguja gruesa iba de surco en surco tocándolos (los surcos que abrían en la tierra las yuntas de bueyes roturando los campos de Sayula hace cien años, cuando pasó por aquí mi paisano el poeta Porfirio Barba Jacob), y de tanto tocarlos uno los discos se rayaban y la aguja se atascaba en el rayón, y seguía tocando lo mismo, lo mismo, lo mismo. «Pobrecita mi burrita ya no quiere caminar, da unos pasos p'adelante, otros pasos para atrás...» El disco me sigue resonando desde entonces, atascado, en mi corazón rayado.

Venían de México por el camino de entrada de Santa Anita en dos carros, con los faros rompiendo la oscuridad. Pero en el corredor nosotros no estábamos a oscuras, no: iluminados. ¡Cómo íbamos a rezar a oscuras la novena del Niño Dios! Además en Medellín ya había luz eléctrica. Yo seré viejo pero no tanto. Yo soy posterior al radio y al avión. El que sí me tocó ver llegar fue el televisor, la caja estúpida. Estaban también encendidas esa noche las luces del pesebre, el nacimiento, donde nacía en lo alto de una montaña el Niño Dios. Lucecitas verdes, rojas, azules, amarillas, de todos los colores. Nos íbamos ya a dormir cuando llegaron. Venían cargados de juguetes. Maromeros de cuerda que daban volteretas en el aire... Jeeps con llantas de caucho, o sea de hule... Sombreros de charro para niños y para viejos... Una foto de mis papás en La Villa manejando avión. Las trescientas sesenta y cinco iglesias de Cholula. Un tren eléctrico. La Virgen de Guadalupe. Pocas veces he visto brillar tan fuerte, enceguecedora, la felicidad. Y con el disco de Ventura Romero de la burrita traían, en el álbum de las maravillas, a José Alfredo Jiménez y a Rubén Méndez: «Ella»,

«Pénjamo», y ese «Senderito» que me rompe el alma cantado por Alfredo Pineda, que fue el que amó Medellín. Y al más grande de todos, Fernando Rosas, de Jerónimo de Juárez, Estado de Guerrero, el de la «Carta a Eufemia»: «Cuando recibas esta carta sin razón, Ufemia, ya sabrás que entre nosotros todo terminó, y no la des en recibida por traición, Ufemia, te devuelvo tu palabra, te la vuelvo sin usarla, y que conste en esta carta que acabamos de un jalón». ¡Muy bien dicho, tocayo, a la China con la méndiga! El fraseo perfecto, la dicción perfecta, y eso que mi tocayo era de Guerrero y cuando hablaba no podía pronunciar las eses. Y las trompetas burlonas detrás de él haciendo jua, jua, jua, en el registro bajo, riéndose de mí y del mundo, y detrás de ellas punteando, siguiéndolas como unos gordos cojos, los guitarrones: do, sol; do, sol; do, sol. Tónica, dominante; tónica, dominante; tónica, dominante. Sólo eso van diciendo, pero sin ellos no hay mariachi, como sin muerto no hubo fiesta.

¡Ah se me olvidaba Chava Flórez, el compositor, el genio de los genios, amigo de mi tocayo Fernando Rosas! Juntos echaron a rodar por el mundo «Peso sobre peso», la canción más burlona: «Mira, Bartola, ái te dejo estos dos pesos. Pagas la renta, el teléfono y la luz. De lo que sobre, coges d'iái para tu gasto. Guárdame el resto pa comprarme mi alipús». Ta ra ta ta ta tán. Ésa era la que le cantaba todavía a México el PRI cuando llegué de Nueva York hace cuarenta años. Y se la siguió cantando otros treinta, hasta ajustar setenta, cuando los tumbó mi gallo. ¡Qué noche tan inolvidable aquella cuando lo dijeron por televisión! Tan esplendorosa, o casi, como la de la finca Santa Anita de que les he hablado. Fernando Rosas murió joven, una noche, allá por 1960, en Acapulco. Lo mataron por defender a un borracho al que estaba apaleando la policía. Fernando Rosas, tocayo, paisano, te mató la policía de Acapulco, los esbirros del presidente municipal. La

71

siniestra policía del PRI, semillero de todos los cárteles de México.

Mi gallo era un gallo con botas. No bien subió al poder y se instaló en Los Pinos, se infló de vanidad y se transformó en un pavo real, y el pavo real en un burro, y la quimera de gallo, pavo real y burro empezó a rebuznar, a rebuznar, a rebuznar, día y noche sin parar, hasta que ajustó seis años, cuando se le ocurrió, como a Perón con Evita o con Isabelita, que podía seguir rebuznando otros seis a través de su mujer. No se le hizo, no pudo ser. Hoy de vez en cuando rebuzna, pero poco, y lo critican. ¡Por qué! Déjenlo que rebuzne, que se exprese, que él también tiene derecho. Yo soy defensor de los animales. Yo quiero a los burros, a los pavos reales, a los perros, a los gallos. Cuando estoy cerca de ellos se me calma unos instantes el caos de adentro y creo sentir lo que llaman la paz del alma.

Yo venía pues de Nueva York, una ciudad de nadie, un hormiguero promiscuo que nunca quise, y de un país que tampoco, plano, soso, lleno de gringos ventajosos y sin música. Los anglosajones no nacieron para la música: se enmarihuanan y con una guitarra eléctrica y un bombo hacen ruido. Mi primera noche en México, en la plaza Garibaldi, ¡cómo la voy a olvidar! Cien mariachis tocando cada cual por su lado en un caos hermoso. Todo lo que tocaban me lo sabía. Y más. Yo sabía de boleros y rancheras lo que nadie. Entré al Tenampa. ¿La hora? Diez de la noche. Me sentía como un curita de pueblo tercermundista entrando al Vaticano por primera vez, y que se arrodilla para comulgar. Yo también comulgué, pero con tequila. Desde un mural de una pared enmarcado por unos tubos fluorescentes de colores me miraba José Alfredo, y en la noche del Tenampa brillaba el sol de México. «¿Qué más va a tomar, joven?», me preguntó el mesero. «Otro». Entonces sí estaba joven, pero hoy me siguen preguntando igual: «¿Qué va a tomar, joven?» ¡Cómo no va a ser maravilloso un país donde la gente ve tan bien!

Y el amanecer, mi primer amanecer, ¡qué amanecer! Había llegado a un hotelito viejo, pobre, del centro, de altos techos, fresco, de otros tiempos, el más hermoso en que haya estado. Me despertaron las campanas y los gallos. ¿Tañido de campanas? ¿Canto de gallos? ¡Claro, los gallos de las azoteas y las campanas de las iglesias, y el sol entrando por mi ventana! ¡Y yo que venía del invierno de Nueva York donde amanecía a las diez y oscurecía a las cuatro y se me achicaba el alma! Salí a la calle, al rumor envolvente de la calle. México vivo, el del pasado más profundo, el eterno, el mío, el que se ha detenido en mi recuerdo, el de siempre, el que no cambia, el que no pasa, el de ayer. «¿En qué estás pensando, México? ¿A quién quieres para quererlo? ¿A quién odias para odiarlo?» Inescrutable. Ni una palabra. Jamás me contestó. Entonces aprendí a callar. Y han pasado cuarenta años desde esa noche en el Tenampa y ese amanecer en ese hotelito de la calle de Isabel la Católica y esa mañana soleada, y me fui quedando, quedando, quedando, y aquí he escrito todos mis libros y hoy me piden que hable, pero como México calla, yo tampoco pienso hablar. Sólo para decirles que me siguen resonando en el alma unas canciones.

Yo digo que la muerte no es tan terrible como se cree. Ha de ser como un sueño sin sueños, del cual simplemente no despertamos. Yo no la pienso llamar. Pero cuando llegue y llame a mi puerta, con gusto le abro.

Nadie tiene la obligación de hacer el bien, todos tenemos la obligación de no hacer el mal. Y diez mandamientos son muchos, con tres basta:

Uno, no te reproduzcas que no tienes derecho, nadie te lo dio; no le hagas a otro el mal que te hicieron a ti sacándote

73

de la paz de la nada, a la que tarde que temprano tendrás que volver, comido por los gusanos o las llamas.

Dos, respeta a los animales que tengan un sistema nervioso complejo, como las vacas y los cerdos, por el cual sienten el hambre, el dolor, la sed, el miedo, el terror cuando los acuchillan en los mataderos, como lo sentirías tú, y que por lo tanto son tu prójimo. Quítate la venda moral que te pusieron en los ojos desde niño y que hoy te impide percibir su tragedia y su dolor. Si Cristo no los vio, si no tuvo ni una palabra de amor por ellos, ni una sola (y búscala en los Evangelios a ver si está), despreocúpate de Cristo, que ni siquiera existió. Es un burdo mito. Nadie puede probar su existencia histórica, real. Tal vez aquí el cardenal Sandoval Íñiguez...

Y tres, no votes. No te dejes engañar por los bribones de la democracia, y recuerda siempre que no hay servidores públicos sino aprovechadores públicos. Escoger al malo para evitar al peor es inmoral. No alcahuetees a ninguno de estos sinvergüenzas con tu voto. Que el que llegue llegue respaldado por el viento y por el voto de su madre. Y si por la falta de tu voto, porque el día de las elecciones no saliste a votar, un tirano se apodera de tu país, ¡mátalo!

Al señor Padilla le agradezco sus amables palabras, a Jorge Volpi el dictamen tan generoso que ha leído, y a Juan Cruz sus adjetivos. Querido Juan: ya sé que si hubieras tenido más tiempo me habrías puesto más, siquiera unos quinientos. No importa. Con los que me alcanzaste a dar me conformo.

Algunos amigos vinieron desde muy lejos a Guadalajara a acompañarme. Me siento muy contento de estar hoy con ustedes en esta Feria tan hermosa, que pronto se llenará de niños y de jóvenes, y de haber vuelto a Jalisco, la tierra de Rulfo, donde los muertos hablan.

¿El fin del libro?*

¡Qué bueno que a los editores de Cataluña se les hizo poder celebrar su segundo Forum Atlántida! Se tienen que apurar porque dentro de poquito van a ser como el cóndor de los Andes, una especie en extinción. Y no por catalanes, sino por editores. Cuando cunda en serio el libro electrónico esta profesión tan honorable que empezó algo después de Gutenberg hace quinientos años va a quedar más descontinuada que la de relojero o la de deshollinador. Todo cambia, todo se acaba, todo pasa y se lo lleva el viento, ¡qué le vamos a hacer! Lo que sí no va a volver a hacer el viento es pasarles las hojas a los libros. Como van a ser electrónicos... Si el viento les pudiera pasar las hojas a los libros electrónicos, el mundo habría empezado entonces, por fin, a andar bien. Pero no. Va mal, barranca abajo, irremediablemente, con uno de estos largos adverbios en «mente» que tanto ofuscaban a Borges. Dichoso él, que descansó de ellos. Yo todavía no descanso de la música disco.

Por lo pronto los editores españoles siguen en plena fiesta, publicando libros a lo loco. El año pasado publicaron setenta y seis mil títulos. Oigan bien: títulos, no ejemplares, o «copias» como dicen ahora los anglizados, que son todos menos yo, por terco. Ejemplares lo que se dice ejemplares, ¡sabrá Dios cuántos millones! Y en el año que acaba los tí-

---

* Ponencia leída el 30 de noviembre de 2010 en el Forum Atlántida durante la Feria Internacional del Libro de Guadalajara.

tulos van a ser cien mil, con sus correspondientes millones y millones de ejemplares, que puestos los unos sobre los otros alcanzan para llegar a la Luna, dar la vuelta y volver a la Tierra como si nada. Pues bien, los editores catalanes, que no suelen editar en su idioma, en catalán, sino en uno ajeno, en español (y hacen bien porque son preferibles cuatrocientos millones a ocho), son los grandes artífices de esta hazaña y los que hoy mandan la parada. ¡Qué digo hoy! Desde hace siglo y medio. Poco a poco se fueron apoderando del negocio y desbancaron a los madrileños, que son más bien perezosos. Y así, queramos o no, los catalanes hoy por hoy son los dueños de la lengua española. Señores editores catalanes: puesto que no les va nada en ello y no van a perder plata, ¿no podrían proscribir de los libros que editan en español los anglicismos y así salvan a este pobre idioma en bancarrota? No se olviden que ustedes también cumplen una función social...

Fueron editores catalanes (los de las casas Maucci y Sopena) los que a principios del siglo XX editaron y le dieron alas continentales a mi paisano y correligionario ateo José María Vargas Vila. ¡Cómo no los voy a querer! Y a su Raimundo Lulio y a su Tirante el Blanco y a su Pompeyo Fabra y a sus librepensadores matacuras, ponebombas, anarquistas, terroristas, como yo, que si no me paso al catalán, es porque estoy casado por la Iglesia con la lengua española. Con esta educación que me dieron los salesianos... Soy monógamo por mala crianza y la bigamia y el adulterio se me hacen pecado mortal. Gracias pues, señores editores catalanes, por invitarme a su foro y entremos de lleno en el desastre.

Hace cinco años un amigo me trajo de Francia de regalo un *ipod,* que en México ni se conocían. Venía mi amigo con su computador portátil y metidos en él cuarenta días de

76

música: conectó el *ipod* virgen que me traía a su computador, y en lo que uno dice abracadabra me pasó todo: todo Gluck, todo Bach, todo Mozart, todo Beethoven, todo Schubert, todo Wagner, todo Mahler, todo Debussy, todo Richard Strauss... Y lo que me importa más: todo José Alfredo Jiménez y toda Chavela Vargas, que son los que más quiero. ¿Y cómo sonaba en el aparatito de diez centímetros que albergaba ya semejante tesoro Chavela Vargas? De maravilla. Como si estuviera cantando en la sala de mi casa pegada a una botella de tequila. En ese momento entendí que el barrio de Tepito de la Ciudad de México, corazón de la piratería planetaria, con todo y su picaresca y su hermoso idioma tenía los días contados. El *ipod* iba a acabar con la piratería de discos llevándose de paso a la industria discográfica. Nada de robarse uno en adelante un disco: mil, diez mil... El *ipod* era la piratería de la piratería. La madre de todas las piraterías, como diría el difunto Saddam Hussein.

Tengo otro amigo en México que tiene un *ipod* de películas y en él ha metido tres mil. Óiganlo bien, tres mil, y no robadas: suyas, que tenía en esa cosa que llaman DVDs y que había comprado una por una en copias legítimas, no pirateadas, y que le ocupaban una pared. Puso a varios esclavos a trabajar durante meses día y noche en varios computadores hasta que acabó metiendo esas tres mil películas en uno solo, el suyo, y después, desde éste, en un ratito con un clic las pasó a su *ipod*. ¿Y saben cuánto se tardaría este amigo mío en pasarme de su computador esas tres mil películas a un *ipod* de películas mío, que yo comprara, si se las pidiera, y sé que no me las iba a negar? Otro ratito, con otro clic: en diez minutos. ¡Pero para qué quiero yo tres mil películas si detesto el cine! Más que a Castro. Más que al Papa. Ah no, menos. Ah no, más. Como sea. A lo que voy es que así como los amigos se están regalando ahora –uno a otro

77

y otro a otro y otros a mil– cuarenta días de música con un clic, sólo es cuestión de tiempo para que se empiecen a regalar tres mil películas con otro clic. ¿Quién le puede impedir a uno compartir su tesoro con el prójimo? Eso no es piratería. Es amor cristiano. ¡Adiós CDs! ¡Adiós DVDs! Vuestro efímero reino *finitus est*. Ya pasaron estos cachivaches a engrosar la lista de los descontinuados junto con los deshollinadores y el disco de acetato.

Quebradas las industrias discográfica y cinematográfica, ¿cuál sigue? Pues la del libro, que es la que nos interesa aquí. Pero antes voy a volver un momento al difunto disco para contar algo que me pasó en Medellín, mi ex ciudad, la que fuera en sus tiempos áureos capital mundial de la coca. Estaba yo sentado en una banca del parque de Bolívar, el principal, en el mero centro, donde pasa mi último libro *El don de la vida* (que están vendiendo aquí al lado en el stand de Alfaguara, apúrense a comprarlo antes de que se agote), viendo a ver a quién mataban, cuando llegó un muchacho con un *ipod*.

–¿A dónde vas, belleza, con ese *ipod*? –le pregunté–. ¿A quién se lo robaste?

No, que a nadie, que era suyo y que iba allí a la vuelta, a dos cuadras, frente al puesto de la policía, a que se lo cargaran. Pues bien, allí, a la vuelta, a dos cuadras, frente al puesto de la policía, en un localito que tiene las paredes tapizadas de viejas encueradas, le cargan a uno, por veinte pesos y en diez minutos, su *ipod* vacío con cien días de música.

–Listo. El que sigue –dice el pirata Morgan–. Esto aquí es como capando marranos.

¡Qué barrio de Tepito ni qué barrio de Tepito! Ustedes son unas almitas de Dios, unas monjitas bondadosas. En Medellín, si queremos, le robamos una bomba atómica a Irán. A García Márquez le robamos el pasaporte...

Me imagino que lo que le iban a meter al muchacho en su *ipod* no era música sino ruido: esa basura anglosajona que llaman música y que tocan en las discotecas. Pero para el caso da lo mismo. Cien días de ruido le metieron al muchacho. Como para aturdir al Universo Mundo por lo que resta del Big Bang.

Y ahora sí, volvamos al maravilloso libro al que el viento le solía pasar las hojas. Y no desde Gutenberg, que es más bien reciente: no, de más atrás, desde hace dos mil años cuando se inventaron los códices o cuadernillos de hojas de papiro o de pergamino que reemplazaron a los rollos, que había que desenrollar para leerlos y que eran muy incómodos. ¿Qué va a ser de él, del invento prodigioso? Pues que se va a morir. Como yo, como ustedes. ¿O qué? ¿Se creen eternos? Eterna no es más que la eternidad. Y con uno se acaba. La eternidad es un concepto: humo de las neuronas.

El problema de leer libros en el computador (u ordenador, como le dicen en España) es la pantalla, que cansa mucho los ojos. Pero los aparatos lectores de libros electrónicos ya lo resolvieron: sin retroiluminación, que no sé qué es; y con tinta electrónica, que tampoco. Hagan de cuenta pues que están leyendo un libro de papel, de estos que venden aquí en esta feria, hermosos.

–¿Y las hojas? –me preguntarán–. ¿En el libro electrónico cómo se pasan las hojas?

Ahí está el detalle, que en el libro electrónico el viento no puede pasar las hojas. A la derecha de la página única o pantallita hay una flechita para que uno con un cursor la vaya bajando, bajando, y al hacerlo va pasando de la página 1 a la 2, de la 2 a la 3, de la 3 a la 4 y así...

–¡Ah, pero eso es un retroceso! Es como ir uno desenrollando un rollo de pergamino de los tiempos de Cicerón.

Exacto. Es que el hombre avanza retrocediendo. Por eso vamos tan bien. Y al que no le guste, se pega un tiro o se jode. Todo es cuestión de acostumbrarse. Se acostumbra uno a vivir en un planeta atestado, con las calles atestadas, las carreteras atestadas, los hospitales atestados, los aeropuertos atestados, las ferias de libros atestadas, las conferencias atestadas, y siete mil millones de bípedos sabios comiendo y demás, ¡no se va a acostumbrar a pasar las hojas con un cursor! Eso es *peccata minuta*. Y eso de que todo tiempo pasado fue mejor son cuentos de Jorge Manrique. Ningún tiempo pasado fue mejor. Fue menos malo.

Por ahí he leído que el libro es como las tijeras y como la rueda, que no se pueden mejorar. No se podrán mejorar, pero se pueden empeorar. En mi casa tengo unas tijeras modernas de resorte, dificilísimas de coger, dificilísimas de manejar y que todo lo que uno corta con ellas le queda torcido. Años llevo buscando unas de la marca Barrilito. Desaparecieron. Idas son. Las tijeras Barrilito hoy son como los incunables: inencontrables. Si por casualidad encuentran unas, se las encargo. Ah, y si por casualidad dan hoy con algo que sirva –un martillo pesado por ejemplo, un pantalón con bolsillos, una camisa con botones– compren diez porque no los van a volver a ver. Todo lo que un día el hombre hizo bien, después lo descontinúa, o por novelería lo cambia y lo daña. El día menos pensado van a descontinuar el inodoro y entonces el bípedo novelero volverá al patio. Ya le rompimos el piso al mar y el agujero que le abrimos casi no lo pueden tapar. ¿Y cuando le rompamos el piso al mar pero no con el taladro de una plataforma petrolera sino con una bomba atómica islámica de las que se está consiguiendo Al Qaeda qué? ¿Qué va a pasar? Nada. ¡Qué va a pasar! Que salimos de problemas. Me saboreo. ¡Cuál futuro del libro! ¡Si la que no tiene futuro es la humanidad!

Partiendo de la premisa falsa de que esto continúa, ¿qué va a ser del libro? Pues que su versión virtual, digital, lo va a acabar. Y no porque podamos pasar a un libro electrónico con un clic bibliotecas enteras sin pagar (como ocurrió con los CDs), que eso sería lo bueno, sino porque los libros electrónicos se pueden manipular: cambiarles el tipo de letra, la interlínea, la caja, la sangría; y al poderles cambiar uno la tipografía también les puede cambiar el texto, y eso es gravísimo. Por ahí va a empezar el acabose. ¿Se imaginan cuando a la canalla de Internet le dé por poner en un libro ajeno y firmado por otro las calumnias y miserias propias y lo echen a andar por el mundo? ¿Qué va a ser del autor?

Yo, por ejemplo, nunca uso el verbo «escuchar», que significa oír con atención. ¿Y por qué? Porque no me gusta, porque no lo necesito, porque está de moda. A mí con «oír» me basta porque me sirve tanto para un trueno como para un discurso. Si el presidente escucha un trueno, yo lo oigo. El presidente es un atropellador del idioma, un ignorante, un abusivo, un vivo: yo ya estoy muerto.

Ahora bien, si los libros míos los pasan del papel a lo digital y a un lector malintencionado le da por manipular lo que yo escribí y donde puse «oír» me cambia a «escuchar» y mete mi libro en Internet y lo echa a andar por el mundo, ¿qué será de mí? Acaba conmigo. Cada quien es sus palabras. Está poniendo en boca mía palabras que nunca uso. Que es lo que me pasa cuando doy entrevistas. Los periodistas aniquilan al escritor. Todo lo tergiversan, todo lo banalizan, todo lo estupidizan. ¿Dice uno algo bien? Lo repiten mal. ¿Se equivoca uno? Dejan la equivocación. ¿Dice uno una frase genial? La borran. Los principales enemigos del escritor son: el corrector de pruebas, el periodista, el editor y el lector. En ese orden.

En el libro manuscrito de antes de Gutenberg, y después en el impreso, también se podía manipular el texto pero no era fácil. Pasar al pergamino o al papiro un libro manuscrito para después echarlo a circular con una falsedad tomaba mucho esfuerzo y mucho tiempo: meses, años. Y una edición impresa cuesta mucho. ¡Pero qué cuesta calumniar por Internet! La más dañina manipulación de un texto que yo conozca es de cerca del año 300 de nuestra era y se la debemos al obispo Eusebio, el biógrafo del genocida Constantino y el primer historiador de la Iglesia, que fue quien les agregó a las *Antigüedades judaicas* de Flavio Josefo el párrafo famosísimo que se conoce como el *Testimonium flavianum,* ese que empieza «Por esa época vivió Jesús, autor de milagros». No hay ningún párrafo (ni siquiera una frase) de ningún escritor anterior al año 100 que podamos aducir con certeza como prueba de la existencia histórica de Cristo. Sólo ese párrafo de Flavio Josefo, el historiador judío que escribió en griego hacia el año 90, y a quien, hacia el 300 (y Dios que está arriba lo sabe y no me dejará mentir y si estoy mintiendo que me mande un rayo), el obispo Eusebio se lo interpoló a sus *Antigüedades judaicas* en el Tercer Capítulo del Libro 18. Busquen y verán. Y si un libro ajeno lo puede modificar hoy cualquiera sin ningún esfuerzo para echarlo a rodar después de computador en computador, ¿en qué queda el autor?

Los CDs no son modificables, ni los DVDs (uno no puede, por ejemplo, quitarles trompetas o clarinetes a un CD, o la ropa a una actriz de un DVD), pero el libro electrónico sí lo es. Y ésta es una de las dos grandes diferencias entre la industria del libro por un lado y las del disco y de las películas por el otro. La otra es el soporte: que mientras el material de un CD o de un DVD no cuesta casi nada, el papel de un libro pirateado cuesta mucho: tanto, o casi tanto (según su calidad), como el del libro auténtico. Y me queda faltando la impresión del libro pirateado, ya que también éste hay que imprimirlo: no se puede pasar a su soporte con un clic como si fuera un CD o un DVD. Y en este punto les hago una pregunta a los editores: ¿por qué están cobrando en Europa en promedio quince euros por un libro impreso y diez por uno electrónico, siendo así que el electrónico no tiene los enormes gastos del otro: los del papel, la impresión, el almacenaje, la distribución, el transporte? Se me hace un abuso para con el lector. Tendrían que cobrarle un centavo de euro. ¿Y por qué le quieren pagar al autor del libro electrónico el mismo porcentaje del libro impreso, algo así como el diez por ciento? Se me hace injusto para con el escritor. El escritor tiene que ser el único dueño del libro electrónico. En fin, eso ya se arreglará, el dinero es lo de menos. Por mí, que se roben todos los libros míos. Me hacen un honor. Total, no me gustan. Ah, pero eso sí, que no me los toquen. Ni una tilde. Ni una coma. Eso para mí es sagrado. Yo un trueno lo oigo, no lo escucho.

Más que la piratería del libro electrónico que se ve venir y que se me hace maravillosa pues no hay que ponerle barreras al espíritu, lo terrible es la posibilidad de que un cualquiera, la chusma de Internet, pueda modificar los libros. Para escritores y editores el panorama lo veo sombrío. Que Dios nos agarre confesados.

El gran diálogo del Quijote*

A cuatrocientos años de su publicación el *Quijote* sigue asombrándonos con sus riquezas y complejidades sin que alcancemos a desentrañar todavía su significado profundo. Tres veces lo he leído, en tres épocas muy distintas de mi vida, y las tres con la misma mezcla de asombro y devoción y riéndome a las carcajadas como si alguien me hubiera soltado la cuerda de la risa. Como la primera vez que lo leí era un niño y la última fue hace poco, o sea de viejo, esas carcajadas me dicen que sigo siendo el mismo, tan igual a mí mismo como es igual a sí misma una piedra, y que por lo menos en este mundo cambiante y de traidores en que me tocó vivir jamás me he traicionado, y así me voy a morir en la impenitencia final, y no como don Quijote renegando de su esencia y abominando de los libros de caballería. Yo no: me moriré maldiciendo al Papa, a Cristo, a Moisés, a Mahoma, a la Iglesia católica, a la protestante, a la religión musulmana, y bendiciendo a Nuestro Señor Satanás el Diablo, con quien mantengo en español un diálogo cordial permanente. Y es que aunque ando con pasaporte colombiano por los aeropuertos de este mundo en esencia soy español pues pienso en español, sueño en español, hablo en español, blasfemo en español y me voy a morir en español, en la impenitencia final concebida en palabras españolas, tras de lo cual caeré

* Conferencia dictada el 28 de septiembre de 2005 en el Instituto Cervantes de Berlín con motivo del cuarto centenario de la aparición de la Primera Parte del *Quijote*.

en picada rumbo a los profundos infiernos como la piedra que les digo a continuar allá en español el diálogo que les digo con el que les digo.

Mientras tanto, y entrando en materia, ¿qué era lo que le pasaba a don Quijote? Hombre, que se le botó la canica, como a Hitler, como a Castro, como a Wojtyla, y le empezaron a soplar vientos alucinados de grandeza en los aposentos de la cabeza. Y sin embargo don Quijote no fue un ser de carne y hueso: es una ficción literaria de un gentilhombre español que lo llevaba adentro y que ya al final de su desventurada vida de desastres lo logró pasar al papel apresándolo en palabras castellanas, un escritor del Siglo de Oro muy descuidado que no ponía comas, ni puntos y comas, ni dos puntos, ni tildes, ni nada, y que los ocho puntos que puso en su vida los puso mal, donde sobraban o en lugar de comas, pero que tenía el alma grande: Miguel de Cervantes Saavedra, quien en una página ponía «mismo» y en otra «mesmo», en una «dozientas» y en otra «duzientas», y no le importaba. Andrés le dijo a don Quijote que el labrador le debía «nueve meses, a siete reales cada mes. Hizo la cuenta don Quijote y halló que montaban setenta y tres reales, y díjole al labrador que al momento los desembolsase, si no quería morir por ello». Nueve multiplicado por siete da sesenta y tres y no setenta y tres. ¿Quién hizo mal la cuenta? ¿Don Quijote? ¿O Cervantes? ¿O fue una errata? Sabrá el Diablo, mi compadre.

Esos embrollos de Cervantes y esas cuentas de don Quijote me recuerdan la máquina de escribir de mi abuelo, en la que escribía sus memoriales, los interminables memoriales de un pleito que arrastró treinta años del juzgado al tribunal y del tribunal a la corte, hasta que se lo falló, por fin, la muerte, pero no en la Corte Suprema de Justicia de Colombia, que está tan en bancarrota como el resto del país, sino en la celestial. Le fallaron en contra. Y pese a lo bueno que fue lo mandaron a los infiernos porque vivió esclavo del terrible pecado de la terquedad. De niño, en un ataque de ira, atravesó una pared de bahareque a cabezazos. Era de una terquedad ciega y sorda, que no oía razones, y su máquina una Remington vieja y destartalada, de teclas desajustadas y con las letras sucias, que jamás limpió. «Abuelito –le decía yo–, ¿por qué no limpiás esas letras, que la *a* parece *e* y la *o* parece ene?» «No –decía–, así enredan más». ¡Cómo quieren que ande yo de la cabeza! Y pensar que el nieto de ese señor es el que esta noche, en el Instituto Cervantes de Berlín nada menos, les va a explicar el *Quijote*. Hombre, eso, como diría don Quijote, es «pensar en lo excusado». En fin, a la mano de Dios.

«En un lugar de la Mancha de cuyo nombre no quiero acordarme...» Así empieza nuestro libro sagrado, con el «no quiero» más famoso que haya dicho un español en los mil años bien contados que lleva de existencia España. Y vaya, que es decir, pues para empecinados los españoles, que le hubieran podido dar lecciones a mi abuelo. ¿Y por qué no quiere acordarse Cervantes del nombre del lugar de la Mancha? Porque no se le da la gana. No quiere y punto. España no necesita razones. ¡Ah, cómo me gusta ese «no quiero», cómo lo quiero! En él me reconozco y reconforto, yo que sólo he hecho lo que he querido y nunca lo que no he querido. Entro a un bar de Madrid y entre tanto señor que grita y fuma pido a gritos con voz firme, sacando fuerzas de flaqueza: «¡Un whisky, camarero!» «Tómese mejor una caña fría que está haciendo mucho calor», me recomienda el necio. «No quiero ninguna caña, ni fría ni caliente, quiero un whisky, y si no me lo sirve ya, me lo voy a tomar a otro bar, a Andalucía». «Váyase mejor a Ávila de la santa que es más fresca», me contesta el maldito. Entonces, para darle una lección al maldito, tomo un tren de la Renfe y me voy a Andalucía a tomarme un whisky en el primer bar que encuentro. Así somos: queremos cuando queremos, y cuando no queremos no queremos. España es una terquedad empecinada. Por eso descubrió a América y la colonizó y la evangelizó y la solivantó y la independizó y nos la volvió una colcha católica de retazos de paisitos leguleyos. La hazaña le costó su caída de la que apenas ahora, doscientos años después, se está levantando, aunque a costa de sí misma. Hoy España no es más que una mansa oveja en el rebaño de la Unión Europea. ¡Pobre! La compadezco. Lo peor que le puede pasar al que es es dejar de ser.

Pero volvamos al «no quiero», a ver si por la punta del hilo desenredamos el ovillo y le descubrimos al *Quijote* la clave del milagro, su secreto. Parodia de lo que se le atraviese, el *Quijote* se burla de todo y cuanto toca lo vuelve motivo de irrisión: las novelas de caballería y las pastoriles, el lenguaje jurídico y el eclesiástico, la Santa Hermandad y el Santo Oficio, los escritores italianos y los grecolatinos, la mitología y la historia, los bachilleres y los médicos, los versos y la prosa... Y para terminar pero en primer lugar y ante todo, se burla de sí mismo y del género de la novela de tercera persona a la que aparentemente pertenece y del narrador omnisciente, ese pobre hijo de vecino inflado a más, como Dostoievsky, que pretende que lo sabe todo y lo ve todo y nos repite diálogos enteros como si los hubiera grabado con grabadora y nos cuenta, con palabras claras, cuanto pasa por la confusa cabeza de Raskolnikof como si estuviera metido en ella o dispusiera de un lector de pensamientos, o como si fuera ubicuo y omnisciente como Dios. Y no. No existe el lector de pensamientos, ni Dios tampoco. El Diablo sí, mi compadre, a quien he olido, tocado y visto: olido con estas narices, tocado con estos dedos y visto con estos ojos. ¡Al diablo con Dostoievsky, Balzac, Flaubert, Eça de Queiroz, Julio Verne, Cronin, Zola, Blasco Ibáñez y todos, todos, todos los narradores omniscientes de todas las dañinas novelas de tercera persona que tanto mal les han hecho a los zafios llenándoles de humo los aposentos vacíos de sus cabezas! ¡Novelitas de tercera persona a mí, narradorcitos omniscientes! ¡Majaderos, mentecatos, necios!

¿Y el *Quijote* qué? ¿No es pues también una novela de tercera persona de narrador omnisciente? ¡Pero por Dios! ¡Cómo va a ser una novela de tercera persona una que empieza con «no quiero»! Lo que es es una maravilla. En el *Quijote* nada es lo que parece: una venta es un castillo, un rebaño es un ejército, unos odres de vino son unas cabezas de gigante, unas mozas del partido o rameras (que con perdón así se llaman) son unas princesas, y una novela de tercera persona es de primera. ¡Que si qué! Treinta veces cuando menos en el curso de su libro, en una forma u otra, Cervantes nos va refrendando el «no quiero» del comienzo para que no nos llamemos a engaño y no lo vayamos a confundir con los novelistas del común que vinieran luego, a él que es único, y nos vayamos con la finta (como dicen en México) de que lo que él cuenta fue verdad y ocurrió en la realidad y existió de veras el hidalgo de la Mancha. Y así, en el segundo capítulo, vuelve al asunto del *yo:* «Autores hay que dicen que la primera aventura que le avino fue la de Puerto Lápice; otros dicen que la de los molinos de viento; pero lo que yo he podido averiguar en este caso, y lo que he hallado escrito en los anales de la Mancha es que él anduvo todo aquel día, y al anochecer su rocín y él se hallaron cansados y muertos de hambre», etc. ¿No es esto una obvia tomadura de pelo? ¿Si don Quijote va solo, cómo pudieron saber los que escribieron los anales de la Mancha qué le pasó aquel día? Ya en la página anterior nos había dicho: «Yendo, pues, caminando nuestro flamante aventurero, iba hablando consigo mismo y diciendo: ¿Quién duda sino que en los venideros tiempos, cuando salga a luz la verdadera historia de mis famosos hechos, que el sabio que los escribiere no ponga, cuando llegue a contar esta mi primera salida tan de mañana, de esta manera?», etc. Pues el sabio es él, Cervantes, que es quien está inventando esos hechos y esos pensamientos, y puesto que el personaje es nuestro, ya que acaba de decir «nuestro flamante caballero», nosotros también los estamos inventando con él. Jamás Dostoievsky, Balzac, Flaubert y demás embaucadores de tercera persona tendrían la generosidad y la amplitud de alma para hacernos coautores de sus libros porque ellos se creen Dios Padre y que están metidos hasta en el corazón del átomo. Cervantes no, Cervantes no se cree nadie y está jugando.

El *yo* que está implícito en el «no quiero» del primer capítulo y explícito en el «lo que yo he podido averiguar» del segundo, reaparece en el noveno: «Estando yo un día en el Alcaná de Toledo, llegó un muchacho a vender unos cartapacios y papeles viejos a un sedero; y como yo soy aficionado a leer aunque sean los papeles rotos de las calles», etc. Y al muchacho que dice le compra los cartapacios, que resultan ser la *Historia de don Quijote de la Mancha, escrita por Cide Hamete Benengeli, historiador arábigo*. En adelante Cervantes seguirá alternando entre el yo implícito o explícito que ya conocemos y el Cide Hamete Benengeli que ha inventado para recordarnos que él y el historiador arábigo y don Quijote y todo lo que llena su libro son mera ilusión. ¿Y qué es la realidad, pregunto yo, sino mera ilusión? ¿O me van a decir que éste es el Instituto Cervantes de Berlín y que está de noche? A ese paso también existiría yo, cosa que no me haría ninguna gracia. Las ventas no son ventas y las rameras no son rameras. Las ventas son castillos y las rameras son princesas, y todo es humo que llena los aposentos vacíos de la cabeza.

Y si el *Quijote* no es una novela de tercera persona, ¿qué es entonces, cómo lo podemos describir aunque sea por fuera? Es un diálogo. Un gran diálogo entre don Quijote y Sancho con la intervención ocasional de muchos otros interlocutores, y con Cervantes detrás de ellos de amanuense o escribano, anotando y explicando. Hojeen el libro y verán. Ahí todo el tiempo están hablando, conversando, en *pláticas*. Y de repente, «estando en estas pláticas», aparece gente por el camino y don Quijote les cierra el paso: «Deteneos, caballeros, o quienquiera que seáis, y dadme cuenta de quién sois, de dónde venís, adónde vais, qué es lo que en aquellas andas lleváis». Eso, o cosa parecida, dice siempre, y siempre le contestan que llevan prisa y que no se pueden detener a contestarle tanta pregunta. «Sed más bien criado –replica entonces don Quijote–, y dadme cuenta de lo que os he preguntado; si no, conmigo sois todos en batalla». ¡Y se le suelta el resorte de la ira! Las escenas de acción del *Quijote* (don Quijote acometiendo los molinos de viento o los odres de vino o el rebaño de ovejas o liberando a los galeotes), que son las que ilustró Doré, ocupan una veintena de páginas, y el libro tiene mil. De esas mil, otras doscientas las ocupan las novelas incorporadas, ¿y qué es el resto? Son conversaciones, pláticas. Y he aquí la razón de ser de Sancho Panza y la explicación de la primera de las tres salidas de don Quijote, que fue una salida en falso. Don Quijote sale solo y una veintena de páginas después Cervantes lo hace regresar. ¿A qué? ¿Por dinero, unas camisas limpias y un escudero que se le olvidaron, según dice? No, lo que se le olvidó fue algo más que el dinero, las camisas y el escudero, se le olvidó el interlocutor, y sin interlocutor no hay *Quijote*. Eso lo sintió muy bien Cervantes cuando escribía las primeras páginas, que el libro que tenía en el alma era un diálogo y no una simple serie de episodios como los del *Lazarillo* o del

Guzmán de Alfarache, quienes van solos de aventura en aventura, sin interlocutor. Ésta es la diferencia fundamental entre el *Quijote* y las novelas picarescas. Un escritor de hoy (de los que creen que escriben para la eternidad) borra esas primeras veinte páginas y empieza el libro de nuevo haciendo salir a don Quijote acompañado por Sancho desde el comienzo. Pero un escritor del Siglo de Oro no, y menos Cervantes a quien le daba lo mismo *mismo* y *mesmo.*

¡Qué iba a borrar nada! ¡Si ni siquiera releía lo que había escrito! Y cuando acabada de salir la primera edición del *Quijote* sus malquerientes le hicieron ver las inconsecuencias del robo del rucio de Sancho, que aparece y desaparece sin que se sepa por qué, y se vio obligado a escribir, para la primera reimpresión, un pasaje que aclarara el asunto y enmendara el defecto, lo puso mal, en el sitio en que no era, y el remedio resultó peor que la enfermedad. ¡Pero cuál defecto! Estoy hablando con muy desconcertadas razones. El *Quijote* no tiene defectos: los defectos en él se vuelven cualidades. ¿Cómo va a ser un defecto, por ejemplo, la prosa desmañada de Cervantes, la del escribano que va detrás de don Quijote y Sancho anotando lo que dicen y explicando lo que les pasa? Todo lo que dice don Quijote es maravilloso, todos sus parlamentos y réplicas, largas o cortas, y sus insultos, sus consejos, sus arengas, todo, todo. Si la prosa de Cervantes también lo fuera, las palabras de don Quijote serían opacadas por ella o cuando menos contrarrestadas. No es concebible el *Quijote* narrado en la prosa de Azorín o de Mujica Lainez. Azorín y Mujica Lainez son grandes prosistas, pero no grandes escritores. El gran escritor es Cervantes. Inmenso. Y su instinto literario, certero como pocos, le indicaba que la única forma posible de intervenir él era en una prosa deslucida y torpe, la cual, dicho sea de paso, no le costaba gran trabajo pues no sólo era mal poeta sino mal prosista. Y descui-

91

dado y desidioso e ingenuo. ¿No se les hace una ingenuidad que a cada momento nos esté repitiendo que don Quijote está loco y cacareándonos, en una forma u otra, su locura? Un ejemplo: «Esos pensamientos le hicieron titubear en su propósito; mas, pudiendo más su locura que otra razón alguna, propuso de hacerse armar caballero del primero que topase». Otro ejemplo: «Con éstos iba ensartando otros disparates». Otro más: «El ventero, que, como está dicho, era un poco socarrón y ya tenía algunos barruntos de la falta de juicio de su huésped». Otro: «y trújole su locura a la memoria aquel de Valdovinos y del marqués de Mantua». Me niego a aceptar que Cervantes trate a don Quijote de loco. El loco es él que se hizo dar un arcabuzazo en la mano izquierda en la batalla de Lepanto y le quedó anquilosada. A mí a don Quijote no me lo toca nadie. Ni Cervantes.

Don Quijote es el personaje más contundente de la literatura universal, ¿y saben por qué? Porque es el que habla más. Y el que habla más es el que tiene más peso. Para eso le puso Cervantes a su lado a Sancho, para que pudiera hablar y Sancho a su vez le devolviera sus palabras cambiadas, como las cambia el eco. A mí que no me vengan con Hamlet, ni con Raskolnikof, ni con Madame Bovary, ni con el *père* Goriot. Ésos son alebrijes de papel maché de los que hacen en México. O espantajos de paja o alfeñiques de azúcar. Al lado de don Quijote, Hamlet y compañía no llegan ni a la sombra de una sombra. Cierro los ojos y veo a don Quijote con su lanza, su adarga y su baciyelmo. Los vuelvo a cerrar para ver a Hamlet y no lo veo. ¿Cómo será el príncipe de Dinamarca? No sé. Presto entonces atención y oigo a don Quijote: «Pues voto a tal, don hijo de la puta, don Ginesillo de Paropillo, o como os llaméis, que habéis de ir vos solo, rabo entre piernas, con toda la cadena a cuestas». Y oigan esta otra maravilla: «Eso me semeja —respondió el cabrero— a lo que se lee en los libros de caballeros andantes, que hacían todo eso que de este hombre vuestra merced dice, puesto que para mí tengo o que vuestra merced se burla o que este gentilhombre debe de tener vacíos los aposentos de la cabeza». Entonces el gentilhombre, que es nadie más y nadie menos que don Quijote, le contesta: «Sois un grandísimo bellaco, y vos sois el vacío y el menguado, que yo estoy más lleno que jamás lo estuvo la muy hideputa puta que os parió». ¡Eso es hablar, eso es existir, eso es ser! ¡Ay, *to be or not to be, that is the question*»! ¡Qué frasecita más mariconcita! ¿Hamlecitos a mí? ¿A mí Hamlecitos, y a tales horas? «¡Voto a tal, don bellaco, que si no abrís luego luego las jaulas, que con esta lanza os he de coser con el carro!» Ese «luego luego» que dijo don Quijote apremiando al carretero para que le abriera las jaulas de los leones me llega muy al corazón porque aunque ya murió en Colombia todavía lo sigo oyendo en México. Lo que sí no he logrado ver, en cambio, aquí es leones. Vivos, quiero decir, para que me los suelten.

Tenía mi abuelo, el de la máquina de las aes y las ees, un amigo de su edad, don Alfonso Mejía, hombre caritativo y bondadoso que se la pasaba citando historias edificantes y vidas de santos y rezando novenas. Mayor pulcritud de lenguaje y alma, imposible. Solterón, se había hecho cargo de tres sobrinas quedadas, y vivían enfrente de la finca Santa Anita de mi abuelo, en otra finca, cruzando la carretera. Pues he aquí que un día, como a don Quijote, se le botó la canica. Y el pulcro, el ejemplar, el bien hablado de don Alfonso Mejía el bueno, el de alma limpia, mandó a Dios al diablo y estalló en maldiciones. Una vez lo oí gritándole desde el corredor de su casa a una mujercita humilde embarazada que venía con otra por la carretera: «¿A dónde vas, puta, con esa barriga, quién te preñó? Decí a ver, decí a ver, ¿qué llevás ahí adentro? ¿El hijo patizambo de Satanás?

¡Ramera!» Lo que siempre he dicho, éste es el mejor idioma para esta raza que nunca ha estado muy bien de la cabeza.

Me dicen que el alemán tiene pocos insultos. ¡Pobres! ¿Cómo le harían para traducir el *Quijote*? ¿No pierde mucho vertido a esta lengua atildada y filosófica nuestro *hideputa*? O planteado de otra manera: ¿se puede desquiciar en alemán el alma humana? La tercera traducción del *Quijote* fue al alemán, pero la primera había sido al inglés, la de Thomas Shelton, de 1612; y la segunda al francés, la de 1614 de Oudin. Oudin el grande, el gramático, a quien admiro y cuya muerte envidio. *«Je m'en vais ou je m'en va?, pour le bien ou pour le mal»*, se preguntó en su lecho de muerte, y sin alcanzar a resolver este tremendo problema de gramática murió. ¡Qué muerte más hermosa! Así me quiero morir yo, tratando de apresar este idioma rebelde hecho de palabras de viento, y llorando en mi interior por él, por lo que no tiene remedio, por el adefesio en que me lo ha convertido el presidente Fox de México. ¡Pobre lengua española! ¡Haber subido tan alto y haber caído tan bajo y servir hoy para rebuznar! En homenaje a César Oudin, primer traductor del *Quijote* al francés y gramático insigne, y en recuerdo de la *Hispanica lingua* que un día fue y ya no es, *in memoriam*, guardemos un minuto de silencio.

Antes de Cervantes la novela pretendió siempre que sus ficciones eran verdad y le exigió al lector que las creyera por un acto de fe. Ése fue su gran precepto, la afirmación de su veracidad, así como la tragedia tuvo el suyo, el de la triple unidad de tiempo, espacio y tema. Vino Cervantes e introdujo en el *Quijote* un nuevo gran principio literario, el principio terrorista del libro que no se toma en serio y cuyo autor honestamente nos dice que lo que nos está contando es invento y no verdad. Lo cual es como negar a Dios en el Vaticano. Por algo pasó Cervantes cinco años cautivo en Argel.

De allí volvió graduado de terrorista *summa cum laude*. Y así el cristiano bañado en musulmán, en el *Quijote* se da a torpedear los cimientos mismos del edificio de la novela, su pretensión de veracidad. Cuatrocientos años después, el polvaderón que levantó todavía no se asienta. ¡Cuáles torres gemelas! Ésas son nubes de antaño disipadas hogaño.

Total, la novela no es historia. La novela es invento, falsedad. La historia también, pero con bibliografía. En cuanto a don Quijote, creyente fervoroso en la letra impresa y para quien Amadís de Gaula ha sido tan real como Ruy Díaz de Vivar, las confunde ambas. A él no le cabe en la cabeza que un libro pueda mentir. A mí sí. Para mí todos los libros son mentira: las biografías, las autobiografías, las novelas, las memorias, Suetonio, Tacito, Michelet, Dostoievsky, Flaubert... ¡Ay, dizque «*Madame Bovary c'est moi*»! ¿Cómo va a ser Flaubert Madame Bovary si él es un hombre y ella una mujer? Michelet miente y Flaubert doblemente miente. Una de nuestras grandes ficciones es llamar a nuestra especie *Homo sapiens*. No. Se debe llamar *Homo alalus mendax,* hombre que habla mentiroso. La palabra se inventó para mentir, en ella no cabe la verdad. El hombre es un mentiroso nato y la realidad no se puede apresar con palabras, así como un río no se puede agarrar con las manos. El río fluye y se va, y nosotros con él.

Libro sobre otros libros, el *Quijote* no es posible sin la existencia previa de las novelas de caballería. Es literatura sobre la literatura, invento sobre otros inventos, mentira sobre otras mentiras, ficción sobre otras ficciones. Don Quijote sale al camino a imitar a los héroes de los libros de caballería que tan bien conoce, soñando con que un sabio como los que aparecen en ellos algún día escriba uno sobre él en que narre sus hazañas. Pues bien, Cervantes el amanuense es el sabio que lo va escribiendo. Sólo que a medida que lo va escribiendo y que va inventando a don Quijote lo va negando, como Pedro a Cristo. Entre líneas Cervantes nos repite todo el tiempo: miren lo que dice y hace este loco que me inventé, ¿no se les hace muy gracioso? Pero no vayan a creer que es verdad. Nada de eso. Yo de desocupado estoy inventando, y ustedes de desocupados me están leyendo. Y así no sólo no me quiero acordar del lugar de la Mancha de donde era mi hidalgo, sino que ni siquiera le pongo un nombre cierto: «Quieren decir que tenía el sobrenombre de Quijada o Quesada, que en esto hay alguna diferencia en los autores que de este caso escriben, aunque por conjeturas verisímiles se deja entender que se llamaba Quijana. Pero esto importa poco a nuestro cuento: basta que en la narración de él no se salga un punto de la verdad». Esto dice en la primera página de la Primera Parte. Diez años más tarde y mil páginas después, al final de la Segunda Parte, que es de 1615, y a un paso de acabarse definitivamente el libro y de morir don Quijote y un poco después su autor, Cervantes le hace decir a su héroe moribundo: «Dadme albricias, buenos señores, de que ya yo no soy don Quijote de la Mancha, sino Alonso Quijano, a quien mis costumbres me dieron renombre de bueno». Ah, sí, pero al labrador que lo recogió todo maltrecho al final de la primera salida, en las primeras páginas de la Primera Parte, le hizo decir: «Mire vuestra merced, señor, pecador de mí, que yo no soy don Rodrigo de Narváez, ni el Marqués de Mantua, sino Pedro Alonso, su vecino; ni vuestra merced es Valdovinos, ni Abindarráez, sino el honrado hidalgo del señor Quijana». En qué quedamos: ¿Quijano o Quijada o Quijana o Quesada? «Yo sé quién soy –le responde don Quijote a su vecino Pedro Alonso– y sé que puedo ser, no sólo los que he dicho, sino todos los Doce Pares de Francia y aun todos los nueve de la Fama». Con uno así no se puede razonar. Que se llame como le dé la gana.

La Segunda Parte del *Quijote,* cuyo cuarto centenario celebraremos dentro de diez años si China y Estados Unidos no vuelan esto, lleva a su plena culminación la idea terrorista del libro en burla. Sabemos que quien se esconde tras el nombre de Alonso Fernández de Avellaneda, vecino de Tordesillas, se le adelantó a Cervantes en unos meses escribiendo la Segunda Parte que conocemos como el *Quijote* apócrifo, o sea, el que no ha sido inspirado divinamente, como sí lo fue el auténtico. Porque que Dios le dictó las dos partes del *Quijote* auténtico a Cervantes, eso sí no tiene vuelta de hoja: es agua clara, aire límpido, cristal puro y transparente. Lo que no sabemos en cambio es para qué le dictó Dios a Cervantes semejante libro. ¿Para dar al traste con la vanidosa ficción novelesca? Pues si así fue, en la Segunda Parte Cervantes superó la inspiración que le dio Dios en la Primera. ¿Y saben con la ayuda de quién esta vez? De Avellaneda, nadie menos. Del impostor a quien Cervantes vuelve su instrumento y de cuyo libro apócrifo se apodera para volverlo papilla en el suyo. En Barcelona, poco antes de su encuentro con el Caballero de la Blanca Luna, quien lo derrotará precipitando el final, don Quijote entra a una imprenta (que no las conoce) con gran curiosidad de saber cómo se imprimen los libros, y pregunta una cosa y la otra y la otra hasta que de repente: «Pasó adelante y vio que asimismo estaban corrigiendo otro libro, y preguntando su título le respondieron que se llamaba la *Segunda parte del ingenioso hidalgo don Quijote de la Mancha,* compuesta por un tal, vecino de Tordesillas». ¡Pero cómo! ¿No que ya estábamos en la Segunda Parte? ¿Es posible que estemos viviendo y nos estén imprimiendo a la vez? ¡Claro, Gutenberg es milagroso! O mejor dicho, Gutenberg en manos de Cervantes, pues un alemán por sí solo no produce milagros. Por lo demás, como el vecino de Tordesillas no es Cervantes sino

Avellaneda, entonces el *Quijote* que están imprimiendo no es el *Quijote,* ni el hidalgo don Quijote que está en prensa es el hidalgo don Quijote que está viendo imprimir. ¿Y hay forma de distinguirlos? ¡Claro! Avellaneda es un pobre hijo de vecino y Cervantes un genio. ¿Habrase visto mayor disparate que el de Avellaneda cuando hace meter a don Quijote al manicomio de Toledo? Si don Quijote estuviera loco, en casa de ahorcado no se mienta soga. ¡Y decir que don Quijote es de Argamasilla! ¡Qué ocurrencias las de este majadero! Don Quijote es de un lugar de la Mancha de cuyo nombre no quiero acordarme.

Poco después del episodio de la imprenta viene el encuentro fulgurante de don Quijote con el Caballero de la Blanca Luna quien lo derriba y se va sobre él y poniéndole la lanza contra la visera lo conmina a que acepte las condiciones pactadas antes del duelo, a lo que don Quijote, como hablando desde dentro de una tumba y con voz debilitada y enferma, responde: «Dulcinea del Toboso es la más hermosa mujer del mundo y yo el más desdichado caballero de la tierra, y no es bien que mi flaqueza defraude esta verdad. Aprieta, caballero, la lanza y quítame la vida, pues me has quitado la honra». Yo no sé si Dulcinea del Toboso fuera, como decía don Quijote, la más hermosa mujer del mundo, pero lo que sí sé es que ésta es la frase más hermosa del *Quijote.* En ella cabe toda nuestra fe: vencedora o vencida, España es grande.

En un mesón del camino, ya de regreso a casa y rumbo a la muerte, ocurre un encuentro asombroso, de esos que sólo se pueden dar en la realidad milagrosa que crea la letra impresa: don Quijote se cruza con don Álvaro Tarfe, que es un personaje muy importante del *Quijote* apócrifo, y lo convence de que el don Quijote que conoció don Álvaro en ese libro es falso, y que el auténtico es el que tiene enfrente.

«A vuestra merced suplico, por lo que debe a ser caballero, sea servido de hacer una declaración ante el alcalde de este lugar de que vuestra merced no me ha visto en todos los días de su vida hasta ahora, y de que yo no soy el don Quijote impreso en la segunda parte, ni este Sancho Panza mi escudero es aquel que vuestra merced conoció». ¡Como si él no estuviera, en el momento en que lo dice, en otra Segunda Parte! Todos andamos siempre en una segunda parte, hasta tanto no se nos acabe el libro y nos entierren o nos cremen. Y don Álvaro le responde: «Eso haré yo de muy buena gana, aunque cause admiración ver dos don Quijotes y dos Sanchos a un mismo tiempo tan conformes en los nombres como diferentes en las acciones; y vuelvo a decir y me afirmo que no he visto lo que he visto, ni ha pasado por mí lo que ha pasado». ¡Fantástico! Sólo que en su respuesta don Álvaro implícitamente también se está negando a sí mismo. ¿O qué le asegura que en el momento que habla él es el Álvaro Tarfe auténtico? «Muchas de cortesías y ofrecimientos pasaron entre don Álvaro y don Quijote, en las cuales mostró el gran manchego su discreción, de modo que desengañó a don Álvaro Tarfe del error en que estaba; el cual se dio a entender que debía de estar encantado, pues tocaba con la mano dos tan contrarios don Quijotes». El que no se niegue a sí mismo en el *Quijote* no existe. Negarse allí es el precio de existir.

¡Qué más da que fuera venta o castillo! Total, ya no hay ventas ni hay castillos. Todo lo borra Cronos. Hoy construye y mañana tumba; hoy une y mañana desune. Pero lo que con más saña le gusta destruir al dueño loco de la Historia son los idiomas. Lanza un ventarrón burletero y barre con sus deleznables palabras. Y luego, para rematar, les ventea encima polvo. Leyendo el *Quijote* por tercera vez, ahora en la edición de las Academias que acaba de aparecer con notas de Francisco Rico, al llegar a la frase «Estaban acaso a la puerta dos mujeres mozas, de estas que llaman del partido, las cuales iban a Sevilla con unos arrieros», como hay una llamada numerada en *arrieros,* bajo los ojos a las notas de pie de página y encuentro la siguiente explicación: «conductores de animales de carga y viaje». Y algo después, en la frase «Antojósele en esto a uno de los arrieros que estaban en la venta ir a dar agua a su recua...», nueva llamada y abajo la explicación de *recua:* «grupo de mulas». ¡Pero por Dios! ¡Venirme a explicar a mí qué es una recua o un arriero! ¿A mí que nací en Antioquia que vivió por siglos encerrada entre montañas y que si algo supo del mundo exterior fue por los arrieros, que nos traían las novedades y noticias de afuera, y entre los bultos de sus mercancías, sobre los lomos de las mulas de sus recuas, ejemplares del *Quijote*? Arrieros eran los que nos arriaban el tiempo, remolón y perezoso entonces, y le decían «¡Arre, arre!» para que se moviera. ¡Ay, carambas, mejor lo hubieran dejado quieto!

«En un lugar de la Mancha de cuyo nombre no quiero acordarme, no ha mucho tiempo que vivía un hidalgo de los de lanza en astillero, adarga antigua, rocín flaco y galgo corredor». Ya nadie sabe que el astillero era la percha en donde se colgaban las armas, ni la adarga un escudo ligero, ni el rocín un caballo de trabajo, y Francisco Rico nos lo tiene que explicar en sus notas. Señores, les pronostico que en el 2105, en el quinto centenario del gran libro de Cervantes, no habrá celebraciones como éstas. Dentro de cien años, cuando al paso a que vamos el *Quijote* sean puras notas de pie de página, ya no habrá nada qué celebrar, pues no habrá *Quijote*. La suprema burla de Cronos será entonces que tengamos que traducir el *Quijote* al español. ¿Pero es que entonces todavía habrá español? ¡Jua! Permítanme que me ría si a este engendro anglizado de hoy día lo llaman ustedes español. Eso no llega ni a *espanglish*. Por lo pronto, en tanto se acaba de terminar esto, recordemos a ese hombre de alma grande que nació en Alcalá de Henares, que anduvo por Italia en sus años mozos al servicio del cardenal Acquaviva, que peleó en la batalla de Lepanto donde perdió una mano, que sufrió cautiverio en Argel, que quiso venir a América sin lograrlo, que pagó injustamente cárcel, que vivió entre los dos más grandes fanatismos que haya conocido la Historia –el musulmán y el cristiano, sin permitir jamás, sin embargo, que ninguno de ellos le manchara el alma–, que padeció las incertidumbres de la realidad y las miserias de la vida, que nunca odió ni traicionó ni conoció la envidia, que escribió mal teatro, malos versos y mala prosa pero que logró hacer que existiera y hablara, con palabras castellanas, el personaje más deslumbrante y hermoso de la literatura haciéndolo pasar por loco, san Miguel de Cervantes que desde el cielo nos está viendo.

El hombre, ese animal alzado*

Voy a leerles unas páginas que escribí en México para esta ocasión. En este mundo sobra gente. Cuando hay seis mil millones de personas, o sea un seis con nueve ceros a la derecha, uno es un cero a la izquierda. No valemos nada: ni un cacahuate. Hoy vale más un chimpancé que un hombre. O un gorila o un orangután. Están como a doscientos cincuenta mil dólares. ¿Y para qué queremos tanta gente si no nos vamos a acostar con ellos? ¿Si la mayoría no nos gusta, y los que nos gustan se hacen de rogar como si les fuera en ello la cabeza? Yo, para empezar, con los feos no me acuesto. Y para continuar, con los bonitos sólo me alcanzaría la vida para unos dos mil o dos mil quinientos. Pongámosle cinco mil en un afán de superación en los baños turcos. ¿Entonces para qué quiero el resto? ¿Para conversar con ellos? ¿Para «platicar» como decía Don Quijote o como dicen hoy en México? Yo no tengo nada de qué hablar ni conversar ni platicar con mil doscientos millones de chinos. Ni en mandarín, ni en inglés, ni en español, ni en nada. Por mí como si no existieran. Los cambiaría a todos juntos por un marciano. Con ése sí quisiera hablar, conversar, platicar, para preguntarle por la opinión que tienen allá del Papa, y si también está satanizado el sexo en Marte. Aquí sí está pero porque el hombre, dizque lo mejorcito de este planeta, sigue pensando como un animal. Y me

---

* Presentación de *La Virgen de los sicarios* hacia febrero de 1999 en una librería de Barcelona.

lo explico porque sigue siendo un animal. Un animal alzado. Después de quinientos mil años que lleva parado en sus dos patas, y de los cuatro millones de años que hace que sus antepasados los australopitecos se enderezaron al bajar del árbol, después de esa larguísima noche de oscuridad y de terror al tabú y al rayo, y cuando la humanidad ha producido a Sócrates, Platón, Aristóteles, Newton, y en Colombia a Doña Pelotas, y acabándose el milenio, a estas alturas del partido, todavía seguimos confundiendo el sexo con la reproducción porque a veces se dan juntos, como si fueran el misterio de la Santísima Trinidad, que son tres en uno: Padre, Hijo y Espíritu Santo. Pero no, no son ningún misterio y son cosas muy distintas.

El sexo es bueno. Es conveniente, inocente, inocuo, entretenido, divertido, sano. Y bendito para la salud mental: despeja mucho la cabeza. Bendito seas, sexo, y con lo que sea: con hombre o mujer, perro o quimera. ¿Y con los niños? También. Hay que entrenar a los niños para que les den atención sexual a los ancianos. Para que practiquen la nueva obra de misericordia que aquí propongo, darle sexo al que lo necesite, la cual en realidad no es más que una extensión de la vieja virtud teologal de la caridad. Que también he practicado yo.

¿Y la reproducción? Ah, eso sí ya es otra cosa: mala, perversa, engorrosa, sucia, criminal. Sobre todo criminal: Nadie tiene el derecho de imponerle a otro la existencia, la carga de la vida. Cuando un hombre y una mujer copulan para producir un hijo están cometiendo el crimen máximo. Y el matrimonio, o unión santificada por la Iglesia de los susodichos para lo dicho, es una asociación delictiva que hay que castigar. Beatería hipócrita, puro crimen, puro cuento.

¿Y por qué os estoy hablando de esto, a son de qué? Es que yo soy muy «rarito», como dicen en Colombia con un eufemismo al cuadrado, en diminutivo, con un eufemismito. Ah sí, ya sé por qué os estoy hablando de esto: Porque os estamos presentando esta noche un librito mío, *La Virgen de los Sicarios,* que está consagrado al sexo sin segunda intención, sin reproducción, y a mi señora Muerte, la laboriosa, la silenciosa, la Parca, la que labora y labora y trabaja y trabaja, día y noche sin parar, sábados y domingos, puentes y superpuentes y fiestas de guardar, y hasta el mismísimo día del trabajo, haciendo funcionar la hoz. Y sin embargo miren cómo va esto, ya no se da abasto la pobrecita. Cuando yo nací mi país, Colombia, tenía siete millones; en mi sola vida, y con todo y terremotos y nuestros treinta mil asesinaditos al año, pasó a cuarenta millones. ¿Nos multiplicamos por cuánto? ¿Por cinco y medio? Eso sí se llama reproducción, multiplicación. Una multiplicación más milagrosa que la de los panes y los peces en el Sermón de la Montaña. Sólo que los panes y los peces allá en Colombia no se multiplican: únicamente los que se los comen. Y si no hay panes ni peces milagrosos, ¿qué vamos a comer? Ah, yo no sé. Nos comeremos unos a otros en un banquete antropofágico. El problema de la carne humana es que si no es tiernita es muy dura, como de vaca vieja. Pues apenas nos hayamos merendado nuestro último bebé berrinchudo, ¿con qué seguimos? ¡Con los viejos! Obispos, cardenales, Papas, a ver si no nos envenenamos y no nos entra el kuru, o la enfermedad de las vacas locas o qué sé yo, alguna enfermedad nueva, otra «entidad nosológica», la «púrpura sistémica» por ejemplo, en la que se va poniendo uno rojito, rojito, moradito, violeta.

Hace tres semanas en la zona cafetalera de Colombia un terremoto mató a mil personas, y en mi enloquecido país pusieron el grito en el cielo como si eso se fuera a acabar. ¡Qué se va a acabar! Los mil faltantes los repusieron en media noche de cópula, de lujuria reproductora. Una ciudad como Armenia, de trescientos mil vivos y que tuvo la mitad de esos muertos, si se acaba entera la reproducimos entera en tres meses. Mil muertos por un terremoto, veinte mil por deslizamientos de lodo porque se derritió un nevado y explotó un volcán, y treinta mil cascados al año (o sea asesinados), en Colombia no le quitan un pelito a Sansón. Allá la Muerte vive rebasada por semejante paridera. Yo por simpatía hacia ella y por ayudarle un poquito, le puse doscientos o trescientos muertos a bala en este librito. Pero ay, ésos no son muertos reales, son muertos de mentiritas, sobre el papel.

Por primera vez en la historia de la vida sobre la Tierra una especie, la nuestra, pero sólo ahora, acabando este milenio, puede separar el sexo de la reproducción, y considerar el primero como un fin en sí mismo y no como un medio, y la segunda como lo que es, una infamia, o si se os hace demasiado, un peligro. En 1875 Oscar Hertwig descubrió la fecundación del óvulo por el espermatozoide. Entonces empezamos a saber de dónde veníamos. Ni Sócrates, ni Platón, ni Aristóteles, ni Newton, ni Descartes, ni Kant, ni Mozart, ni Napoleón lo supieron: vivieron y murieron como los santos inocentes, sin saber. Pero lo que es peor, no lo supo Darwin que sin entender nada de nada se metió a explicar el gran embrollo, la vida, y dieciséis años antes de Hertwig publicó ese adefesio de *El origen de las especies*. En la humanidad nunca han faltado los impostores. ¿Cuántos entre los seis mil millones de que empecé hablando tendremos hoy? ¿Cuántos sentados en sillas presidenciales y pontificias perorando? Perorando, perorando, perorando.

El instinto sexual, como todos los instintos y como casi todo lo que somos, está grabado en redes nerviosas cuya trama la especifica el genoma. O sea, es algo que heredamos y no algo que adquirimos en el curso de la vida. El instinto sexual está especificado en el genoma ni más ni menos que como el desarrollo embrionario, el que va del zigoto u óvulo fecundado hasta el nacimiento, y como el desarrollo postnatal, el que va del nacimiento hasta la vejez y la forzosa muerte. Como sostuvo el mecanicismo de siglos pasados, sin poderlo explicar pero intuyendo una profunda verdad, en esencia somos máquinas. Máquinas programadas que dejan muy poco espacio para el libre albedrío, nuestra sagrada y santísima libertad por la que luchamos siempre, y que a lo mejor no es más que un espejismo. Pero en fin, libres o no, y seamos lo que seamos, lo cierto es que si no tuviéramos la imposición del sexo grabada con cincel en la cabeza, nuestra especie, y para el caso cualquier especie de las que se reproducen sexualmente, se extinguiría. No habría ninguna razón para que un macho se cruzara con una hembra. Y esto es una verdad de Perogrullo. La parte material, «biológica», de esta gran confusión que es la vida ya la hemos empezado a aclarar. La parte moral en cambio ni siquiera nos la hemos planteado. Ya va siendo hora de que lo hagamos. ¿O no? ¿O será volver a plantearnos, aunque en otros términos, la eterna sinrazón de este negocio?

Muchas gracias a Francisco Casavella y a Luis María Tudó por sus amables palabras, y a vosotros por acompañarme esta noche en la presentación de este librito.

El lejano país de Rufino José Cuervo*

Colombia es lo peor de la Tierra y Antioquia lo peor de Colombia. En esos páramos de esas montañas feas y yermas por las que se ruedan las vacas, en esos huecos de tierra caliente donde zumban los zancudos, el alma se encajona asfixiándose en su propia mezquindad. El Magdalena, que pudiera ser la salida, es un río pantanoso, enfermo de fiebre amarilla y malaria. No hay salida ni arrimadero. Nadie sale, nadie entra y en el encierro a los empantanados se les ha ido avinagrando el alma. Se han vuelto envidiosos, ventajosos, malos. O mejor dicho peores pues malos siempre han sido, desde que los engendró España cruzándose con indias y negras. Cuando yo nací me los encontré bajándose las cabezas a machetazos. Luego se civilizaron y pasaron a matarse con metralleta. Lo malo es que no se acaban pues en tanto matan se reproducen, y con una furia creciente. Políticamente se dividen en conservadores y liberales; gramaticalmente en género masculino y género femenino: masculino es el que engendra, femenino es el que pare. Y en tanto se matan y engendran y paren se alimentan de vacas y cerdos que acuchillan y pollos que torturan en unos galpones infames donde los encierran desde que nacen hasta que se mueren sin ver la luz del sol. Dicen que los animales no tienen alma pero que ellos sí. Y sí: son Homo sapiens de alma sucia,

---

* Conferencia dictada el 28 de octubre de 2006 en el Gimnasio Moderno de Bogotá durante el festival F-10 de la revista *El Malpensante*.

puerca. A las vacas y a los cerdos que acuchillan y a los pollos que les tuercen el pescuezo se los comen para convertirlos en excremento que va a dar a las alcantarillas, que van a dar a las quebradas, que van a dar a los ríos, que van a dar al mar. Al mar ambiguo, necio, estúpido, que mece olas diciendo: «Al carajo, al carajo, al carajo». Y digo ambiguo pues han de saber que en español son cinco los géneros: masculino, femenino, neutro, común y ambiguo. Y don Rufino José Cuervo no me dejará mentir. El hombre es masculino, la mujer femenino, lo bello neutro, el mártir es común y el mar o la mar es ambiguo. La Academia dice que *puente* también es ambiguo y que se puede decir «el puente» o «la puente», pero yo digo que no: sólo «el puente». Y según ella hay un sexto género, el epiceno, pero yo digo que no: sólo los cinco enumerados y basta. Regla para saber qué está bien: lo contrario de lo que diga la Academia. Dicen que se va a acabar la Academia Colombiana de la Lengua, que fundaron hace más de cien años Caro, Cuervo y otros desocupados. Que se acabe. Y que se va a acabar el Instituto Caro y Cuervo. Que se acabe. Y que se va a acabar la Orquesta Sinfónica de Colombia. Que se acabe. Y que van a acabar con las FARC. ¿Y quién va a acabar con las FARC? ¿Este hombrecito? Este culibajito no puede ni con su alma. Es más alto de estatura física que de la moral. Y de la intelectual ni se diga. Teológicamente hablando en cambio sí, es de primera. Dice que el Espíritu Santo lo salvó de las FARC. ¿Y quién es el Espíritu Santo? Uno que mandó el Hijo. ¿Y quién es el Hijo? Uno que mandó el Padre. ¿Y quién es el Padre? Dios. ¿Y quién es Dios? Pues el que hizo esto. ¡Ah viejo chambón! Ni un zapatero remendón ni un maestro chapucero habrían salido con peor adefesio. Si Dios existe, no pueden existir papa, ni sida, ni malaria, ni terremotos, ni maremotos, ni presidentes, ni congresistas, ni gobernadores, ni concejales, ni alcaldes. O sobra Él o sobran todas estas plagas.

Y a lo que vinimos, que nos deja el tren. En mayo de 1882 Ángel y Rufino José Cuervo, hermanos de padre y madre, salieron rumbo a Europa huyendo de esto, ¡y ojos que los volvieron a ver! Más fácil vuelve el perro donde lo caparon. Y se instalaron en París, que todavía no tenía Torre Eiffel. Ellos la vieron construir, hierrito por hierrito. Catorce años después de su llegada, en 1896, murió Ángel acabando de terminar un libro que llevaba por título *Cómo se evapora un ejército.* Si en vez de morirse entonces se hubiera muerto ahora, se me hace que lo que habría dejado Ángel Cuervo sería uno titulado *Cómo se evapora un país.* O mejor dicho, *Cómo se evapora el sueño de un país,* porque país, lo que se dice país, no es que lo fuera ese matadero donde nacieron los Cuervo. Eso no pasó de ser un sueño de los que lo fundaron tras de separarse de España para quitarles a los gachupines las tierras y los puestos. Dizque los patriotas. ¡Cuáles patriotas! Unos avorazados e interesados era lo que eran, como esa roña politiquera conservadora y liberal en que se dividieron. Y que se agarran en una guerra civil para arrebatarse los puestos que les acababan de quitar a los españoles. Y luego en otra y luego en otra y así se pasaron el siglo XIX, que acabaron con una larga que llamaron «de los Mil Días», que fue con la que empezaron el siglo XX. La guerra a muerte con los españoles la llamaron de independencia, palabra equivocada pues de España nunca se independizaron: se separaron. España no es más que curas y tinterillos, papel sellado y un loco que se llama don Quijote. Aprovechándose del desangramiento de la guerra de los Mil Días, Panamá a su vez se separó: siguiendo el camino de los Cuervo se fue al carajo. Mediando el nuevo siglo, el XX, en que yo nací, andaba en otra de esas guerras civiles que llamó «la Violencia», con mayúscula. «Violencia» es como se debería llamar ese país de nombre equivocado, y sus habitantes «violentanos» y los académicos que lo estudian en las universidades norteamericanas «violentanólogos». Dizque «colombianistas»... ¡Qué neologismo tan feo! ¿Qué diría don Rufino José Cuervo de esa horrenda palabra? ¡Qué bueno que te moriste, Rufino José! No habrías resistido el adefesio en que te convirtieron el idioma.

A los veintitrés años, y con su amigo Miguel Antonio Caro, de su edad, Rufino José escribió una gramática latina, verdaderamente portentosa. Y a los veintiocho, ahora solo, el primer libro de dialectología de la lengua castellana, las *Apuntaciones críticas sobre el lenguaje bogotano*. Pues bien, todo lo que en ese libro censuró Cuervo hoy lo siguen usando los violentanos, como si su máximo gramático, filólogo y lingüista no hubiera existido. «Hubieron fiestas y muchos muertos a cuchillo y bala. Por eso es que me quiero ir de aquí, de este país méndigo». ¡Si hubiera para dónde, paisano! El desastre de aquí se contagió hasta allá y los polos se están derritiendo. ¡Ay, si sólo fueran los violentanos! La semana pasada me regalaron un libro de fotos y textos que acaban de presentar en México: *El país de las palabras: Retratos y palabras de escritores de América Latina, 1980-2005*. Toda una colección de luminarias escribiendo textos de una paginita sobre París al lado de sus retratos. Voy a comentar sólo las primeras frases de algunos de ellos: «No creo que sea tan sólo por el pan y por el agua que yo quiero a Francia» (Adolfo Bioy Casares). ¡Cómo así que «por el pan y por el agua que yo quiero»! Ése es un «que» galicado, le falta el «por lo». Debe ser, don Adolfo, con perdón: «No creo que sea tan sólo por el pan y por el agua por lo que yo quiero a Francia». ¡Cómo! ¿Nunca leyó usted, con todo lo que vivió, ochenta y cinco años, a don Rufino José Cuervo? ¿No le alcanzó el tiempito?

Y oigan esta perla de entrada: «Pasaron ya quince años desde que dejé París» (Alfredo Bryce Echenique). ¡Cómo así, Alfredo, que dejé París! Debe ser: «dejé a París». Con la preposición «a», que no cuesta, y que se usa en español castizo con países y ciudades cuando son complemento directo. ¿Tampoco vos leíste a Cuervo, viviendo aquí al lado, en el Perú? ¡Claro, como te fuiste a París! Y oigan a Ricardo Piglia, otro que se fue a París: «La primera vez que vi París me pareció que ya la conocía». ¡Y dele con «ver París»! ¡Carajo! Es «ver a París». Y oigan a Claribel Alegría, una escritora nicaragüense: «Conocí París antes de haberlo visitado». Todas éstas son primeras frases, el aperitivo. Cómprense el libro para que disfruten del plato fuerte. Todos conocen a París pero no respetan su idioma. En cambio, la primera frase de Jonuel Brigue dice: «Para conocer a París yo cerraba los ojos». Así debe ser. Éste sí es un señor. Te felicito, Jonuel, pseudónimo de José Manuel Briceño, venezolano. Vos sos de los míos, del país de Andrés Bello. ¡Viva Venezuela!

Y oigan cómo empieza Vargas Llosa: «Dudo que, antes o después, me haya exaltado tanto alguna noticia como aquélla». ¡Cómo que «dudo que»! ¡Dudo de que! Le falta el «de». Eso que cometiste tú, Vargas, es el «queísmo», una falta tan fea como su contrario, el «dequeísmo». Decir «que» cuando es «de que», y decir «de que» cuando es «que» es como no tener madre o mentarle la madre a la abuela. Vos tan orgulloso y tan premiado. ¡Qué! ¿No te dieron clase de español en el Leoncio Prado?

Y oigan cómo empieza Mutis: «Entre las ceremonias con las que pago mi tributo a la nostalgia cada vez que llego a París», etc. ¡Cómo que «con las que pago»! Ese «las» sobra. Debe ser: «Entre las ceremonias con que pago mi tributo»... ¿No te enseñaron aquí las monjas a respetar el idioma? Y oigan a Juan Gabriel Vásquez: «La mitología se ocupa de los cuentos que nos resultan increíbles; aquello en lo que un hombre cree no puede formar parte de su mitología». ¡Cómo así que «aquello en lo que un hombre cree»! Sobra el «lo». Ese «lo» tuyo es como el «las» de Mutis. Ponte las pilas, paisano. Debe ser: «aquello en que un hombre cree», sin el «lo». ¡Carajo, esta lengua se murió! *Hispanica lingua: ite missa est.* ¡Qué bueno, Rufino José, que también te moriste vos! Muy a tiempo. El capitán que se hunda con su barco.

«La mar» dicen en España, «el mar» decimos en América, y ese charco grande que nos separa de la madre patria no ha logrado sin embargo curarnos, después de doscientos años, de nuestros dos grandes males: curas y tinterillos, que son los que no nos dejan vivir. Tres veces cruzaron el mar o la mar los Cuervo: una de ida con vuelta, y otra de ida sin ella. En abril de 1878 se fueron a Europa a conocer, a comparar, y habiendo conocido y comparado volvieron un año después. ¿Por qué? ¿A qué? ¿Por nostalgia? ¿A quedarse? Permítanme que me ría. A liquidar la fábrica de cerveza y a salir huyendo. Antes de partir la segunda vez, ésta sí para siempre, sin vuelta, fueron a despedirse de los amigos y de las hermanas clarisas y a darles a estas zánganas su última y buena limosna. Monjas y curas son iguales: limosneros. Yo no sé por qué si cuentan con el apoyo del Padre Eterno tienen que andar extendiéndoles la mano a los fabricantes de cerveza. Que trabajen. Que laven, que barran, que planchen, que cosan pero eso sí, que no paran que gente aquí es lo que sobra. Ya se han ido tres millones, por lo bajito, y caritativos como los Cuervo mandan al año cuatro mil millones de dólares para que el culibajito pueda pagar con ellos la diplomacia, que cobra en billete verde, y a la que van a dar los parientes y paniaguados de los que en la cueva de Alí Babá u «honorable Congreso» le aprobaron la reelección inmediata para que él pudiera seguir mangoneando y hablando, hablando, hablando, atropellando la verdad y el idioma como una cotorra mojada y mentirosa. Y alcahuetiando de paso a cuanto asesino y genocida se levanta en armas. ¡Ay, Rufino José, si oyeras a este teólogo! ¡De lo que te escapaste! La magnitud del derrumbe de tu país se mide en lo que va del presidente Caro, tu compañero de academia y de gramática latina y que escribió más versos en latín que todos los poetas de Roma juntos, a este culibajito en reelección permanente. El sueño de Colombia en tanto se nos hizo polvo. Nada se está perdiendo Panamá. Que siga solo, viendo pasar barcos, de un mar al otro. ¿Y cómo dirían en España? ¿De una mar a la otra? ¡Ah españoles cerriles! Dizque poniéndonos visa. ¡Que nos paguen, si no quieren que entremos y nos les quedemos! ¿Cuántos dólares le estarán mandando de España los de la diáspora al culibajito para que pague a sus paniaguados de la diplomacia? Se los habré de sacar en cara la próxima vez que vuelva, dentro de veinte años, cuando me lo encontraré instalado, de reelección en reelección, en el solio de Bolívar, sentado en su *non plus ultra*. Y hablando, hablando, hablando. Que mate, que robe, que atraque pero por Dios, que no hable. Que se calle. Que aprenda de los gobernantes chinos. ¿Cuándo han oído ustedes hablar a Lin Piao?

No ha tenido España uno como Rufino José Cuervo. Ramón Menéndez Pidal podría ser el más cercano, pero este gallego de La Coruña (de donde partió la Armada Invencible hacia Inglaterra a perder su nombre) no fue sino un filólogo. Cuervo fue eso y mucho más: un loco y un santo. Su *Diccionario de construcción y régimen de la lengua castellana* es un delirio. ¡Cuál don Quijote! ¿Quijoticos a mí, que nací y me morí en Colombia? Cervantes lo que se inventó fue un aprendiz de loco. Colombia se inventó uno de verdad, Cuervo, el máximo, el filólogo sin par. Cuervo quiso apresar un idioma de mil años, de la A a la Z. Empresa tan imposible como la de quien quisiera meter en un balde al río Cauca. Al Cauca no lo agarra nadie, pasa y se va. Se va por el Magdalena rumbo al mar, como se fueron los Cuervo a conocer a Europa, y al año justo por ahí volvieron a liquidar su fábrica de cerveza y a arrendar sus casas con sus tiendas, que era como llamaban entonces los locales de la planta baja, y a despedirse de los amigos y las monjas y a empacar. ¡Qué problemita con los inquilinos de esas casas y esas tiendas para que pagaran! Como hoy. Mejor no tener nada que financiarles vivienda y entable gratis a los zánganos. Que los mantenga el Gobierno. O mi Dios. Pobres ricos padeciendo la plaga de los pobres. Los pobres son una carga para los países y la gente honrada. Comen mucho y hacen poco, destruyen las universidades y por donde pasan arrasan y si uno les da chance, lo roban. Eso de «dar chance» o papaya no lo habría entendido Cuervo. Perdón, don Rufino José. Los idiomas cambian, se empeoran. En el siglo XIX el castellano se estaba afrancesando; hoy es un adefesio anglizado. La lucha del presidente Marroquín, de la Academia Colombiana de la Lengua, y la de sus compañeros Caro y Cuervo contra los qués y los gerundios galicados fue en vano. Por estar concentrado Marroquín en esta guerra y no desviarse en dos frentes dejó perder a Panamá. ¡Qué importa! ¡Que se queden los panameños con su zancudero! Tierra malsana aquí es lo que sobra. Lo que importa es el espíritu, el idioma.

Ángel fue el de la idea de la fábrica de cerveza. ¿Un cervecero en tierra de oficinistas, tinterillos, abogados, notarios, sacristanes, curas, políticos, rábulas, leguleyos? Ajá. Aprendió a hacer cerveza en los libros, y probando, experimentando, lo consiguió. En vez de poner a trabajar para él a los pobres, que son unos malagradecidos, puso a trabajar a los microorganismos, a las levaduras, que son nobles. Nada de darle trabajo a la chusma paridora. Que los explote la madre que los parió. ¡Y qué cerveza la de los Cuervo! Hagan de cuenta una Heineken, de no creer. Como los versos en latín de Caro, que sonaban a Horacio, a Ovidio, a Virgilio, a Catulo.

Era todo un camino el que habían abierto los Cuervo: el del trabajo honrado. Ángel fabricaba la cerveza; Rufino José cobraba y llevaba la contabilidad. No bien empezaron a vender y les montaron competencia. Lo de siempre en ese país ladrón donde todo se lo roban: un cable de teléfono, un inodoro, una casa, un verso, una quimera... Sólo que con los Cuervo no pudieron. Raza indolente e inconstante, nunca logró competir con ellos. No le atinaban a la fórmula. Querían fabricar cerveza y les salía chicha. Chicha para que se embrutecieran más. Ángel se dedicaba a la fábrica, Rufino José a cobrar, a luchar por que les pagaran los taberneros. La fábrica la montaron en su casa, una casa que hoy sigue ahí, donde estaba, con sus balcones y sus patios y sus techos con sus tejas bajo la lluvia con sus goteras en el barrio de La Candelaria, donde en las noches, como en la ranchera de José Alfredo, la vida no vale nada. Que eso era antes, que ya cambió, que aquí ya hay muy buenos alcaldes. ¿Antes? ¿Cambió? ¿Buenos alcaldes? A otro perro con ese hueso. Nada en esencia cambia, la mesa es mesa y la piedra es piedra por obstinación ontológica. Para que el país de los violentanos cambiara se tendrían que acabar los violentanos. Y eso, mi querido amigo, está en chino. Empezaron el siglo XX con dos millones y lo acabaron con cuarenta y cinco. El plan hoy es alcanzar y duplicar lo más rapidito posible a China.

Se fueron pues los Cuervo en barco de rueda por el Magdalena rumbo a la Costa Atlántica, y luego en paquebote a Europa a conocer y por allá se pasaron un año. ¡Dónde no estuvieron! ¡Qué no vieron! Fueron a Francia, a España, a Italia, a Suiza, a Alemania, a Escandinavia, a Rusia.

Ángel nos lo dejó contado todo en detalle en un libro, *Viaje a Europa,* título obvio pero incompleto pues también fueron a Tierra Santa y a los reinos del sultán, donde los musulmanes le rezan a Alá cinco veces al día y tienen hasta veinticinco mujeres. Lo que en cambio sí no nos contó Ángel fue el segundo viaje, que es el que a mí me importa: el que para él duró catorce años y para su hermano veintinueve y que para los dos terminó en la muerte, en París. Murieron ambos sin volver. ¿Extrañando a Colombia? Es lo que quisiera saber. ¿Pero cómo? ¿Cómo si lo que nos dejó Rufino José, quitando su diccionario empezado, fueron centenares de cartas de una correspondencia con lingüistas, hispanistas y filólogos de toda Europa? Con Pott, Schuchardt, Volmöller, Blumentritt, Tannenberg, Morel-Fatio, Foulché-Delbosc, Dozy, los más grandes de su tiempo. De esas cartas cuando mucho logramos saber que al llegar los Cuervo de Colombia vivieron en la *rue* Meissonier, que en 1891 se mudaron a la *rue* Bastiat, de la que en 1897, y tras la muerte de Ángel, Rufino José se mudó a la *rue* Largillière, de la que se mudó en 1903 a la *rue* de Siam, de la que se mudó en 1911 a la morada del Altísimo. ¿Quiénes lo acompañaban en el momento de la muerte? Su ama de llaves, tal vez. Y tal vez Juan Evangelista Manrique, el médico, quien había viajado de Bogotá a Europa con los Cuervo en mayo de 1882, tantísimos años atrás, casi treinta. Ese médico, en algún regreso a Colombia, fue el que le dibujó a Silva en el pecho el sitio del corazón, donde nuestro más grande poeta se pegó el tiro. Ángel Cuervo murió el 24 de abril de 1896, y un mes exacto después, el 24 de mayo, se mató Silva. Al día siguiente del suicidio de Silva, Rafael Pombo, acucioso, les daba la noticia a los Cuervo así: «Bogotá, mayo 25, 1896. Angel y Rufino J. Cuervos, París. Dos plieguitos y medio. Suicidio ayer ó antenoche de José Asunción Silva, según unos por el juego de $4,000 de viáticos de Cónsul para Guatemala; por atavismo en parte, mucho por lectura de novelistas, poetas y filósofos de moda. Tenía a mano 'El Triunfo de la muerte' por D'Annunzio y otros malos libros. Ignominioso, dejando solas una madre y una linda hermana, Julia». Y pasa a hablarles de otra cosa el chismoso. ¡Si el acto más noble de un hombre es matarse! En fin, no sabía Pombo que su carta a «los Cuervos» como les decía, en plural, sólo le llegaría a uno de ellos, a Rufino José, en singular. La noticia de la muerte de Ángel venía en camino, subiendo a la altiplanicie de Bogotá en mula, y estaba a punto de llegar, en tanto otra mula, de bajada, llevaba la noticia del suicidio de Silva a París. Y la noticia de la muerte de Rufino José, ¿quién la dio? ¡Juan Evangelista Manrique! Pero ya no por carta pues el progreso había echado a andar y a hacer milagros: por telegrama: «París, 17 de julio de 1911. Presidente-Bogotá. Patria duelo. Murió Cuervo. Manrique». Cuando leí ese telegrama se me salieron las lágrimas. Yo siempre quise a ese señor. El presidente ya no era Caro, que había muerto tres años atrás. Era Carlos E. Restrepo, mi paisano, de Antioquia la Grande. ¿Y en qué pensó Cuervo en el momento en que murió? Sabrá Dios, que es novelista omnisciente de tercera persona y sabe lo que piensan sus personajes. Yo no. Por no dejar, digo que estaba pensando en Colombia, ¿pues en qué más? Oudin, el gramático, murió tratando de resolver un problemita menor de su pequeña ciencia: «*Je m'en vais ou je m'en va?, pour le bien ou pour le mal*», dijo y se murió. En cambio yo creo que a Cuervo, a esas alturas del partido, a un siglo de que naciera la lingüística, no le importaba mucho la gramática. Ya desde hacía tiempo había aprendido que de nada sirve censurar. Lo que yo digo. ¿Conocí París? Conózcalo, si se le antoja, ahí se lo dejo enterito para usted, con «a» o sin ella, disfrútelo. El idioma está tan indefenso como los animales.

Todos los atropellan con impunidad. Y esas dos causas perdidas son las que he tomado como mías, por el gusto de perder. El éxito es para los granujas. Y si no, pásenles revista a los presidentuchos actuales de América a ver si encuentran entre ellos a un señor. Uno solo. Más fácil encontraba Abraham un heterosexual en Sodoma. Gentucita bellaca y ladrona, limosneros de votos mientras suben, masturbadores del pueblo vil; y luego, no bien se encaraman al podio, a hablar, a mentir, a atropellar la verdad y el idioma. Se apoderan del micrófono y no lo sueltan. Unos por cuatro años, otros por seis, otros por ocho pues ya montados ahí se reeligen y se instalan en reelección permanente. Montan su negocito y no los saca d'ái ni misiá hijueputa como dicen en Antioquia.

Pero antes de que se me olvide, otra cosa curiosa: el 26 de diciembre de 1886, año de la Constitución que nos rigió por un siglo, el vapor francés *La France,* que traía a Colombia ejemplares del tomo primero del *Diccionario de construcción y régimen* de Cuervo, se incendió en Martinica. Ahí se le quemaron a Cuervo dos letras: la A y la B. Cómo se puede incendiar un barco con tanta agua en torno no lo sé. En el desierto, pase, ¡pero en la mar, el mar océano! Tal vez porque en el desierto no circulan los barcos: sólo camellos, con musulmanes encima. Casi diez años después del hundimiento de *La France,* Silva habría de naufragar en otro vapor francés, *L'Amérique.* Moraleja: no viajen, paisanos, en barco francés que se hunden. Y por si les sirve el consejo, las azafatas de Air France son unas malcogidas, como dicen en México: de ahí su mal genio impertinente y grosero. No hay que olvidar que la mujer es un ser eminentemente sexual.

Cuervo tuvo pues trato con los más grandes. Con Pott se hablaba de tú a tú, en latín. El latín, claro, no tiene «usted», pero no importa, tan grande era el uno como el otro. Oigan cómo empieza esta carta de Pott a Cuervo, de junio de 1876: «*Quod tu, Vir illustris, non minore cum copia doctrinae quam ingenii acumine compositum nuper abs te opus de patrio tuo sermone Hispano-bogotano voluisti mihi muneris loco tradi: id paucis abhinc diebus per amicum tuum Ezquielem Uricoechea in manus meas pervenisse scito; atque nihil jam antiquius habeo, quam ut tibi pro tanta benevolentia immerita gratias agam quam maximas*». Así empieza. ¿Sí entendieron? Ese Ezequiel Uricoechea que menciona Pott es el amigo común a través del cual se conocen por carta. Alguien ha propuesto que el Instituto Caro y Cuervo se llame Instituto Caro, Cuervo y Uricoechea. ¡Cuál Caro y Cuervo, si eso ya se acabó! A un país asnal lo que hay que enseñarle es el rebuzno. ¡Que rebuzne el Primer Mandatario y que le haga eco el último ciudadano de Colombia para que no se nos vaya a perder la tonada! ¡Dizque la Atenas sudamericana! ¡Ah Miguel Cané pendejo!

Como no sea de enredos de filólogos y gramáticos, poco más sabremos de la vida de los Cuervo fuera de Colombia por ese carterío inmenso que editó el Instituto Caro y Cuervo en el curso de veintisiete años: que Ángel, por ejemplo, iba casi todas las noches al teatro, y que Rufino José se la pasaba en la Biblioteca Nacional consultando ediciones viejas para su diccionario: iba a sacar de unos libros para meter en otro que se iba abultando, abultando, abultando y del que publicó dos tomos y que se le quedó inconcluso, habiendo dado cuenta sólo de la A y la B, la C y la D. El resto de las letras se le quedaron en el tintero. ¡Y hoy, sin encontrar quién me responda, me pregunto tantas cosas! ¿Por qué dejó Cuervo empezado el diccionario si ya tenía todas las fichas para todas las letras? Nadie lee un libro buscado citas sólo para la A sino para las veintiocho letras del castellano, sin contar la doble u o doble ve o como quieran llamar a esa intrusa. ¿E iría a figurar esta arrimada en el *Diccionario de construcción y régimen* de Cuervo? ¿Para poner qué? ¿Wenceslao? Wenceslao no tiene régimen. No rige nada. «Ver», por ejemplo, sí. Y así tenemos que el verbo «ver» rige la preposición «a» cuando tiene un complemento directo de persona, de país o de ciudad. Así como usted no dice: «Vi Wenceslao» sino «Vi a Wenceslao», asimismo no debe decir «Vi París» sino «Vi a París». ¡Carajo! ¿Dónde estás, Rufino José Cuervo? ¿En el cielo? Mira en lo que nos han convertido el idioma, en una porqueriza. ¡Qué bueno que te moriste! En 1911. Muy a tiempo. Si yo hubiera nacido un poco antes, me habría muerto un poco después. ¡Pero ay, nací en pleno triunfo de la medicina, cuando los viejitos siguen viviendo muertos! Y aquí me tienen viendo pasar carros y carros y carros, como las vacas a la orilla de la carretera en un potrero. Y gente.

> Gente y más gente y más gente
> pasa delante de mí,
> ¡qué tan triste es ver así
> la humanidad en torrente!

¡A que no saben de quién son estos versos ripiosos! De Pombo el ignominioso.

Quiera Dios que Cuervo haya recordado a Colombia en el momento de irse, porque lo importante no es lo que uno haya vivido: lo importante es la imagen del momento final, que es la que se lleva consigo a la eternidad el muertico para que allí, instalado en la mullida nada, con toda calma la pueda ir rumiando. ¡Ay de los que mueren dormidos en el momento en que no se sueña porque se irán a la nada con nada! ¿Con nada? ¿O sin nada? ¿Cómo lo diría usted, don Rufino José?

¡Cuánto quisiera saber de él, qué le pasó en París en esos veintinueve interminables años! Escribió cartas y más cartas y más cartas. Dicen que empezaba el día yendo a misa de cinco. ¡Y quién lo vio! ¡Que me lo juren! A lo mejor era ateo. También dicen que fue profesor de sánscrito en la Sorbona, cosa que no es cierto. ¡Qué ganas de inventar las de este pueblo! Un día de éstos me meto en archivos cinco años, diez, quince, veinte, treinta, cuarenta, cincuenta, a buscar a ver qué encuentro. ¿Qué idiomas sabría Cuervo? ¿Latín? Claro. ¿Griego? Por supuesto. ¿Sánscrito? Yo digo que sí. ¿Hebreo? Quizás, tal vez, acaso, a lo mejor, de pronto. ¿Árabe? También. Lo sabía su amigo Ezequiel Uricoechea que le había enseñado alemán en Bogotá y que escribió en Bélgica una gramática del árabe y se la mandó a Cuervo a París, eso sí ya está establecido. Y también que esa gramática árabe no era del todo suya sino de un alemán que él tradujo al francés anotándola, como ya antes había publicado una gramática chibcha que era de un cura de la colonia y que él prologó y adaptó. Los que sí sabía muy bien Ezequiel eran el francés, el inglés y el alemán. Fue profesor de árabe en Bruselas, y murió en Beirut al llegar, en llegandito, como diría un indito. En Beirut se pensaba entregar en cuerpo y alma al árabe. No lo quiso Alá, que es lo contrario de ojalá, que quiere decir, «quiera Alá». Esta interjección la debería usar Benedicto XVI de rodillas con el trasero al aire y mirando a La Meca a ver si se le calman los musulmanes. ¡Qué alborotadita la que le dio al avispero! Y dejen ésa. ¡La que yo le pienso dar! Así que ya saben: cuando digan «ojalá» los puede quemar la Inquisición por herejes. Por lo menos no atropellen el idioma diciendo: «Ojalá y venga» u «ojalá venga». No, eso está mal. Debe ser: «Ojala que venga», según enseñó Cuervo. ¡Claro! Como quien dice: «Quiera Alá que venga». ¡Ay, si hoy viviera Cuervo y oyera en lo que convirtieron esto! ¡Wow! «Wow» es la interjección de asombro que hoy está de moda. La tomaron del inglés. Suena como un perro ladrando. Hasta las interjecciones están anglizadas. Nos putiaron el idioma.

Lo peor de la Tierra es Colombia y lo peor de Colombia es Antioquia. ¿Y lo peor de Antioquia qué? ¿Pablo Escobar? ¡Qué Pablo Escobar! Uribe. Pablo Escobar era un hampón de la calle y murió en su ley. Uribe es un hampón de la política y vive protegido en el palacio de Nariño. Este hombrecito artero llegó al poder engañando, prometiéndole mano firme a un pobre país que se hundía en el más absoluto estado de indefensión, a merced de sus criminales. Ya saben lo que fue la mano firme: la mano tendida a los secuestradores, asesinos y genocidas paramilitares, la mano traidora que les ha estado extendiendo el remilgado a los de las FARC. Don bellaco es un hombre generoso, tiene el corazón muy grande. Colombianos: roben, atraquen, secuestren, maten que aquí tenemos de primer mandatario a nuestro primer alcahueta. No teman ningún castigo que se quedarán impunes, esto es el reino de la impunidad. ¡Y yo que creía que lo más vil que había producido Colombia eran César Gaviria y Andrés Pastrana! ¡Pendejo! Este país se supera.

Desde aquí me sumo a la opinión nacional contra Antioquia. Yo no soy de ahí. Nací en el páramo de Pisba, entre frailejones. ¿Que se quieren independizar esos comemierdas? ¡Déjenlos! Que se independicen a ver cómo le va a ese otro Panamacito. Que muy industriosos ellos, que muy verracos. En trescientos cincuenta años que tiene su ciudad y a quinientos cincuenta de la invención de la imprenta no han podido imprimir ni un solo libro decente. Están a años luz de Gutenberg. Tal vez en el 3000 lo logren. En el 3000, cuando sean ocho mil trescientos cuarenta y cuatro millones de trillones de septillones de antioqueños verracos. Y todos comiendo aire y expulsando viento.

Una vez, que yo sepa, Cuervo pronunció el nombre de Antioquia. Y Silva igual, una sola. ¿Habrán pronunciado también la palabra de luz «Medellín», el espejismo tramposo? Medellín viene de un chiquero de Extremadura, patria chica de Hernán Cortés, el genocida. Pero dejemos esto que voy a sacar cuentas. Silva conoció a los Cuervo de niño, en Bogotá. Cuando se los volvió a encontrar en París tenía diecinueve años, Ángel cuarenta y cuatro y Rufino José treinta y ocho. Jovencísimos todos. Marroquín tenía setenta y tres cuando, aprovechándose de su juventud, le dio el golpe de Estado a Sanclemente, un viejito de ochenta y seis. Murió Sanclemente en Villeta, en tierra templada, dos años después, despojado del bien supremo de los colombianos, la presidencia. Marroquín, amigo de los Cuervo y fundador con Rufino José de la Academia Colombiana de la Lengua, fue también gramático, pero su obra cumbre son unos versos, «La perrilla», que empieza:

Es flaca sobremanera
toda humana prevención
pues en más de una ocasión
sale lo que no se espera.

¡Y claro! Por andar en gramatiquerías y versificaciones este golpista abusivo, abusador de viejitos, dejó perder a Panamá. ¿Dejó perder a Panamá? ¿O dejó perder Panamá? A ver. ¿Cómo se dice? Y otra pregunta: ¿En qué pueden competir los antioqueños con Poe, con De Quincey, con Baudelaire, con Verlaine: en los versos o en la prosa? ¡En la droga! Cuando yo me muera (si es que estoy vivo) ¿quién le dará la noticia de mi muerte a quién? ¿Qué Pombo dirá de mi vida ignominiosa?

¿Cómo pudo vivir Rufino José sin su hermano Ángel quince años? Quince años solo. ¿Y por qué dejó el *Diccionario de construcción y régimen* empezado, en el volumen 2 y en la letra E, si ya tenía el fichero para la totalidad de las letras y el dinero para imprimir la obra completa? ¿Por qué no siguió? ¿Porque se desilusionó de su obra? ¿Porque vio lo inútil que era? Inútil es todo, don Rufino José, la vida misma, que uno llena con otras inutilidades. La máxima locura que ha producido la raza hispánica, por sobre la de don Quijote, es la tuya, tu diccionario, delirante, desmesurado, hermoso con la hermosura que tienen las grandes obras sin sentido ni razón. Pretendiste apresar en siete tomos todo el caudal de tu idioma. Imposible. El idioma es como un río que no agarra nadie. El río fluye y se va. El idioma es fugaz, deleznable, cambiante, pasajero, traicionero. Como Antioquia.

Sólo el Papa y yo tenemos la potestad de canonizar porque desde el Primer Concilio Vaticano sólo él y yo somos infalibles. Wojtyla canonizó a mil quinientos, ya se gastó su cuota. Ahora me toca a mí. El año pasado canonicé a Cervantes en Berlín. Pues esta noche, aquí, en este liceo insigne y en uso de mis facultades plenas y de los privilegios que me confirió el Concilio, canonizo a Cuervo, el más noble y el más bueno de los colombianos. A Rufino José Cuervo, que no odió, que no conoció el rencor ni la envidia, que no ocupó puestos públicos ni tuvo hijos, que amó como un iluso a este idioma y a esta patria lejana. San Rufino José Cuervo Urisarri que desde el cielo nos estás viendo, ¡apiádate de mí!

El palacio embrujado de Linares[*]

Ya sé todo lo que pasa allá, en ese palacio embrujado. Que se descargan las pilas de los relojes y las radios. Que se enamoran los hermanos de las hermanas. Que se caen los restauradores de los andamios. Que se oyen ruidos, que se ven sombras, que se oyen voces.

–¡Ay, ay, ay! –dicen las voces de los dueños desde el interior de las paredes como si llevaran años y años emparedados–. ¡Pobre mi hija, pobre mi padre, pobre mi madre, qué mal nos fue!

¡Claro que les tenía que ir mal! A todo el que le haga caso a la Iglesia católica le va mal. Esta institución o roña está poseída de una envidia sexual rabiosa y no deja vivir. Para ella todo es pecado. Tocar es pecado, mirar es pecado, pensar es pecado, oír es pecado, ver es pecado. Todo para estos malditos tonsurados es pecado. ¡Hasta el inocente incesto es pecado! ¿Y por qué va a ser? Que un hermano se meta con su hermana, ¿qué tiene de malo? ¿A quién le hacen mal? Si un hermano y una hermana tienen frío y sueño y se quieren acostar juntos, ¡que se acuesten! Y si se quieren besar, ¡que se besen! Y si quieren ir más a fondo, ¡que vayan! Y si quieren tener hijos, ¡que los tengan! Pero poquitos, ¿eh?, porque somos muchos: seis mil cuatrocientos millones, según mis últimos cálculos.

---

[*] Presentación de *Mi hermano el alcalde* desde las oficinas de Alfaguara en México enlazadas por teleconferencia con la Casa de América en Madrid, antiguo Palacio de Linares, en julio de 2004.

El incesto es bueno, limpio, barato. ¿Quién teniendo comida limpia y gratis en su casa se va a comer a los restaurantes sucios y caros de afuera? Lo recomiendo mucho. Directamente o *interposita persona*. Pues si los hermanos prefieren amarse a través de otro y deciden meter en medio a un vecino para cocelebrar con él una misa de tres curas o *ménage à trois,* que lo metan, que el sexo entre tres es más divertido. Introduce la variación en la partitura. Es puro Mozart.

La Iglesia católica, que es analfabeta en biología así como en incontables cosas, cree que de la unión de dos hermanos nacen monstruos. Y no. Tal vez en las dos o tres primeras generaciones de cruces entre hermanos se manifieste alguna tara. Pero por la cuarta generación las taras desaparecen. En prueba las cepas de ratones consanguíneos que los genetistas han venido cruzado a lo largo del iluminado siglo XX. Los ratoncitos salen perfectos, blancos, relucientes, hermosos, iguales todos, como clonados. Y sin el más mínimo, mínimo pero mínimo defecto.

Señores curas, obispos, arzobispos y demás: aprendan de genética y de cruces consanguíneos, que en biología ustedes están en pañales. Y no abran el pico para hablar de lo que no saben.

El 21 de octubre de 1872, tras la muerte de su padre Mateo de Murga Michelena, y acabando de regresar de Londres adonde éste lo había mandado a estudiar, José de Murga y Reolid, primer marqués de Linares a quien le debemos el palacio que llevó su nombre y donde hoy funciona la Casa de América, se casó con Raimunda Osorio y Ortega, hija de una cigarrera. Días después del matrimonio, revisando papeles, el marqués encontró una carta que su padre le había escrito a Londres pero que no había alcanzado a enviarle porque la muerte se lo impidió. En ella le revelaba la estremecedora verdad de que Raimunda era su hermana: el fruto

126

de un desliz de juventud que había tenido con la cigarrera. Tal la razón de que hubiera mandado al joven marqués a estudiar a Londres: para separarlo de ella.

–¡Y a buena hora me lo vienes a decir, papá!

Ya era tarde. Cuando José encontró la carta, su matrimonio con Raimunda se había consumado y venía una hija en camino. La hija que nació de esa unión consanguínea fue enviada a un hospicio de Madrid bajo el falso nombre de María Rosales. Ella es una de las voces que se oyen de entre los muros del palacio, la que dice:

–Mamá, mamá, yo no tengo mamá.

Pero sí, su madre era Raimunda Osorio, y su padre José de Murga. El que sí no tuvo madre fue Vincenzo Pecci, alias León XIII, alimaña tonsurada, quien por una de sus bulas hipócritas les permitió a los hermanos cónyuges vivir bajo el mismo techo, mas sin dormir en el mismo lecho. Esto es, les prohibió el acto más esencial del ser humano, que es el ayuntamiento o cópula, por el cual estamos en este mundo, en fantasmas o en no fantasmas, pues sin la comunión de los cuerpos se para la proliferación de las almas.

¡León XIII! Miserable, que impusiste como palabra de Dios la del dominico barrigón y perverso de Tomás de Aquino en tu encíclica falaz *Aeterni Patris,* y les prohibiste a mis amigos José y Raimunda ser felices revolcándose entre las sábanas del mismo lodo, perdón, del mismo lecho. Y lo digo porque José, Raimunda y yo somos amigos. Los fantasmas nos conocemos todos y nos lo contamos todo. También León XIII es hoy un fantasma, pero apestoso: lo vemos venir y nos apartamos de él tapándonos las narices. O la nariz, que de ambas formas se puede decir, aunque yo prefiero la primera.

¡Incesticos a mí! ¡Venirme a mí con semejantes cuentos! Nosotros los fantasmas estamos curados de espantos. Nada nos escandaliza, nada nos indigna, nada nos asombra. Y somos capaces de entenderlo todo. ¿Que dos hermanos se quieren? ¡Quiéranse más! De los sexos que sean. Hombre con hombre, mujer con mujer o mujer con hombre. Y si quieren meter un perro en medio, ¡métanlo! O un caballo. O una vaca. Y donde sea. En una choza o en el palacio de Linares.

Aunque por lo general soy translúcido y mudo, a veces me corporizo y si me piden que hable, hablo; y si me dan cuerda, doy la hora. Espero que lo dicho no les haya llegado como una sábana en jirones desgarrada por el viento que sopla entre América y España. Fantasmas de la Casa de América o palacio de Linares que construyeron dos hermanos, un matrimonio desgraciado: les manda un afectuoso saludo desde México este otro fantasma que les habla.

En el centenario de la muerte
de Rufino José Cuervo*

Bajé en la estación del Père-Lachaise, caminé unas calles y entré en la ciudad de los muertos: tumbas y tumbas y tumbas de muertos y muertos y muertos: Joseph Courtial, Victor Meusy, Georges Visinet, Familia Faucher, Familia Flamant, Familia Morel, Familia Bardin... La lápida del señor Visinet dice: «Administrador de la Compañía de Gas en Saint-Germain-en-Leye, crítico dramático y musical del *Journal de Rouen*, 1845-1914». Murió pues, sacando cuentas, cuando empezaba la Gran Guerra, tres años después de ti, y a los sesenta y nueve años, de dos más que tú. ¿Y ese sargento Hoff de la tumba de enfrente? No tiene lápida ni fechas. Le han levantado en cambio, junto a la tumba, una estatua: la de un soldadito de quepis, fusil en la mano izquierda y saludando con la derecha al cielo. ¿A Dios? Dios no existe, y si existe le salen sobrando los saludos de los soldaditos franceses muertos por la patria y la gloria de Francia. ¡La gloria, la patria! Antiguallas del siglo XIX que dan risa en el XXI. Hoy la gloria es el éxito y la patria un equipo de fútbol. Para ti la patria eran la religión y el idioma. Para mí, la religión del idioma pues otra no he tenido. ¿Pero cuál de tantos, si hay miles? Pues este en que hablo y pienso junto con veintidós países que por sobre la separación de ríos y montañas y selvas y fronteras y hasta la del mar inmenso en cuya otra orilla se

---

* Conferencia dictada el 3 de febrero de 2011 en la Sala de Conciertos de la Biblioteca Luis Ángel Arango de Bogotá.

129

encuentra España todavía nos entendemos. Mi patria tiene mil años y se extiende por millones de kilómetros y nadie la ha querido tanto como tú. Por ti, de niño, aprendí a quererla. Nos une pues un mismo amor.

Ahora voy por la avenida Lateral Sur a la altura de la Décima División y el Camino del Padre Eterno, un sendero. Entonces vi un pájaro negro, hermoso. No, «hermoso» es pleonasmo, sobra. Todos los animales son hermosos. Éste es un cuervo, un pájaro negro de alma blanca que tiene el don de la palabra. Y ahora me está diciendo: «Por allí».

Tumbas y tumbas y mausoleos y monumentos, y fechas sobre las lápidas y epitafios junto a las fechas, infatuados, necios, presumiendo de lo que fueron los que ya no son. Músicos, generales, políticos, escritores, poetas, oradores... Y muertos y más muertos y más muertos. Y los monumentos... Monumento a los caídos en la guerra de 1870 por Francia. Monumento a los soldados parisienses muertos en el Norte de África por Francia. Monumento a los polacos muertos por Francia. Monumento a los combatientes rusos muertos por Francia. Monumento a los soldados españoles muertos por la libertad de Francia. Monumento a los jóvenes voluntarios muertos por la resistencia de Francia... Por lo visto Francia no es una patria: es una masacre. Ah, y esta advertencia majadera en las tumbas de los ricos: *«concession à perpétuité»:* concesión a perpetuidad. O sea que el muerto es dueño de su tumba por toda la eternidad, de Dios o del Big Bang o de lo que sea. ¿Y los pobres, los del común, los que si hoy comen mañana quién sabe, sin tumba a perpetuidad, ésos qué? Se van.

Al llegar a la avenida de Saint-Morys otro cuervo me indicó: «Por ahí». Y cuando desemboqué en la avenida Transversal Primera otro más: «A la derecha». Y luego otro: «A la izquierda». Y de relevo en relevo, de árbol en árbol los cuervos me fueron guiando hasta la División Noventa, un laberinto de senderos y de tumbas. ¿Y ahora? ¿Por dónde sigo? En el paisaje desolado de los árboles sin hojas del invierno y las tumbas con cruces silenciosas que a mí por lo demás nunca me han dicho nada, una bandada de cuervos rompió a volar, cantándole a la incierta vida por sobre la segura muerte. ¿Qué me dicen con sus graznidos y su vuelo? Ya sé. Los cuervos dicen su nombre, dicen tu nombre. Uno se separó de la bandada y se posó sobre una tumba, la más humilde, y me dio un vuelco el corazón: había llegado. Al acercarme a la tumba el cuervo, sin mirarme, levantó el vuelo. En ese instante recordé el del poema de Poe que decía «Nunca más». Los cuervos parecen muchos pero no, son uno solo, eterno, que se repite.

Con la punta del paraguas me di a raspar el musgo que cubría la tumba y fue apareciendo una cruz trazada sobre el cemento. Bajo el brazo horizontal de la cruz, al lado izquierdo, fue apareciendo el nombre de tu hermano Ángel: «... né.... Bogotá». ¿El qué? El 7, tal vez, no se alcanza a leer, «de marzo de 1838. Mort... Paris...» ¿el 24? (tampoco se alcanza a leer) «de abril de...» Falta el año, lo borró el tiempo, pero yo lo sé: 1896, el mismo en que se mató Silva, el poeta, nuestro poeta, y por los mismos días pero en Bogotá, de un tiro en el corazón. Y nada más, sin epitafio ni palabrería vana, en francés escueto mezclado con español. A la izquierda de tu hermano y a la derecha del brazo vertical de la cruz estás tú: «... né en Bogotá el 19 de septiembre de 1844 mort en Paris el 17 de julio de 1911». Así, sin puntuación ni más indicaciones, en la misma mezcla torpe de español con francés como lo estoy diciendo. Me arrodillé ante la tumba para anotar lo que decía y poder después contárselo a ustedes esta noche, y entonces descubrí que sobre el murito delantero habían escrito: «105 – 1896». ¿Ciento cinco qué es? ¿Acaso el número de la tumba de esa línea de esa división? ¿Y 1896 el año en que la compraste para enterrar ahí a tu hermano? Quince años después, el 17 de julio de 1911, alguien te llevó a esa tumba. ¿Pero quién? Inmediatamente a la derecha de la tumba tuya está la de dos hermanas muertas poco después de ti y a escasos meses la una de la otra: Merecedes de Posada, «fallecida en París el 30 de febrero de 1912» y Ercilia de Posada, «fallecida el 25 de septiembre de 1912». ¿Fueron ellas? ¿Eran tus amigas? ¿Colombianas? ¿Y por eso están ahí a tu lado? ¿Cuándo nacieron? No lo dicen sus lápidas. ¿Y dónde? Tampoco. Algún día lo averiguaré, si es que hay para mí algún día. «Dejad que los muertos entierren a sus muertos» dice el evangelio. Habrá que ver.

De los hechos exteriores de tu vida he llegado a saber algo: a los veintiún años escribiste con Miguel Antonio Caro una *Gramática latina para uso de los que hablan castellano*. A los veintidós, tus *Apuntaciones críticas sobre el lenguaje bogotano*. A los veintitrés montaste con Ángel una fábrica de cerveza. A los veintisiete empezaste el *Diccionario de construcción y régimen de la lengua castellana*. A los treinta y tres hiciste con Ángel tu primer viaje a Europa, de un año. A los treinta y seis vendiste la fábrica y de nuevo, con él, te fuiste por segunda vez a Europa, ahora para no volver. Ese segundo viaje de los dos hermanos terminó en esa tumba de ese cementerio del Père-Lachaise que he encontrado cubierta de musgo y de que les estoy hablando.

Y sé las calles de París donde viviste y conozco los edificios: 10 *rue* Saint-Georges, 3 *rue* Meissonier, 4 *rue* Frédéric Bastiat, 2 *rue* Largillière, 18 *rue* de Siam. Y tus barcos. Ese vapor *Amérique* de la Compañía General Trasatlántica en que te fuiste la primera vez y en el que dieciocho años después, frente al muelle de Puerto Colombia acabado de estrenar, habría de naufragar tu amigo Silva, que volvía de Venezuela, de donde te pedía por carta plata. Y el vapor *La France*, que traía a Colombia ejemplares recién impresos del primer tomo de tu *Diccionario* y que se incendió en Martinica... ¡El destino, el hado, el *fatum*, que juega con nosotros y reparte como quiere la baraja!

¿Cómo pudiste vivir veintinueve años lejos de Colombia sin volver? ¿Y quince solo, sin tu hermano a quien tanto amabas? ¿Y quién trajo de París a Bogotá tu biblioteca? ¿Y por qué dejaste el *Diccionario* empezado? Nadie en los mil años de la lengua castellana ha intentado una empresa más grande, desmesurada y hermosa. ¡Molinitos de viento a mí! Tú quisiste apresar un río: el río caudaloso de este idioma. Hoy el río se ha enturbiado, para siempre, sin remedio, ¡pero qué puedo hacer! De los vicios de lenguaje que censuraste en tus *Apuntaciones* ni uno se ha corregido, todos han perdurado. Y lo que estaba bien se dañó, y lo que estaba mal se empeoró, y de mal en peor, empobreciéndose, anglizándose, este idioma que un día fuera grande terminó por convertirse en un remolino de manos. Hoy del presidente para abajo así es como hablan: gesticulan, manotean, y él da el ejemplo. Si lo vieras, tú que conociste a Caro, manoteando en un televisor (una caja estúpida que escupe electrones). Y el antropoide gesticulante, el homínido semimudo que perdió el don de la palabra aunque todavía le quedan rastros evolutivos de las cuerdas vocales, por el gaznate por el que respira o por el tubo por el que traga, no se sabe, invoca el nombre de Dios: «Dios, Dios, Dios, FARC, FARC, FARC», repite obsesivamente como alienado. Tiene un vocabulario escaso, de cien palabras. Mueve los brazos, tiesos, para adelante como empujando un tren. Ah no, ya tren no queda: como empujando a Colombia cual carrito de supermercado. ¡Qué bueno que te fuiste! ¡Qué bueno que no volviste! ¡Qué bueno que te moriste! No hubieras resistido la impudicia de estos truhanes mamando de Colombia e invocando el nombre de Dios. Dios no existirá, pero hay que respetarlo.

Pero no vine a hablar de miserias, vine a hablar de ti, que eras grande. Y de tus *Apuntaciones críticas sobre el lenguaje bogotano* que estudié de niño y que decidieron mi vida: me las regaló mi papá. Mi padre, como dicen los elegantes. Seis ediciones de ellas hiciste y miles las leyeron. Pues en ninguno dejaron tan honda huella como en mí, y por eso esta noche, desde aquí, te estoy hablando. Las estudiaba para aprender a escribir, pero no, para eso no eran: eran para enseñar a querer a este idioma. Y eso aprendí de ti. Nos une pues, como te dije, un mismo amor.

Dicen que con tus *Apuntaciones críticas sobre el lenguaje bogotano* empieza la dialectología en este idioma. ¡Qué va! La dialectología es una pobre ciencia, si es que lo es. En todas las regiones de todos los idiomas se habla con palabras locales. Y no sólo difieren en el lenguaje las regiones, también los individuos. No hay dos que hablen igual, uno es como habla, cada quien es sus palabras. Eso de «bogotano» que le pusiste al título no era más que modestia tuya. Tu libro no era bogotano, valía para toda la lengua castellana, a la que pretendías, con él, salvarle el alma.

¡Cuánta agua no ha arrastrado el río en estos cien años que han pasado desde que te fuiste! Quiero decir para siempre, para el nunca jamás. Para no perderme en un recuento interminable de pequeñeces y miserias, te diré que la patria que hoy preside el de las manos se reduce a esto aparte de él: dos cantantes, hombre y mujer, que berrean bailando con un micrófono; un corredor de carros que hunde con el pie derecho un acelerador; y los once adultos infantiles de la Selección Colombia que mientras juegan van escribiendo con los pies (con sus «pieses»), en el polvo de la cancha, su divisa: *Victi esse nati sumus:* nacidos para perder. Tu Colombia se nos volvió un remolino de manos y pies. ¿Y si el remolino lo convirtiéramos en energía quijotesca, eólica, enchufándoles por detrás baterías a esos molinos de viento? Podría ser...

¡Ah, y se me están olvidando los candidatos! La palabra viene del latín *candidatus,* que a su vez viene de *candidus,* que significaba blanco, porque los que aspiraban a los cargos públicos en la antigua Roma se vestían con una toga blanca. *Candidus* designaba el color blanco brillante (*albus* el blanco opaco) y venía a su vez de *candere,* brillar, arder, del que sacó el español candelabro y candela, la vela, que nos da luz. Ah no, ya no: nos daba. ¡Cuánto hace que se acabaron! Todo pasa, nada queda y se va el tren.

Candidato viene pues de *candidatus,* el que viste de blanco. El *Diccionario de autoridades,* el primero que hizo la Academia Española de la Lengua, lo definía hace tres siglos así: «El que pretende y aspira o solicita conseguir alguna dignidad, cargo o empleo público honorífico. Es voz puramente latina y de rarísimo uso». ¿Honorífico? ¿Y de rarísimo uso? Sería a principios del siglo XVIII, señorías, hoy aquí es moneda falsa de curso corriente tan común como «sicario».

¡Qué impredecible es el idioma, cuánto cambian con el tiempo las palabras! ¡Que «candidato» esté emparentado con «cándido», que quiere decir sin malicia ni doblez, puro, inmaculado, limpio, límpido, albo! Lo negro hoy dándoselas de blanco... Las engañosas palabras, las deleznables palabras, las efímeras palabras que llenaron tu vida, capaces de apresar en su fugacidad cambiante toda la pureza y toda la ignominia.

No mucho antes de que nacieras, y cuando nuestra independencia de España estaba todavía en veremos, ya andábamos matándonos los unos con los otros divididos en centralistas y federalistas. En 1840, cuatro años antes de que nacieras, nos estábamos matando en la Guerra de los Supremos o de los Conventos. En 1851, cuando ibas a la escuela, nos estábamos matando en la guerra entre José Hilario López, liberal, y los conservadores. En 1854, cuando siendo todavía un niño acababas de perder a tu padre, nos estábamos matando en la guerra de los gólgotas contra los draconianos. En 1860, a tus dieciséis años y siendo ya amigo de Miguel Antonio Caro, un joven como tú, nos estábamos matando en la guerra de los conservadores centralistas contra los liberales federales. En 1876, cuando ya habías publicado tus *Apuntaciones críticas* y montado la fábrica de cerveza, nos estábamos matando en la guerra entre los conservadores de la oposición y los radicales del Gobierno. Te fuiste luego a París y siguieron las cosas como las dejaste: en 1885 nos estábamos matando en la guerra entre los radicales librecambistas y los conservadores proteccionistas. En 1895 nos estábamos matando en la guerra entre los rebeldes liberales y el Gobierno de la Regeneración, que había ido a dar a las manos nadie menos que de tu amigo Caro. Entre 1899 y 1902 nos estábamos matando en la Guerra de los Mil Días. El siglo XX empezó pues como acabó el XIX, y así siguió: matándonos por los puestos públicos en pos de la presidencia, supremo bien.

Pasándoles revista a quienes en un momento u otro se cruzaron por tu vida aquí en Colombia antes de que te fueras, me encuentro a: Miguel Antonio Caro, José Manuel Marroquín, Marco Fidel Suárez, José Vicente Concha, Carlos Holguín, Jorge Holguín... Caro, presidente. Marroquín, presidente. Suárez, presidente. Concha, presidente. Los Holguín, presidentes. ¡Carajo! ¿Es que en este país nunca ha habido gente decente? Tu amigo Caro, el latinista, el humanista, el impoluto, de presidente, ¿despachándose con el cucharón? De no creer. Habiéndose manchado Caro las manos con el poder, en el oscuro siglo XIX nuestro sólo brilla una luz: tú. El resto son guerras, guerritas, alzamientos, sublevaciones, revoluciones... Rapiña de tinterillos en busca de empleo público: de un «destino», como se decía hasta hace poco aquí. ¿El destino, que es tan grande, significando tan poca cosa? ¡Bendito el honorable oficio de cervecero que te permitió irte!

Irse, irse, irse. En estos últimos años se han ido cuatro millones. Yo en total he vivido afuera cuarenta y dos años, doce más que tú. Pero tú te fuiste para no volver, y yo he vuelto cien veces. Me voy para volver, vuelvo para irme, y así he vivido, sin acabar de irme, sin poder quedarme, sin saber por qué. En tiempos de Oudin el gramático, el que tradujo por primera vez el *Quijote* al francés y el que escribió la más famosa de las muchas gramáticas castellanas para uso de los franceses que se componían en los siglos XVI y XVII, en francés se usaba «irse» para significar «morirse». Dicen que en su lecho de muerte Oudin se preguntó, planteándose un problema de gramática: *«Je m'en vais ou je m'en va?, pour le bien ou pour le mal»*, y murió. No traduzco sus palabras porque los problemas de gramática no se pueden traducir, son propios de cada lengua. Tenía que ver con nuestro verbo «ir» como pronominal, «irse» para significar «morirse». ¡Qué hermosa muerte para un gramático! ¿Y tú? ¿Cómo te fuiste? Nadie lo ha contado, nunca se sabrá. Desde una tumba humilde del Père-Lachaise cubierta de musgo, un cuervo alza el vuelo sin mirarme. Si cierro los ojos, lo vuelvo a ver.

¿Saben cómo define «destino» el *Diccionario* de la Academia? «Hado, lo que nos sucede por disposición de la Providencia». ¡Cuál Providencia! ¿La que nos manda hambrunas y terremotos? Por Dios, señorías, no sean ingenuos. El *Diccionario* de la Academia es realista, clerical, peninsular, de parroquia, de campanario, de sacristán, arrodillado a Dios y al Rey que fue el que les puso edificio propio. Y acientífico, con *a* privativa. ¡Qué lejos de la obra de arte tuya!

Van los señores académicos por la edición veintitantas, camino de la trigésima, y aunque de todas no hacen una, como no aprenden acaban de sacar su *Gramática:* veinticinco kilos y medio de gramática en dos ladrillos sólidos, compactos. Pa comprarlos hay que llevar carrito de supermercado. Salvo que los adquiera usted comprimidos en un *compact disc...*

La única forma de apresar el río atropellado del cambiante idioma, señorías, es la que se le ocurrió aquí a mi paisano, en una pobre aldea de treinta y cinco mil almas sucias y alcantarillas que corrían por la mitad de las calles, en un momento de iluminación: el *Diccionario de construcción y régimen de la lengua castellana.* ¿Saben dónde está la genialidad suya? En que volvió al diccionario una gramática y a la gramática una obra de arte. La que no había ni soñado nadie: ni Nebrija, ni Valdés, ni el Brocense, ni Salvá, ni su admirado Andrés Bello, que era lo mejorcito que había producido esta América hispana antes de que apareciera él. El idioma no cabe en un diccionario ni en un manual de gramática porque es escurridizo y burletero, y cuando uno cree que lo tiene en las manos se le fue. ¿Y en un diccionario que fuera a la vez léxico y gramática? ¡Ah, así la cosa cambia! Así la cosa es otra cosa. Cabe porque cabe. Y ése fue el hallazgo de mi paisano, iluminado por Dios. Ahí tienen el *Diccionario de construcción y régimen de la lengua castellana* en prueba del milagro y de la maravilla que había llegado a ser, de tumbo en tumbo, en mil ochocientos cincuenta tumultuosos años este idioma antes del remolino de manos. Ahí están el Cid, el Arcipreste, la Celestina, Cervantes, don Juan Manuel, Quevedo, Garcilaso, los Argensola, el padre Mariana, Saavedra Fajardo, Moratín, Larra, Jovellanos, y todo apresado en unos cuantos centenares de monografías de palabras, pero eso sí, palabras claves, que viene del latín *clavis,* que significa «llave», que es la que abre las puertas: un diccionario histórico y sintáctico a la vez en que el léxico se vuelve gramática y la gramática historia, la de una raza. Con esas palabras claves, palabras mágicas, se forman los miles y miles de expresiones y frases hechas que es lo que en última instancia son los idiomas. Vocablos prodigiosos de los que mi paisano iba a hacer surgir, porque sabía que estaba encerrado en ellos, el genio de la lengua castellana. Como en *Las mil y una noches* Aladino (un niño travieso y libertino, un bribonzuelo proclive a todos los vicios y muy dado a la pillería, la rebeldía y la maldad) hace surgir de una lámpara vieja, con tan sólo frotarla, el genio caprichoso del Islam. Señorías: ¿cómo es que dice el lema de su Academia? ¿«Limpia, fija y da esplendor»? ¡Cómo van a pretender ustedes fijar un idioma, eso sería matarlo! Un río que no fluye está muerto. No se dejen embaucar por las palabras porque las hay engañosas y hasta el más listo cae. De un tiempo para acá, en las sucesivas ediciones de su *Diccionario,* que nunca estuvo bien pero que se podía medio arreglar, por alcahuetería y manga ancha de ustedes me están dejando entrar en él, sancionadas con su autoridad, entre anglicismos y anglicismos las palabras más espurias, más malnacidas, más bastardas, sin velar por lo que la Providencia les confió. De lo que se trata es de impedir que nos empuerquen el río, no de fijarlo. Aprendan de las *Apuntaciones* de mi paisano y de su *Diccionario.* Se me paran en la orilla del río, señorías, y cuidan de que nadie, pero nadie nadie, y cuando digo nadie es ni el Rey, tire basura al agua: un toper por ejemplo, o un CD, o un spray, un celular, un bolígrafo, un *qué* galicado, un condón...

Voy a contar ahora una historia hermosa con final triste que empieza hace cuarenta años, cuando llegué a México, y acaba catorce años después, en el terremoto que me tiró el piano a la calle, un Steinway, y me tumbó la casa mientras zarandeaba a la ciudad de los palacios como calzón de vieja restregado por lavandera borracha. Me habían ponderado mucho las librerías de anticuarios que hay en las calles de Donceles y República de Cuba en el centro, inmensos cementerios de libros viejos, de libros muertos, y por desocupación fui a conocerlas. Entro a una de tres pisos, enorme, le echo un vistazo ¡y qué veo! Un par de libros grandes que me llaman desde un estante: los dos tomos de la edición francesa, la primera, y por casi un siglo la única, del *Diccionario de construcción y régimen de la lengua castellana* de mi amado paisano que dejó en él media vida, impresos en París por Roger y Chernoviz bajo su cuidado y pagados con su plata, corrigiendo el pobre durante años, día y noche, erratas y más erratas en una jungla de letras menuditas y mil signos tipográficos: el uno de 1886 y el otro de 1893. Fue el destino, señorías, la Divina Providencia como lo llaman ustedes, y yo estoy equivocado, siempre he estado equivocado, y ustedes tienen la razón. Son dos volúmenes en octavo y a dos columnas compactas: el primero con las letras A y B, de 900 páginas; y el segundo con las letras C y D, de 1348 páginas. Pensé en Wojtyla, Juan Pablito, el muy amado, y me lo imaginé curioseando en una tregua de sus viajes en los archivos vaticanos y que se encuentra ¿qué? La carta de Cristo a Abgarus, el toparca, el rey de Edesa, de la que nos habla el obispo Eusebio, el primer historiador de la Iglesia, escrita en siríaco (una especie de arameo), diciéndole que no va a poder ir porque lo está llamando el Padre Eterno, pero que le va a mandar a uno de sus discípulos, muy confiable, para que lo cure. Casi caigo muerto. «¿Y cuánto valen los dos tomos, señor?», le pregunté angustiado al librero, sabiendo que no tendría nunca con qué pagarlos. «Tanto», contestó el viejo malhumorado: una bicoca. Respiré. Saqué humildemente los billetes del bolsillo de mi ropa rota y se los di. Me está volviendo a palpitar el corazón descontrolado ahora y se me van a volver a salir las lágrimas. Apreté los dos volúmenes contra el pecho, salí y me fui, a mi casa, a guardar como un tesoro mi tesoro.

Pero como no todo en esta vida es dicha... Corrió el tiempo y llegó el año infausto del 85 y con él el terremoto, que empezó suavecito, suavecito y fue *in crescendo*. Tas, tas, tas, iba cayendo de la alacena de la cocina loza: vasos, tazas, platos, copas, cucharones, cucharas... El pandemónium. El cuarto, la sala, la cocina zarandeándose (que viene del onomatopéyico «zaranda»). Las paredes se agrietaron, los vidrios se rajaron, los techos se cuartearon, el sanitario se vació. ¿Y el Steinway, qué pasó? ¿Qué pasó con el Steinway negro mate abrillantado día a día con amor y con aceite 3 en 1 y que habías comprado nuevecito en una devaluación por otra bicoca? Pues el Steinway negro mate abrillantado día a día con amor y con aceite 3 en 1 y que había comprado nuevecito en una devaluación por otra bicoca, como vino se fue: por el ventanal de la calle a la calle, siete pisos abajo que se cuentan rápido: uno, dos, tres, cuatro, cinco, seis, siete: do, mi, sol, do... Cayó sobre el pavimento de la avenida Ámsterdam dando un acorde esplendoroso que mi oído absoluto de inmediato reconoció: Tónica. Do mayor.

¿Y el diccionario, dónde acabó el diccionario? Donde acabó el piano. En mi recuerdo adolorido una nube de polvo asciende ahora del pavimento del mismo modo, pero en sentido contrario, como cae un telón.

En lo que va desde que te fuiste, tres cosas nobles respecto a ti, que dicen bien de Colombia: una ley de 1911 y de un Gobierno conservador que para honrar tu memoria ordenó que te esculpieran una estatua: la que hoy está en el jardincito de enfrente de tu casa, allí abajito en la calle 10, antigua calle de la Esperanza, en este barrio de La Candelaria, obra del escultor francés Verlet. Dos: una segunda ley, de 1942 y de un Gobierno liberal, en virtud de la cual se creaba el Instituto que lleva tu nombre con el fin de continuar y difundir tu obra. Felicitaciones, honorables congresistas de Colombia, liberales y conservadores, representantes y senadores, desinteresados padres de la patria. Si en algo los he ofendido alguna vez, retiro mis palabras. Cincuenta y dos años después de la segunda ley, unos cuantos apóstoles de tu obra que ya murieron, trabajando con fe en ti, con devoción y amor a tu obra, terminaron en 1994 tu *Diccionario*. Y en fin, el 28 de octubre de 2006 a las ocho de la noche y en el Gimnasio Moderno de esta ciudad, durante las celebraciones de unos malpensantes que ni lo eran tanto, ante quinientos cincuenta humanos y veinte perros silenciosos, un loquito de estos que produce la tierra te canonizó. Que en sus doscientos años de historia, dijo, este país no había producido uno más bueno ni más noble ni más generoso ni más bondadoso y de corazón más grande que tú. Ese mismo, en Berlín, un año antes, en el Instituto Cervantes, había canonizado a Cervantes. Que con ustedes dos, dice, se inicia un nuevo santoral, uno verdadero, de verdaderos santos. El problema que tiene ahora es que como el año tiene 365 días y se necesita un santo para cada día, sin repetir, le están faltando 363 santos y no encuentra con quién seguir.

Ah, y que cuando llegue a la presidencia, a la plaza central de esta Atenas suramericana capital del país de los doctores la va a volver a llamar con su antiguo nombre, Plaza Mayor, como debe ser, y le va a quitar el del venezolano sanguinario y ambicioso que le pusieron en mala hora. Y que el bronce de ése, que le esculpió Tenerani, lo va a mandar, junto con la espada colgante que lleva al cinto y que nunca usó, a hacerle compañía a Stalin y a Lenin en el basurero de las estatuas. Para ponerte a ti. Yo digo que no, que afuera a la intemperie como vulgar político no: adentro, en la catedral, en vez de un falso santo.

¿A cómo estamos? ¿A 3 de febrero de 2011 con «de»? ¿O del 2011 con «del»? Ya no estás y no tengo a quién preguntarle. Desde niño te llamé diciéndote de «don», que es como te decía Colombia. Puesto que mi señora Muerte en cualquier momento me llama, permíteme llamarte ahora tan sólo con tu nombre para contarte que aquí, a ti, el más humilde, el más bueno, el más noble de nosotros, el que no conoció el rencor ni el odio pues sólo la bondad cabía en su corazón generoso, que no ocupaste cargos públicos ni le impusiste la carga dolorosa de la vida a nadie, aquí ya todos te olvidaron. Yo nunca, Rufino José.

La ceguera moral*

La foto impúdica que publicó *El País* el domingo en primera plana del rey Borbón y otro cazador, ambos con escopetas y atrás de ellos el elefante que acaban de matar me produjo, ¡otra vez!, un sentimiento que en mí se ha vuelto recurrente: asco a la humanidad. Yo he visto de niño las fotos de los decapitados de mi país, en hileras de decenas, y a veces de centenares, de campesinos conservadores o liberales descalzos (pues entonces no tenían ni con qué comprar zapatos) y con las cabezas cortadas a machete y acomodadas a los cuerpos a la buena de Dios: eran las del enfrentamiento entre el partido conservador y el partido liberal colombianos, que a mediados del siglo que acaba de pasar se estaban exterminando en esa guerra civil no declarada que conocimos como la Violencia, así, con mayúscula como se pone en España el «Rey», y que incendió y devastó el campo de Colombia. Ninguna de esas fotos me produjo tanto dolor, tanta perturbación como ésta del periódico español. Tal vez porque desde niño no quiero a los seres humanos pero sí a los elefantes. O tal vez por lo que enmarca la foto: arriba el nombre del periódico, *El País,* el único que ha llegado ser transnacional en nuestro idioma pues ni *La Nación* de Buenos Aires, el diario de los Mitre, con lo grande que fue, lo logró: trascender las fronteras nacionales para ir a los cuatro rumbos del ámbito hispánico, por sobre el mismo mar. Y de-

---

* Artículo publicado en *El País* digital el 17 de abril de 2012.

bajo de *El País,* el encabezado, el titular, insulso, banal, perverso: «El Rey es operado de la cadera el caerse en un safari en Botsuana». La tragedia era ésa, que el Rey con mayúscula se había roto la cadera en un safari, no que acababa de matar a un animal hermoso, inocente, que ningún daño le había hecho. Para *El País* la matanza de animales grandes por diversión en África es un simple «safari»: para mí es un asesinato. Y adentro del periódico, llenando dos páginas, la crónica banal del percance y otra foto del Rey con el mismo cazador y adelante de ellos dos búfalos que acaban de matar. «Un destino habitual para la caza mayor –dice el correspondiente titular–. España es de los países que más trofeos de grandes especies importan de África. Matar un elefante en Botsuana sale por más de 44.000 euros». Y que los médicos le han tenido que colocar al Rey una prótesis que sustituye la cabeza del fémur y la zona donde ésta se ensambla con la pelvis», etc., en ese tono neutro, imparcial, que es el que le corresponde a un gran periódico. De entonces acá, en las horas que han pasado, ha venido la condena en las redes sociales del Internet de muchos españoles indignados porque el Rey se está gastando el dinero público en diversiones cuando España pasa por uno de sus peores momentos, o porque la Casa del Rey no le informó al presidente de su viaje, o por razones así. ¿Y es que alguna vez le informó a alguien cuando se iba a Rumanía a cazar osos con Ceausescu? Todavía en 2004, tiempo después de la caída del tirano, seguía yendo a lo mismo. El 12 de octubre de ese año el periódico *Romania Libera* de Bucarest informó de su cacería en la región rumana de Covasna, al pie de los Cárpatos, en que mató a escopetazos a nueve osos, una osa gestante y un lobo y dejó malheridos de bala a varios otros animales que medio centenar de ojeadores le iban poniendo a su alcance de suerte que los pudiera abatir sin riesgo alguno. Varios miembros de la policía secreta rumana disfrazados de campesinos e infiltrados entre los ojeadores protegían de los osos y de cuanto peligro se pudiera presentar al distinguido personaje. La cacería o masacre tuvo lugar del viernes 8 de octubre al domingo 10 y la organizó la empresa Abies Hunting, experta en «safaris». El Rey había llegado al aeropuerto Otopeni de Bucarest en su jet privado, y escoltado por diez patrullas de la policía y varios vehículos de acompañamiento protocolario se había trasladado a las cabañas que tenía antes Ceausescu para sus cacerías en la región. Los lugareños de Covasna le depararon al rey español un cálido recibimiento folclórico vestidos con trajes típicos y lo agasajaron con palinca, un aguardiente de ciruela.

Así que lo de matar animales grandes como el elefante y los búfalos de la semana pasada no es cosa nueva: le viene de lejos al Rey. Y se la va a dejar de herencia, junto con un dineral, a su nieto, quien se acaba de herir un pie por andar jugando con escopetas. ¿Qué irá a cazar este niño cuando crezca y le permitan sus padres ir de cacería? ¿Elefantes? ¿Osos? ¿Búfalos? Ya no van a quedar. Para entonces su abuelo habrá acabado con todos. Aunque las posibilidades que tiene el niño en cuestión de reemplazar andando el tiempo a su abuelo en su altísima dignidad son pocas, alguna hay. Estaría perfecto ahí, como fabricado a la medida del puesto. Es el rey que se merece España, el país que despeña cabras desde los campanarios de sus pueblos para celebrar, con la bendición de la Iglesia, la fiesta del santo patrono.

La imagen y la palabra*

Yo he vivido en el error. Lo sé ahora que voy de salida de esto y miro hacia atrás, hacia el pasado, y recuerdo los veinte años que viví para el cine, convencido de que era no sólo el séptimo arte sino el primero, la suma de todas las artes con que soñó Wagner y el gran lenguaje. Si hoy volviera a nacer no caería en semejante equivocación. Sólo que el condicional es un tiempo ingenuo pues a nadie le es dado volver al pasado a enmendar errores. Así que lo vivido vivido está y lo hecho hecho, y las películas que vi y que hice ya las olvidé. O casi. Hablo pues ahora de cosas que dejé atrás y de recuerdos vagos que para mí ya no tienen importancia y que estoy en proceso de borrar de la computadora. Hablo pues, como quien dice, para ayudarme a olvidar.

¿Cuándo se empezó a decir que esa curiosidad de feria que debutó compitiendo en la oscuridad de una sala con la linterna mágica era un nuevo arte? No sé exactamente cuándo, pero ya era opinión común en 1915 y 1916, los años en que Griffith estrenó sus películas *El nacimiento de una nación* e *Intolerancia*. Vale decir, a tan sólo veinte años de la famosa función en los sótanos del Grand Café del Boulevard de los Capuchinos en París, en diciembre de 1895, cuando los hermanos Lumière le dieron a conocer al mundo el nuevo

---

* Palabras para presentar en la Cineteca de México la película *La Virgen de los sicarios* dirigida por Barbet Schroeder.

147

invento, la maquinita inmóvil de vistas móviles en virtud de la cual la gente, los animales y los carruajes de las fotos fijas de Daguerre se empezaron a mover. Y dejen los carruajes, ¡el tren! Ese tren que se nos vino encima echando humo y resoplando por la Gare du Nord a los espectadores aterrados del sótano oscuro del Grand Café. ¡Qué espléndido momento ese del cine, el primero!

Mucho camino iba recorrido ya desde las «escenas de la vida real» de los Lumière, peliculitas de diecisiete metros y una sola toma que duraban un minuto a lo sumo, hasta las ambiciosas «obras de arte» de Griffith constituidas por centenares de tomas unidas en la edición, miles y miles de metros que duraban dos o más horas. Y he aquí la esencia del cine. La esencia del cine está en esto: en el empalme de muchas tomas o planos filmados en distintos momentos (a la distancia de horas, de días, semanas o meses o años) con distintos ángulos de la cámara. Que la cámara se mueva o no es secundario. Hitchcock, que fue un tomador de pelo, para burlarse de la esencia del cine filmó en 1948 *The rope (La soga),* en una sola toma que duraba ochenta minutos, la totalidad de la película. La filmó haciendo maromas de suerte que al cambiar los magazines de la cámara de filmación no se notaran los cortes. Pero *The rope* es una película única, como su única toma. Lástima que ya no viva Hitchcock, porque si no le podríamos proponer que volviera a filmar *La soga* tal cual la hizo, en una sola toma, pero sin mover la cámara, al estilo de los Lumière. Y es que los Lumière nunca movieron la cámara. Salvo una vez, inadvertidamente, cuando uno de sus camarógrafos se puso a filmar a Venecia desde una góndola y la góndola se movió y con ella se movió la cámara realizando el primer *travelling.* Pero los Lumière ni cuenta se dieron del descubrimiento. Y el hallazgo de que también la cámara se podía mover al igual que se movía lo que tenía enfrente pasó durante muchos años desapercibido (y así seguía en tiempos de Griffith) porque lo esencial del cine no era que la cámara se moviera, sino que diversas tomas se empalmaran en la edición para contar una historia. Y esto, el lenguaje del cine, fue lo que pocos meses después de la función del Grand Café inventó Méliès. Méliès, el del *Viaje a la luna*.

La Patagonia, el fin del mundo*

Yo lo único que sé de la Patagonia es que queda por allá: abajo, abajo, en el culo del mundo. En cuanto al fin de éste, ¡qué va! ¡Si falta mucho para que se acabe el milenio! Estamos en el año 243 de la era de Mozart, que es por quien me oriento yo. Yo cuento a partir de Mozart, que era un genio, y no de Cristo, que era un loco. O sea que para que a mí se me acabe el milenio y explote esto todavía me quedan faltando 757 años, que pienso dedicar a aprenderme de memoria la Enciclopedia Espasa. ¿Y los chinos? ¿Qué vamos a hacer con los chinos? He ahí el problema. Ni idea tengo de cómo vamos a lidiar 757 años con billones, trillones, cuatrillones de chinos robándose secretos nucleares y amenazando con bombas atómicas al que abra la boca para chistar. Nos van a hacer la vida imposible. Nos van a poner a todos a comer arroz.

Después, por fin, un día, el planeta explotará. Y qué bueno porque todo se tiene que acabar en esta realidad de pesadilla de la que brotan hongos alucinógenos y atómicos. Todo se acaba, todo pasa: la gente, las casas, las calles, los barrios, las ciudades, los países... Y los mundos también: hacen ¡pum! ¡Fantástico! ¡Que venga el apocalipsis y que vuele esto en fuegos de artificio! Total, el plan creador de Dios resultó

---

* Conferencia dictada en De Balie, Ámsterdam, en el Festival de Literatura y Cine Latinoamericano dedicado al tema «La Patagonia y el fin del mundo», con motivo del cambio de milenio en el año 2000.

un fracaso, y el quinquenal del Partido Comunista ni se diga. Cien millones mataron estos desgraciados con el cuento de la igualdad y miren en lo que pararon: Rusia de limosnera carcomida por la mafia; Yugoslavia hecha una colcha deshilachada de retazos; Corea del Norte hambriada: tendiendo la mano y gruñéndole al que le da de comer como si estuviera contagiada de rabia. Y Cuba... ¡Pobre Cuba! Pisoteada durante décadas por un déspota barbudo. Barbudo y falaz, falaz y adulador, adulador y traidor, torturador, narcotraficante y carcelero. Un energúmeno alucinado y asesino como no ha nacido otro igual en América. ¡Y miren que hemos producido engendros! Machado, Batista, Somoza, Trujillo, Melgarejo, el Doctor Francia, Estrada Cabrera, Ubico, Juan Vicente Gómez, Rosas, Leguía, Stroessner, papá Doc, baby Doc y muchos otros hijos de sus malas madres de los que ustedes en Holanda no han oído hablar, pese a lo cual existieron. Es que el hombre por naturaleza es malo. El hombre nace malo y la sociedad lo empeora.

Pero lo peor de lo peor hoy día es este Papa, esta antigualla de mente estrecha, perverso como no se lo soñó en su peor pesadilla Lutero. Movido por un afán protagónico incoercible que le pica día y noche la Patagonia del trasero, va este pavo real demagogo de país en país a que lo vean, predicando contra el condón y el homosexualismo en todas las lenguas conocidas, que le sopla al oído la paloma políglota del Espíritu Santo. El año entrante la paloma lo va a poner a hablar en árabe en Iraq. ¡Hasta musulmán nos va a resultar ahora este tartufo! ¿Y del odio que atizó el cristianismo por siglos contra el Islam qué, ya se olvidó de él? Se olvidó como se olvidó de los crímenes del comunismo en Cuba. Hace un año andaba en La Habana abrazado al tirano barbudo. El año entrante nos lo mostrarán abrazando en Bagdad al Ladrón de Bagdad. Judas abrazando a Judas. Dios los hace y ellos se juntan.

Ésta es la hora del protagonismo, de los granujas que van y vienen, suben y bajan diciendo lo que sea con tal de que los vean. ¡Qué importa! Enterremos todo principio y razón porque no hay razón para ellos. Y que quede la verdad eterna de la Iglesia donde quedó el comunismo: bajo tierra, que es donde debe estar. A la salida del aeropuerto de La Habana había hace años, cuando fui por primera vez a Cuba a conocerla, a conocer su democracia perfecta, una valla inmensa que le anunciaba al que llegaba: «La Revolución es eterna». Fidelillo, retardadillo mental, granujilla, ¿todavía está esa valla, o ya la quitaste por la visita del Papa? Lo único eterno aparte del Tercer Reich es la eternidad.

Pero vuelvo a la partición del tiempo, que es por lo que hoy me dio. ¿Por qué ha de partir la historia de la humanidad en dos este buen hombre de Cristo? ¡A ver! ¿Qué ópera maravillosa compuso? ¿Don Giovanni? ¿La Flauta Mágica? ¿El Rapto del Serrallo? ¿Qué misa, qué cantata, qué réquiem? ¿A quién le dio trabajo, qué industria fundó, qué inventó? ¿El salvavidas? ¿El sacacorchos? ¿Los tenis Reebok? Nada, nada compuso, nada inventó, puro cuento. ¿Que es la segunda persona de la Santísima Trinidad? Pues si es así, ¿dónde estaba entonces hace tres millones y medio de años cuando nuestra abuelita Lucy, el *Australopithecus afarensis,* se paseaba en pelota en Etiopía por el valle de Hadar? ¿En qué limbo? Toda una persona de la Santísima Trinidad con dos mil años apenas, ¿no se les hace muy sospechoso?

¿Que hizo ver a un ciego? Sí, pero cuántos ciegos no hay hoy en este mundo. Millones. ¿Que hizo andar a un cojo? Sí, pero cuántos cojos no hay hoy en este mundo. Millones. ¿Que multiplicó los panes y los peces cuando el Sermón de la Montaña? Sí, pero una sola vez. No volvió a repetir el truco y se llevó su secreto el muy egoísta a la tumba. Y miren hoy, por su culpa: millones de hambreados en Somalia,

152

Biafra, Etiopía, por allá, por allá, por todas esas Patagonias. ¿Que resucitó a Lázaro? ¿Y por qué no resucita a los diez mil millones de muertos que yacen hoy bajo la tierra vueltos polvo de gusanos? ¿O es que Lázaro tenía algo de especial que lo hacía resucitable? *Eligible for resuscitation?* Si uno resucita a uno, por justicia tiene que resucitar al resto. Hay que ser parejo con el prójimo, o si no ¡qué religión es ésta! ¡Claro! Como al que llegó a trabajar tarde le pagó lo mismo que al que llegó a trabajar temprano...

Y si por sus frutos los conoceréis, he aquí lo que ha producido en dos mil años el que lo ha dicho: los adopcionistas, los apolinaristas, los arrianistas, los docetistas, los donatistas, los macedonianistas, los monofisitas, los monotelistas, los montanistas, los nestorianistas, los pelagianistas, los socianistas, los jansenistas, los agnoítas, los marcionitas, los husitas, los cristológicos, los iconoclastas, los predestinacianos, los antitrinitarios, los albigenses, los valdenses, los gnósticos, los maniqueos... Herejías y más herejías, caos y más caos. Y fanatismo, sectarismo, bizantinismo, cerrazón del alma. Un continente entero, Europa, y después América, poseídos por la locura religiosa colectiva levantando patíbulos y encendiendo hogueras: las de la Inquisición, las de la Reforma, las de la Contrarreforma, prendidas con la leña de la ignorancia y atizadas con un ventarrón de ira en nombre de las más necias vacuidades teológicas. Semejante explosión de odio no la habría conocido la humanidad si no hubiera existido Cristo. ¿Y vamos a volver a levantar ahora, sobre las ruinas del comunismo, el espejismo necio de su estrecho amor?

Nunca he podido entender a Cristo. Quiero pero no puedo. Y como no puedo no lo quiero. Por eso, aunque nací en su religión y en ella me bautizaron, su pasión jamás me ha sacado una sola lágrima. En Semana Santa, en la procesión de la Dolorosa el Viernes Santo por la noche, la más hermosa de Medellín, mi Medellín, mi lejano Medellín, entre el río de cirios y de velas que avanzaba devoto y compungido por las calles de mi barrio, iba yo de niño con una velita disimulada e hipócrita quemando por detrás viejas. Les encendía las faldas. «¡Ay, ay!», gritaban como si les doliera mucho la pasión de Cristo. Es que yo de niño no quería ser policía ni aviador ni bombero como los demás niños de Colombia, ni presidente de los Estados Unidos como los niños de ese país infantil. No. Yo lo que quería ser era malo, pero bien malo: Papa. Y así, soñando con que me sentaba en el trono de san Pedro travestido de mujer (que es como anda él), ante el espejo del tocador de mi mamá y vestidito con su vestido morado que le sacaba a escondidas del ropero, con la cara empolvada de blanco como un sepulcro blanqueado (que es lo que es él), me ensayaba en echar la bendición. Bendecía para acá, para allá, para arriba, para abajo, para la derecha y para la izquierda, para el suelo y para el techo, *urbi et orbi,* y créanme que la bendición me salía muy bien, muy suelta, como firma de notario firmando escrituras. Cómo no me volví travesti con esa ropa de mi mamá es lo que todavía no entiendo. Pero mientras uno viva y camine y quiera todos los caminos están abiertos, máxime ahora que ando de vuelta en Holanda por donde pasé de muchacho hace muchísimos años y estuve una noche en un bar, un bar inmenso a la orilla de un canal, en el que se desafiaban todos los tabúes y que se me quedó más grabado que Rembrandt en el recuerdo: el D.O.K. ¿Todavía estará? Si todavía está, esta noche vuelvo a desandar los pasos.

Y vuelvo a Cristo, a este hombre raro, contradictorio, rabioso, loco, ilógico. Contradictorio, por ejemplo. El que aboliendo la ley antigua, la ley del talión, la del ojo por ojo y diente por diente, propuso el precepto de que cuando a uno le dan una bofetada en una mejilla hay que volver la otra, es el mismo que dijo: «No he venido a traeros la paz sino la espada». Entonces ¿quién carajos lo entiende? ¡Claro que hay que traer la espada! Y el cuchillo también, para que el que a cuchillo mate a cuchillo muera. Querer abolir la Ley del Talión es la ocurrencia más desquiciada y dañina que haya tenido una mente humana desde que el simio arbóreo bajó del árbol. No se puede construir una sociedad sobre la impunidad como no se puede construir un edificio sobre un pantano. El delito hay que castigarlo: al que le saque un ojo a otro se le sacan ambos, y al que entierre a otro vivo se le entierra dos veces vivo en el mismo hueco con el mismo muerto. Otra cosa es negar la posibilidad de que el hombre viva en sociedad y consagrar la impunidad sobre la faz de esta tierra. El hombre nace malo: hay que enderezarlo a palo.

¿Y por qué hacerse colgar de una cruz? ¿Es que era masoquista, o qué? ¿Un masoquista gay de *dark room*? ¿Y cómo es eso de que «Quien no está conmigo está contra mí»? He ahí toda una declaración de soberbia. Y después dicen que era humilde. ¿Y cómo así que «El que quiera venir en pos de mí, que se niegue a sí mismo»? Esta exigencia de adhesión total a su persona ¿no se les hace la misma de cualquier tiranuelo corriente de hoy día, un Saddam Hussein, un Kadafi, un Castro? ¿Y por qué sacar a fuete a los mercaderes del templo? ¿La segunda persona de la Santísima Trinidad dejándose llevar del pecado capital de la ira como cualquier hijo de vecino en Medellín? ¿Porque se estaban ganando la vida los pobres vendiendo sus baratijas? Bolígrafos, radiecitos de transistor, condones... ¿Y qué quería que se pusieran a hacer? No hay trabajo hoy en Jerusalén con todo y el turismo de tres religiones, ¡iba a haber entonces! Jerusalén ha sido siempre una ciudad tercermundista, con una economía informal de vendedores callejeros (corríjanme si me equivoco). Si Cristo no quería que los mercaderes comerciaran en el templo, ¿por qué no los hizo ricos? Se lo hubiera pedido a su papá, a la primera persona de la Santísima Trinidad, al Padre Todopoderoso que le había hecho llover a Moisés maná del cielo. Que les lloviera ahora denarios de oro a los mercaderes del templo. Quien puede hacer el bien lo tiene que hacer. Si no a mí no me simpatiza. Por eso no me simpatiza el Padre ni me simpatiza el Hijo. En cuanto al Espíritu Santo, ganas no me faltan desde hace tiempos de comérmelo en un caldito apetitoso, calientico, de paloma. Caldo de Espíritu Santo a las finas hierbas: con tomillo, abracadabra, perejil...

Y si Cristo era tan bueno, ¿por qué en los treinta y tres años que vivió no derramó ni una sola lágrima de compasión por los animales? Los animales, nuestro extenso prójimo, que sienten y sufren como nosotros, y que con nosotros comparten el sueño, la enfermedad, el dolor, el hambre, la sed. Y las sequías, los ciclones, los incendios, los terremotos y demás calamidades de esta tierra, de esta vida, de esta pesadilla de Dios que está loco. Hay como mucho en los Evangelios una piara de cerdos de la que Cristo dizque sacó al espíritu inmundo de Satanás. ¡Imposible! ¡Falso! Un cerdo es un animal hermoso. En su almita limpia, pura, inocente, no se puede meter un espíritu inmundo por incompatibilidad de caracteres. Hay rechazo inmunológico. Yo quiero a los cerdos: mis hermanos los cerdos. Yo quiero a las ratas: mis hermanas las ratas. Yo quiero a las vacas: mis hermanas las vacas. Y los perros abandonados de este mundo me parten el corazón.

Y en este punto hago una pausita para dirigirme a los protectores de los animales, que redimen en parte el horror del género humano, y a quienes desde aquí les mando mi saludo y decidida bendición. Especie que se extingue, amigos, especie que deja de sufrir. Que se extingan los cóndores, que se extingan las ballenas, que se extingan las focas, que no haya más osos polares, que no sufran más. Que sólo quede en este planeta el *Homo sapiens,* este simio bípedo y depredador, para que acabe de arruinar a sus dos patas la Tierra, y que al final se coman los unos a los otros en un banquete antropofágico. Y que empiecen por el Papa, por este azuzador de la proliferación de la peste humana. Ah no, mejor no. Este Papa debe de saber horrible. Carne vieja, carne dura, carne tiesa. ¡Uf! ¡Qué asco, qué porquería! Comámonos mejor a los ecologistas del Greenpeace que se ven más apetitosos y que son otros mentirosos: lo que quieren es preservar esto para su bípeda especie y que los elijan al parlamento de no sé qué.

¡Qué intuición la de Linneo cuando metió al simio del *Homo sapiens* con los otros simios en el orden o jaula de los primates! Hoy la biología molecular, la última de las ciencias biológicas, nos enseña que el genoma del hombre coincide en el noventa y nueve por ciento con el del chimpancé, y en el noventa y ocho por ciento con los del orangután y el gorila. ¿No se les hace muy raro? ¿Y que el ciclo menstrual de la hembra del chimpancé coincida también con el de la mujer? Pues no se les haga tan raro porque somos un mismo animal, un pobre simio, un simio necio, un simio puerco, un simio alzado. Y especialmente lujurioso, qué le vamos a hacer, reconozcámoslo, todo el año: otoño, invierno, primavera y verano. Pues aparte de este asunto de la lujuria que en el simio humano, por contraposición a los demás animales, es permanente y no da tregua, después de quince años que me he pasado estudiando biología hoy sinceramente no alcanzo a ver mayor diferencia entre una mujer y una vaca, como no sea que una vaca con cinco tetas da más leche que una mujer con dos. Y sin embargo seguimos experimentando con los animales como si no sintieran, como si no sufrieran, y a nuestros hermanos los simios les seguimos inyectando el virus del sida para que paguen en su inocencia por los desenfrenos de los maricas y los *junkies* de esta civilización podrida, de este planeta sin redención. ¡Su Santidad, usted que es enemigo de los homosexuales impida que siga este atropello!

¡Pero qué sabrá Su Santidad de biología ni qué amor va a tener por los animales si no lo tuvo Cristo-Dios! ¿Sabrá por lo menos esta eminencia tonsurada que proviene de un óvulo fecundado por un espermatozoide? Porque lo que era Pío IX, el infalible, no lo sabía: en 1870, cuando promulgó el dogma de la infalibilidad del Papa, no lo sabía, pues la fecundación del óvulo por el espermatozoide la descubrió Oscar Hertwig cinco años después. ¿Cómo entonces se pudo declarar infalible semejante ignorante? Éstos son los atropellos de la ignorancia a la inteligencia, los agravios de la Iglesia a la razón que no tienen cuento, y que seguirán mientras un rebaño tonto le siga llenando las plazas y los estadios a un pastor ciego, a un impostor. Y hablo no sólo de nuestra América Latina tercermundista atestada de pobres cada día más hambreados, sino también de Polonia, Francia, la próspera Europa.

Durante casi toda su historia el hombre ha vivido en la oscuridad. Sólo a fines del siglo XVII, a través de los ojos de Leeuwenhoek y sus lentecitos pulidos biconvexos, vio por primera vez el espermatozoide humano. En 1827 Von Baer descubrió el óvulo de los mamíferos, y en 1875 Hertwig constató la fecundación del óvulo por el espermatozoide en el erizo de mar. Entonces y sólo entonces el hombre conoció su origen inmediato: provenimos de un óvulo fecundado por un espermatozoide. Antes de Hertwig nadie lo sabía.

Que no lo hayan sabido el farsante de Pío IX, el loco Cristo, el fanático Mahoma o el impostor de Darwin a mí no me inquieta. Pero que no lo hayan sabido Sócrates ni Platón ni Aristóteles ni Homero ni Confucio ni Buda el iluminado... Y no lo supo Descartes, no lo supo Kant, no lo supo Newton, no lo supo Shakespeare, no lo supo Goethe, no lo supo Alejandro, no lo supo César, no lo supo Napoleón... Ninguno de los fundadores de las más extendidas religiones, ninguno de los grandes pensadores, ninguno de los grandes conductores de pueblos que llenaron unos y otros con el estrépito de sus armas y de sus palabras infladas de viento la Historia lo supo. Pues hoy ya conocemos no sólo nuestro origen inmediato como individuos y el de nuestra especie, sino que hemos empezado a entrever de dónde proviene la vida entera: de una primera célula que se formó sola en la organosfera, sola sin la intervención de Dios, Yavé, Alá, el tremebundo señor del rayo de muchos alias que dizque hizo esto.

Yo nací, sin pedirlo, en la religión de Cristo, y en ella me bautizaron: en su versión más quemadora de herejes y de brujas, la católica, la más cerril, la más malvada. Pero en ella no me pienso morir. Yo me muero en la impenitencia final con mis hermanos los herejes que se atreven a pensar y con mis hermanas las brujas, las alquimistas, las herbolarias, que pican en un crisol a Dios con espárragos y de la mezcla sacan al Demonio, Nuestro Señor Satanás. El Demonio, que es el que hizo esto y le salió tan entretenido. ¡Qué aburrición un mundo hecho por Dios, qué tedio eterno! Cantándole todo el tiempo con los angelitos a ese viejo malgeniado... En una hoguera de la Santa Inquisición y en lo más hondo de mi alma, arde Giordano Bruno todavía.

La mejor forma de reconciliar para siempre a católicos y protestantes es que se olviden unos y otros de Cristo. Y la mejor forma de reconciliar para siempre a judíos y mahometanos es que los unos se olviden de Yavé, y los otros de Alá. Moisés, Cristo y Mahoma son los tres seres más dañinos que ha producido la humanidad en los últimos tres mil años. Les sigue Marx, que va de cuarto. En nombre de la religión se han cometido crímenes sin cuento, decía el filósofo latino Lucrecio tratando de abolirla. Y eso que este pobre filósofo sólo conoció a los dioses griegos y latinos, mansas palomas llenos de debilidades, de simpatía, de defectos, de humanidad. No conoció al viejo todopoderoso de ceño fruncido que preside la Capilla Sixtina. No supo del enfrentamiento del Islam con el cristianismo ni de las posteriores guerras de religión.

Les hubiera querido hablar esta tarde de Colombia, mi país, el más fantástico, donde cuatro millones de poetas andan sueltos por las calles cantando en verso libre en medio del diálogo de las metralletas. ¡Pum! ¡Pum! ¡Pum! Balas que vienen de aquí, balas que vienen de allá. Cae uno a la derecha, cae otro a la izquierda. Y así esforzándonos, superándonos, vamos controlando la población. Pero el tema de este Festival es el de la Patagonia, de la que nada sé. Sé que queda por allá, abajo, donde termina el mundo, o si prefieren arriba donde empieza, porque el frío quema. Y que por el estrecho de Magallanes, que está allí, pasó hace siglos en un barquito frágil este viajero, surcando el mar océano. Pido excusas por mi ignorancia, y disculpas al que hubiera podido ofender, pero agradezcan que no dije más porque hablaban otros dos esta tarde. Gracias por la atención que me han prestado y por la invitación a este país de Erasmo el tolerante, espíritu libre, *praeceptor mundi*, luz de su siglo, faro en la oscuridad.

La verdad y los géneros narrativos[*]

Escribe Heródoto en su *Historia:* «Me veo obligado a decir aquí lo que siento, pues aunque bien sé que con ello he de ofender o disgustar a muchos mi amor a la verdad no me deja que la calle y disimule. Si asustados por el peligro los atenienses hubieran desamparado su región, o si quedándose en ella se hubieran entregado a Jerjes, no habría habido ninguna nación que se hubiera atrevido a oponerse por mar al rey» (VII, 139). ¡El amor a la verdad! ¡Pero a cuál de todas se refiere, si las verdades son muchas! La verdad cambia según las épocas, los idiomas, las religiones, las personas, y no bien pasan los hechos éstos se embrollan en las memorias, y las palabras que dijimos o que dijeron otros se las lleva el viento. La verdad no existe; existen muchas verdades, cambiantes, una para cada quien y según el momento. De todas formas, la preocupación por la verdad era cosa nueva en los tiempos de Heródoto, pues Homero nunca la tuvo.

Los géneros literarios se pueden dividir en dos grandes tipos: enunciativos, como la poesía, y narrativos, como la epopeya, la historia y la novela. Si se entiende por verdad la correspondencia de lo dicho con lo sucedido, sólo a estos últimos concerniría el asunto. La epopeya, de la que surgieron los otros, hace mucho que murió (porque los géneros literarios también se mueren, como las personas). La historia,

---

* Ensayo publicado en el anuario Conjuntos: Teorías y Enfoques Literarios Recientes, UNAM, 1996.

que empieza justamente con Heródoto, ha ido depurando con los siglos sus procedimientos para que éstos por lo menos no se revelen mentirosos. Y a la novela no le ha importado nunca el asunto. Leer novelas es un acto de fe. Y ni se diga si son de tercera persona. Y es que el autor desde Homero, el primero que tiene nombre propio, se ha ido convirtiendo más y más con el correr de los siglos en el ser omnisciente que lo sabe todo, que lo ve todo, que recuerda todos los diálogos y detalles como Funes el memorioso, y que penetra los sueños y los pensamientos como Dios Padre. A contracorriente de esta propensión a la omnisciencia siguen existiendo la historia y sus géneros anexos de la biografía, la autobiografía y las memorias como formas menores de la literatura, con su visión limitada de los hechos, que es la de quien sólo tiene cinco sentidos, o sea el hombre común. Por eso hoy el género máximo de la literatura es la novela, cuyo gran principio es el de la ficción, el de la realidad inventada. Y he ahí la razón de la omnisciencia. Puesto que el novelista es quien inventa la realidad en su novela, tenemos que aceptar que pueda ver hasta en los más recónditos rincones. Si no quiere ver en todos, como a veces pasa (con Hemingway por ejemplo), es porque se las da de remilgado. Pero estoy hablando de la novela en tercera persona. La de primera persona es otro género menor y por la misma razón que dije de la historia, porque el novelista que dice «yo» sólo puede tener también una visión limitada de las cosas, y lo que exige el lector –el lector ferviente, que cree en Dios– es que le cuenten todo, todo, sin importarle que le inventen. Así ha sido siempre, incluso desde antes de que el lector fuera lector y la literatura fuese lo que dice su etimología, *litterae,* letras, desde los tiempos de Homero, cuando los lectores eran oyentes y los libros palabra viva, aedos de carne y hueso, pues aún no existía en Grecia la escritura y las obras se transmitían de boca en boca, así como después de que los griegos adoptaran el alfabeto de los fenicios habrían de transmitirse de manuscrito en manuscrito, para finalmente transmitirse de edición en edición tras la invención de la imprenta. El poeta épico ya no existe más. En cuanto al historiador y el novelista en primera persona, no han sido convidados al gran banquete. Si se cuelan y algo les toca son los mendrugos.

Tratándose de narraciones, la verdad es la correspondencia de lo dicho con lo sucedido, y a ella se contrapone la mentira. Definida así, es asunto sólo de la historia, y ni siquiera de la novela en primera persona. Puesto que la novela, de primera o de tercera persona por igual, es invención, no cabe hablar de verdad en ella, y donde no cabe hablar de verdad tampoco cabe hablar de mentira. En la novela, la verdad y la mentira son dos espejismos que se anulan. Un novelista inventivo no es un novelista mentiroso. Es un novelista a secas. Mentiroso sería el historiador que inventara. Como inventa por ejemplo Heródoto, padre de la historia y de la prosa, cuando intercala en su obra discursos enteros en estilo directo:

> Después de la rendición de Egipto y cuando ya estaba para mover su ejército contra Atenas, Jerjes reunió una asamblea extraordinaria de los grandes de Persia a fin de oír pareceres y exponer él mismo lo que tenía resuelto. Reunidos ya todos les dijo: «Magnates de Persia: No penséis que intente ahora introducir nuevos usos entre vosotros...» (*Historia*, VII, 8).

Y transcribe a continuación el largo discurso de Jerjes a sus súbditos. Tal discurso es inventado. Los hechos de que viene hablando Heródoto en el pasaje en cuestión ocurrieron en el 484 antes de nuestra era, que es ni más ni menos el año en que se cree que él nació. Nació en Halicarnaso, Asia

Menor, en momentos en que Jerjes, de cuarenta años, se hallaba bastante lejos de allí, en Egipto o en Persia. ¿Cómo pudo Heródoto, el niño recién nacido, haber oído a distancia ese discurso que habría de reproducir décadas después en su *Historia*? Dotes tan excepcionales y memoria tan prodigiosa no las tuvo Funes el memorioso al que aludí y de quien nos hablan Quevedo y Borges. Además, Jerjes habló en persa, no en griego jónico, que es en el que le hace decir Heródoto el discurso. En esto el padre de la Historia coincide con Cecil B. De Mille el cineasta, que pone a hablar a Moisés en *Los diez mandamientos* en inglés de Eisenhower.

Cuando termina Jerjes su discurso en griego, le responden en esta misma lengua sus súbditos y parientes Mardonio y Artabano, y sus respuestas le toman a Heródoto otras páginas más. Lo que procedía era que Heródoto, si tanto era su amor a la verdad, hubiera expresado las palabras del rey y los otros en estilo indirecto. Total él ya conocía el procedimiento:

> Observando esto los lacedemonios les preguntaron por medio de un mensajero quiénes eran y de dónde venían. Respondieron ellos al enviado que eran los minias descendientes de aquellos héroes de la nave Argos que habían desembarcado en Lemnos y allí los habían engendrado. Oída esta relación y viendo los lacedemonios que sus huéspedes eran de la raza de los minias, pregúntales de nuevo a qué habían venido a su tierra y por qué habían dado aviso de su arribo con las hogueras. A lo que contestaron ellos que echados de su tierra por los pelasgos volvían a la de sus padres, cosa que les parecía muy puesta en razón (Ibid., IV, 145).

La costumbre de intercalar en la narración discursos inventados y de escenificar episodios con diálogos en estilo directo, como tantas cosas de la literatura de Occidente, viene de Homero. De él, de esos debates y arengas que llenan la *Ilíada* y la *Odisea,* las tomaron Heródoto y demás historiadores de la Antigüedad (en la parte conservada de su obra Tito Livio inserta más de cuatrocientos de esos discursos ficticios), olvidando que lo que ellos estaban haciendo era historia, historia verdadera compuesta en prosa y consignada por escrito, para siempre, en el papel, y no leyendas orales, de las que se había servido Homero y que habían llegado a él de boca en boca y de generación en generación desde un remotísimo pasado, fijadas bien que mal en las memorias con la ayuda del hexámetro. La mala conciencia de los discursos inventados se trasluce en un pasaje de la *Historia de la guerra del Peloponeso* de Tucídides donde el autor reflexiona sobre su oficio:

> Respecto a los discursos pronunciados ante la inminencia de la conflagración o durante ella, ante la dificultad de rememorar sus propios términos, tanto los que yo oí como los de los informes de otros, he formulado la elocución que me pareció más apropiada a las circunstancias, ciñéndome estrictamente al pensamiento general de lo realmente pronunciado (I, 22).

Aparte de numerosas cartas y tratados de paz reconstruidos o inventados, inserta Tucídides en su obra treinta y nueve de esos discursos textuales, entre ellos uno de los más famosos de la literatura universal: la larga oración fúnebre que pronunció Pericles durante las exequias de los primeros atenienses caídos en la guerra. Que pronunció Pericles pero que reinventó Tucídides para la posteridad. De Pericles, que pasa por ser el más grande orador de la Grecia antigua, no se ha conservado ni un solo discurso. ¿No le deberá a Tucídides parte de su mérito de orador? Por lo demás, en la misma

Historia de la guerra del Peloponeso Tucídides transcribe otro discurso de Pericles, pero en estilo indirecto:

> Pericles, hijo de Jantipo, proclamó ante la asamblea de los atenienses que si bien Arquidamo era huésped suyo, esto no implicaría ningún perjuicio para la ciudad, pues si por ventura los enemigos no devastaran sus casas y sus tierras igual que las de los demás, él haría donación pública de ellas; que nadie abrigara sospecha por tal motivo. Ante la situación creada, reiteroles las anteriores prevenciones: apercibirse para la guerra y llevar intramuros cuanto tuvieran en la campiña; que en vez de aventurarse a campo abierto se resguardasen en la ciudad y la defendieran; que no se olvidasen de los aliados, pues –insistía– de las aportaciones de éstos dependía su pujanza; y que, como norma general, la prudencia y los medios monetarios eran los que asegurarían la victoria. Les exhortó a confiar... (II, 13).

Y en este tono continúa Tucídides un buen espacio reportando los consejos de Pericles a sus conciudadanos, en un estilo indirecto que, traducido, suena por momentos al estilo indirecto libre que en la segunda mitad del siglo XIX pusieron de moda Gustave Flaubert y otros novelistas franceses. ¿Por qué no hizo Tucídides de todo este pasaje un discurso más, como suele en su libro? Ninguna razón había para que los hiciera en las otras treinta y nueve ocasiones y no en ésta. A partir de César y hasta que no se generalizó la costumbre de servirse de documentos y archivos, la tendencia de los historiadores fue la de abstenerse de las palabras textuales. En la *Guerra de las Galias* son contados los casos de diálogos en estilo directo, y sólo por excepción se inserta una arenga inventada, la de Critognatos (VII, 77), cuya esencia ha debido de conocer César, autor y protagonista de la obra, por algún desertor del ejército enemigo, pues él personalmente no pudo haberla oído hallándose en el campo opuesto. César repite incluso un largo discurso suyo, propio (I, 40), en un estilo indirecto que también semeja al indirecto libre de Flaubert, en el cual jamás se dice «yo».

Junto con los discursos inventados desaparecieron de la Historia los episodios escenificados con diálogos, que hoy perduran sin embargo en la novela –la de tercera y la de primera persona por igual– como un procedimiento fundamental del género. Ésta es la herencia más persistente de Homero, de quien nos queda también el verso, si es que se pueden llamar versos, por su distribución vertical, a esa pedacería de frases de los poetas de hoy. Pero para no desviarnos por más tiempo de Heródoto y de su amor a la verdad, volvamos a su sucesor Tucídides, que también la invoca:

> Quizá estos relatos sin fantasías agraden menos al oyente, pero me conformo con que los consideren provechosos quienes desean saber la verdad de los acontecimientos pasados para anticipar los futuros, que serán iguales o semejantes dada la humana condición (Ibid., I, 22).

¡Qué historiador no invocará la verdad, si la invocan hasta los novelistas, que la inventan! «Yo sólo cuento verdades probadas y no te cabrán dudas cuando llegues a la ciudad de Tesalia más próxima donde todos hablan de los sucesos en cuestión, pues pasaron a la vista de todos», dice Apuleyo por boca de Aristomeno en *El asno de oro,* que está más inventado que la *Odisea,* si es que cabe. ¡Verdades «probadas»! El calificativo es genial. Si hay algo que no existe en *El asno de oro* son verdades; todo en él son mentiras y para eso está, para eso lo hicieron y por eso ha quedado. Poco antes de la frase citada, Apuleyo le había hecho reprochar a Aristomeno por su compañero de viaje: «Sí, tu mentira es tan verdadera como pretender que un encantamiento mágico pueda hacer remontar los ríos hacia sus fuentes, encadenar e inmovilizar el mar, detener los vientos e impedirles que soplen, apagar el sol, secar el rocío de la luna, arrancar las estrellas, suprimir el día y prolongar la noche». A lo cual Lucius, el protagonista, le replica: «Tú has endurecido tu corazón contra lo que tal vez es la verdad. Deberías saber que son las opiniones hechas, los prejuicios, los que quieren que se considere como mentira todo lo novedoso, todo lo que se ve por primera vez, y en general todo lo que va más allá de los alcances de nuestro entendimiento». Y le cuenta al incrédulo que acaba de ver en Atenas, con sus dos ojos, ante el pórtico de Pecile, a un prestidigitador tragarse un sable y clavarse hasta lo más hondo de las entrañas un venablo y otros portentos. Este Lucius es quien después va a ser convertido en asno por haber querido penetrar en los misterios de la magia, y quien narra en primera persona el libro en su conjunto. Y digo en su conjunto porque al comienzo Lucius le cede la palabra a Aristómeno, con quien se acaba de encontrar, para que éste cuente una historia, y Aristómeno a su vez se la cede a cierto Sócrates, con quien a su vez se encuentra en su historia, para que éste a su vez cuente la suya. Son pues relatos dentro de otros relatos, como cajitas chinas metidas en serie las unas dentro de las otras. De modo similar habrán de plantearse un milenio después *Las mil y una noches,* mil historias contenidas todas en una sola, la inicial y la final de Sherezada, si bien ahora la totalidad de los relatos, incluyendo el de Sherezada misma, están contados en tercera persona y no en primera, como en el libro de Apuleyo. ¿Y Apuleyo, ese escritor latino de origen africano que vivió en el siglo II de nuestra era, dónde está en *El asno de oro*? En estos tres distintos narradores de primera persona con

168

que se inicia su obra y que se van pasando de uno a otro la pelota de la mentira se esfuma Apuleyo, como desaparece en Atenas ante el pórtico de Pecile, dentro de su propio cuerpo, el sable del prestidigitador.

Suelen distinguir los teóricos de la literatura en las novelas escritas en primera persona entre el autor y el narrador como si éstos fueran dos personas distintas en un solo «yo», a la manera de las de la Santísima Trinidad, que son Tres en Una. Yo enfocaría la cosa de un modo más simple: en *El asno de oro* el autor y el narrador son uno solo, Apuleyo, cuya primera mentira es hacerse llamar en su libro Lucius, en los diálogos. ¿Por qué más bien no le dicen Apuleyo sus interlocutores? ¿E igual en todas las novelas en primera persona empezando por el *Satiricón,* que inaugura el género, anterior a *El asno de oro* en cien años y cuyo autor, Petronio, se hace llamar Encolpio en los diálogos? Lo que pasa es que la palabra «mentira» es de la vida diaria, y a la mentira en la literatura se le llama «ficción». La novela es invento, mentira, de cabo a rabo, y éste no es ningún descubrimiento. Lo que sí está menos dicho, si es que lo está, es que un género cuyo apogeo habría de darse en obras escritas en tercera persona (y pienso en Balzac, Dickens y Dostoievsky) haya nacido con dos libros escritos en primera: el *Satiricón* y *El asno de oro* justamente.

La primera persona no entró sin embargo en la literatura de Occidente con la novela de Petronio, sino casi un milenio atrás, en sus comienzos mismos, aunque subrepticiamente, en un diálogo, en un diálogo de uno de esos episodios escenificados que llenan buena parte de los poemas homéricos. Hacia la mitad de la *Odisea,* principiando el canto IX y en respuesta a las preguntas que le ha hecho a fines del canto anterior el rey de los feacios, Alcínoo, de quién es y de dónde viene, Ulises cuenta su historia a partir de la caída de Troya.

169

«Soy Odiseo, hijo de Laertes –empieza diciendo–, y al partir de Ilión me llevaron los vientos a Ismaro». Y así, en primera persona, se va arrastrando su relato por todo el canto IX, por el X, el XI y el XII. Los episodios más famosos de la *Odisea* son precisamente los que narra Ulises con su propia voz en estos cuatro cantos: su encuentro con los lotófagos, su aventura con el cíclope Polifemo, su llegada a la isla de Eolia, la bruja Circe que convierte a sus compañeros en cerdos, el viaje al Hades, las sirenas, los monstruos marinos de Escila y Caribdis y las vacas sagradas del Sol. En el canto XIII Homero retoma la palabra y vuelve a la narración en tercera persona: «Dijo así y todos ellos guardaron profundo silencio, y en la sala sombría arrobados estaban de oírle...»

Para fines del siglo VI antes de nuestra era, cuando los diascevastes de Atenas hicieron la primera edición crítica de Homero y fijaron el texto de sus dos epopeyas, ya los griegos habían adoptado plenamente la escritura alfabética de los fenicios, ya había surgido la prosa y dejado de ser necesario el hexámetro para salvar del olvido al relato. El primer género en prosa fue la historia, y sus primeros cultivadores los logógrafos, los antecesores de Heródoto, de los que sólo quedan fragmentos. Pero de Heródoto perviven los nueve libros completos de su *Historia,* que fue el modelo para todos los historiadores de la Antigüedad. Pues bien, en Heródoto y sus sucesores vuelve a aparecer, tímidamente, aquí y allá en el curso del relato, la primera persona. Sólo que quien dice «yo» ahora no es un personaje, como lo es Ulises hablando en la obra de otro, en el poema de Homero, sino el autor mismo del libro que tiene el lector en las manos. Se trata de una primera persona fugaz, en singular o en plural, que yo llamaría «primera persona del autor», que aparece aquí y allá, y cuyas funciones son varias: respaldar unas informaciones, introducir unas reflexiones, o simplemente apuntalar el relato. He aquí unos ejemplos tomados de la *Historia* de Heródoto:

> Sea de ello lo que fuere, así nos lo cuentan al menos los persas y los fenicios, y no me pondré yo a decidir entre ellos inquiriendo si la cosa pasó de este u otro modo. Lo que sí haré, puesto que indiqué ya quién fue el primero que injurió a los griegos, será seguir con mi historia (I, 4). De esta manera, vuelvo a decir, tuvieron los Mermnadas el cetro que les quitaron a los Heraclidas. De todos los bárbaros, hasta donde sé, fue Giges el primero que después de Midas, rey de Frigia, dedicó sus ofrendas en el templo de Delfos. Pero ya que en el largo espacio de treinta y ocho años que duró su reinado ninguna otra hazaña hizo de valor, contentos nosotros con lo que llevamos referido lo dejaremos aquí (I, 14).

Y así, tímidamente, aquí y allá, va apareciendo en el curso de la *Historia,* para desaparecer al instante, una primera persona en singular o en plural que representa al autor, a Heródoto ni más ni menos, que es quien responde con su propio nombre por la veracidad de la obra: «La publicación que Heródoto de Turio va a presentar de su historia busca principalmente que no llegue a desvanecerse con el tiempo el recuerdo de los hechos públicos de los hombres, ni menos a oscurecerse las grandes y maravillosas hazañas tanto de los griegos como de los bárbaros». Tal el comienzo de la *Historia.* Esto es: Yo, Heródoto de Turio... Y de modo similar empieza Tucídides, su sucesor, la *Historia de la guerra del Peloponeso:*

> Tucídides, ateniense, historió la guerra sostenida entre peloponesios y atenienses, iniciándola apenas estalló,

por estimar que fue trascendental y memorable entre todas las anteriores. Fue ésta la conmoción más grande que afectara a los griegos y a parte de los bárbaros, y aun diríamos que casi al mundo entero. En cuanto a los sucesos inmediatamente anteriores y los de más antigüedad, es imposible someterlos a una investigación confiable dada su lejanía; pero autorizado por los testimonios más fidedignos pienso que no revistieron tanta trascendencia (I, 1).

Los sucesos «inmediatamente anteriores y los de más antigüedad» a que Tucídides se refiere son los que había historiado su antecesor Heródoto, ni más ni menos que las guerras médicas y la guerra de Troya, y que a él no le parezca que revistieron trascendencia es cosa suya, pero por lo menos ahí está él con su nombre para respaldar tal opinión, con la que podemos estar o no de acuerdo. Los nombres de Heródoto y Tucídides iniciando sus obras equivalen al del autor puesto arriba del título en la carátula de los libros modernos, la cual no existía en los de la Antigüedad.

Así pues, el «yo» de la narración histórica tiene nombre propio, el del autor, una persona real, no un personaje inventado. Por contraposición obsérvese que ni una sola vez en toda la *Ilíada* y la *Odisea* Homero, o quien las haya compuesto, dice «yo». Es que el autor de la epopeya es el mismo narrador omnisciente de la novela en tercera persona (*Madame Bovary* por ejemplo), que a diferencia del historiador pero al igual que el Ser Supremo está en todas partes sin dejarse ver, y que no sólo sabe lo que dicen sus personajes sino lo que piensan:

Dijo así Aquiles y sintió una infinita congoja y pensó dos cosas: sacar su aguda espada y abrirse paso entre todos y matar al atrida, o calmarse y dejar que se disipara su cólera. Mientras tales ideas revolvía en su mente y sacaba la espada llegó a él Atenea (*Ilíada,* canto I). El corazón y las rodillas le temblaron entonces a Ulises y se decía gimiendo: «¡Ay de mí! Cuando Zeus ha querido mostrarme la tierra y he podido por fin salvar este abismo, afuera hay peñascos agudos y braman impetuosas contra ellos las olas. No tengo forma de salir sin que me envuelva una ola que me estrelle contra las rocas» (*Odisea,* canto V).

He aquí en este par de ejemplos de la *Ilíada* y la *Odisea,* traducidos en prosa, al narrador omnisciente de la novela en tercera persona de hoy en día. En uno se nos dice lo que piensa Aquiles en estilo indirecto, y en el otro lo que piensa Ulises en estilo directo. ¿Quién nos lo dice? ¿Homero? ¿Un mago sabelotodo? ¿Dios Padre? No se sabe. Vaya Dios a saber quién fue el que se les metió en sus cabezas a Aquiles y a Ulises para poder luego contárnoslo. La gran diferencia entre la epopeya y la novela es que aquélla, por haberse tenido que transmitir oralmente, fue compuesta en verso para ayudar a la memoria; mientras que la novela, transmitida por medio de un texto escrito que no requiere de la memoria, está compuesta en prosa. Una diferencia más habría, pero no la revelan los procedimientos empleados, y se refiere a la verdad: los hechos que cuenta la epopeya sí ocurrieron pero han sido mitificados; los que cuenta la novela no ocurrieron y han sido inventados.

Frente al narrador omnisciente de la *Ilíada* y la *Odisea* que penetra hasta los pensamientos, he aquí unos cuantos ejemplos de las limitaciones del historiador:

Cuál fue la lengua que hablaban los pelasgos no lo puedo decir con seguridad (Heródoto, *Historia,* I, 57). Cuanto llevo dicho hasta aquí es lo que yo mismo vi, lo que supe por experiencia, lo que averigüé con mis pesquisas; lo que iré refiriendo en adelante lo oí de boca de los egipcios, aunque entre ello mezclaré también algo de lo que vi con mis ojos (Ibid., II, 99). Por lo que concierne al número fijo de la población de los escitas, no encontré quién me lo supiera decir con precisión, y en cambio sí muchas divergencias entre los diversos informes (Ibid., IV, 81). No estoy en realidad tan informado de los acontecimientos como para poder contar detalladamente de algunos capitanes, ya sea de los bárbaros, ya sea de los griegos, cuánto se esforzaron en la contienda (Ibid., VIII, 87). La tutela de una mujer de ánimo superior como Lavinia bastó para conservarles su importancia a los latinos, y a aquel niño el trono de su abuelo y de su padre. No aseguraré (¿quién puede asegurar algo frente a hechos tan remotos?) si se trata de Ascanio o de algún otro niño nacido de Creusa antes de la destrucción de Troya. A Ascanio le sucedió su hijo Silvio, nacido, ignoro por qué razón, en medio de los bosques (Tito Livio, *Historia Romana,* I, 3).

Pero más que respaldar unas informaciones o introducir unas reflexiones, la gran función de la primera persona de autor de los libros de historia es la de apuntalar el relato:

En adelante trataré de lo que el pueblo romano, libre ya, hizo en la paz y en la guerra; de sus magistrados anuales y del imperio de sus leyes, más poderoso que el de los hombres (Tito Livio, Ibid., II, 1). En los cinco libros anteriores dejo consignada la historia de Roma desde su fundación hasta la toma por los galos. Con mayor claridad expondré en adelante los acontecimientos, tanto internos como externos (Tito Livio, Ibid., VI, 1).

Inventada por Heródoto, si no es que por los logógrafos, la primera persona de autor se convirtió en un recurso
establecido del género de la historia:

> Sería prolijo referir en detalle todas estas atrocidades, y
> me limitaré a dar sólo una idea general con algunos ejem-
> plos (Suetonio, *Vidas de los Césares,* Tiberio, 61). Hasta
> aquí he hablado de un príncipe; ahora hablaré de un
> monstruo (Ibid., Caligula, 22). Sé por muchos que esta-
> ba convencido de que ningún hombre es absolutamente
> casto ni está exento de mancha corporal, y de que la ma-
> yor parte de los hombres saben disimular y ocultar sus vi-
> cios (Ibid., Nerón, 29).

De esta primera persona de historiador es un ejemplo genial la del comienzo del *Quijote,* parodia de la literatura que se
toma en serio y novela en tercera persona, pero de omnisciencia irónica: «En un lugar de la Mancha de cuyo nombre no
quiero acordarme...» En este «no quiero» burlón aparece por
primera y única vez Cervantes. También en *Madame Bovary,*
aunque ahora en plural y con un uso desafortunado, ya que
esta novela se toma muy en serio y está narrada por el mago
ubicuo sabelotodo y señor de la omnisciencia, hay al comienzo
una primera persona: «El director nos hizo señas de que nos
sentáramos» y «El nuevo alumno era más alto que cualquiera
de nosotros». En este «nosotros», que abarca a todos los muchachos de la clase a la que ingresa el nuevo alumno, Charles
Bovary, está por única vez Flaubert. En adelante desaparece de
su pupitre y por la magia de Aladino se convierte en Dios Padre. Pero qué le vamos a hacer, cada quien hace lo que se le da
la gana en su libro, y al que no le guste lo tira.

Por contraposición a Heródoto y Tucídides, sus antecesores, Jenofonte en la *Anábasis* sólo aparece en primera perso-

na una sola vez, pero por descuido: «Por muchas razones pienso que nadie ha recibido tantos presentes como él... Por todo esto y por lo que he oído decir, considero que nadie ha sido nunca tan amado entre los bárbaros o los griegos» (I, 9). Y digo que por descuido porque a partir del libro III (iniciado según parece muchos años después de los dos primeros) Jenofonte resolvió, forzando la verdad, convertirse en el protagonista de la acción heroica que narra en su obra, y así, no bien está iniciando el libro III, se introduce desvergonzadamente en tercera persona, como si fuera otro el que escribiera sus hazañas y no él mismo: «Ahora bien, había en el ejército un ateniense llamado Jenofonte que no iba en él ni como estratego, ni como oficial, ni como soldado. Próxeno, su anfitrión de años atrás, fue quien lo trajo consigo». En adelante este Jenofonte de Atenas se vuelve el gran personaje de la *Anábasis,* recuento de la campaña de Ciro el Joven contra su hermano Artajerjes y del retorno de los mercenarios griegos en el 401 antes de nuestra era. Tres siglos y medio después, César habría de repetir el truco narrando su *Guerra de las Galias* en tercera persona y hablando de «César» como si no fuera él mismo sino otro. Por lo menos César sí condujo esta guerra. En cuanto al papel que representó Jenofonte en la «retirada de los Diez Mil», fue mucho menor del que él se atribuye, a juzgar por el testimonio de los otros historiadores de su tiempo que trataron el tema (como Sofáineto, uno de los generales de la expedición), que ni lo mencionan.

Pero el antecedente de estas primeras personas trocadas en tercera lo encontramos en Tucídides, en un pasaje de la *Historia de la guerra del Peloponeso* que narra un episodio en que intervino el historiador:

Tucídides, hijo de Oloro y autor de esta historia, que andaba por Tasos, colonia de Paros, zarpó sin dilación con siete naves al enterarse. Brásidas, en tanto, temiendo que llegara de Tasos una flota de socorro, y enterado de que Tucídides tenía la concesión de las explotaciones auríferas de aquellos parajes de Tracia, por lo cual influiría en los poderosos del continente, sentía prisa por tomar la ciudad... (IV, 104-107).

Y así continúa Tucídides por un corto tramo de su libro. Sobrevive hoy el procedimiento en los discursos de los candidatos a la Presidencia de los Estados Unidos que, pese a que jamás han oído hablar de César, de Jenofonte ni de Tucídides (si es que han leído algún libro), hablan también a veces de sí mismos como de otros. El procedimiento va en contra de la esencia misma del lenguaje, que lo primero que hace es distinguir entre quien habla, a quien se habla y de quien se habla. Y henos aquí ante la gran paradoja de las personas narrativas, el hecho de que la primera se pueda expresar con la tercera y viceversa. Cuando César escribe que «César cruzó el Rubicón» lo que ha tenido que decir es «Yo crucé el Rubicón». Y cuando Apuleyo dice que «Fui convertido en un asno» lo que ha tenido que decir es que «Lucius fue convertido en un asno».

Toda la *Guerra de las Galias* se puede pasar fácilmente a la primera persona, que es la que le correspondía, cambiando simplemente «César» por «yo» y los posesivos y formas verbales y pronominales en consecuencia. «Al día siguiente, según su táctica habitual, César hizo salir a sus tropas de los campos» se convierte en «Al día siguiente, según mi táctica habitual, hice salir mis tropas de los dos campos». Y en *El asno de oro* al contrario: «Luego, quitándome de prisa toda la ropa, metí ávidamente las manos en la caja, y sacando una buena cantidad de ungüento me froté todo el cuerpo. Y me puse a agitar los brazos imitando a las aves, pero no me salía ni la menor pelusilla ni la más mínima plumita, y en vez de eso el pelo se me se engruesa y se me convierte en crines; mi piel, tan tierna, se endurece y se me convierte en cuero; los dedos de mis extremidades se juntan en cascos; y de mi espalda crece una inmensa cola» (III, 24). Es el momento culminante del libro, cuando Lucius se convierte en asno, y que cambiado a tercera persona diría: «Luego, quitándose de prisa toda la ropa, Lucius metió ávidamente sus manos en la caja, y sacando una buena cantidad de ungüento se frotó todo el cuerpo. Y se puso a agitar los brazos imitando a las aves, pero no le salía ni la menor pelusilla ni la más mínima plumita, y vez de eso el pelo se le engruesa y se le convierte en crines; su piel, tan tierna, se endurece y se le convierte en cuero; los dedos de sus extremidades se juntan en cascos; y de su espalda crece una inmensa cola».

Y obsérvese cómo el pasado en que se viene narrando *El asno de oro* de súbito, como por la magia del ungüento de la hechicera Pánfila, se trueca en presente, y en vez de decir el narrador como correspondería: «el pelo se me engrosó y se me convirtió en crines; mi piel, tan tierna, se endureció y se me convirtió en cuero; los dedos de mis extremidades se juntaron en cascos; y de mi espalda creció una inmensa cola», en su lugar todos los verbos de estas frases se enuncian en presente. Es el llamado presente histórico que viene de Heródoto:

> Tomando los griegos la respuesta por un nuevo engaño enviaron a Menelao para que se presentase a Proteo. Llega Menelao a Egipto, sube río arriba hasta Memfis y hace una sincera narración de todo lo sucedido. Proteo no sólo lo hospeda y regala magníficamente, sino que le restituye a su Helena. Mas a pesar de tantas honras y favores como allí recibió, Menelao no dejó de ser ingrato y hasta malvado con los egipcios, pues no pudiendo salir del puerto como deseaba por serle contrarios los

vientos, y viendo que duraba mucho la tempestad, se valió para aplacarla de un modo cruel y abominable (*Historia,* II, 118 y 119).

De recurso efectista usado excepcionalmente en algún pasaje por los historiadores, el presente histórico se ha convertido en el tiempo narrativo de novelas enteras, como *Papillon,* de Henri Charrière. Y viene también de Heródoto el plural de autor, el «nosotros» en vez del «yo»: «Ahora exige la historia que digamos quién fue aquel Ciro que arruinó el imperio de Creso» (Ibid., I, 95). César mismo, que narra en una estricta tercera persona y que jamás dice «yo», a veces lo usa: «Como dijimos arriba» (*Guerra de las Galias,* V, 3 y 22; y VI, 2 y 34). Y un plural en los posesivos, que yo llamaría de «parcialidad» y que nos indica que César escribe para sus compatriotas los romanos: «los nuestros» (VII, 51) y «nuestra caballería» (IV, 12).

Pero hay más en Heródoto, la narración en segunda persona, que puso en boga en nuestros días en la novela Michel Butor:

Nada más pude indagar sobre el asunto. Pero informándome lo más que me fue posible, he aquí lo que averigüé como testigo ocular hasta la ciudad de Elefantina, y lo que supe de oídas sobre el país que sigue. Tomando desde Elefantina hacia arriba darás con un recuesto tan arduo que para superarlo tendrás que atar tu barco por ambos lados como a un buey por las astas, pues si por desgracia se te rompiera la cuerda, se iría río abajo arrastrado por la fuerza de la corriente. Cuatro días de navegación contarás en este viaje, durante los cuales el Nilo no es menos tortuoso que el Meandro (*Historia,* II, 29).

Los futuros verbales de este pasaje valen por el pasado, y las segundas personas tanto por la primera como por la tercera. Por la primera: «Tomando desde Elefantina hacia arriba di con un recuesto tan arduo que para superarlo tuve que atar mi barco por ambos lados como a un buey por las astas, pues si por desgracia se me rompía la cuerda, se habría ido río abajo arrastrado por la fuerza de la corriente. Cuatro días de navegación conté en este viaje, durante los cuales el Nilo no era menos tortuoso que el Meandro». Y por la tercera: «Tomando desde Elefantina hacia arriba Heródoto dio con un recuesto tan arduo que para superarlo le fue preciso atar el barco por ambos lados como a un buey por las astas, pues si por desgracia se le hubiera roto la cuerda, se habría ido río abajo arrastrado por la fuerza de la corriente. Cuatro días de navegación contó Heródoto en ese viaje, durante los cuales el Nilo no era menos tortuoso que el Meandro». Y en fin, presentado como una narración, el pasaje en última instancia es una descripción: «Subiendo desde Elefantina hay un recuesto tan arduo que para salvarlo los barcos tienen que ser atados por ambos lados, como un buey por las astas, para que no los arrastre el río con su corriente. Sigue un tramo que toma cuatro días de navegación, en el cual el Nilo no es menos tortuoso que el Meandro».

En la narración literaria, pues, los tiempos y las personas del verbo son intercambiables y no tienen un sentido absoluto como en la lengua hablada, y a menudo se da por entendido algo que no está dicho. Por ejemplo, de los cuatrocientos discursos que Tito Livio incluyó en su obra hay que entender que son simples aproximaciones a lo que dijeron los oradores y no palabras textuales. E igual los diálogos que un narrador de primera persona intercala en su relato, pues la memoria humana no es una grabadora. Y así de convención en convención hemos llegado a aceptar que Malcolm Lowry nos diga qué sintió y pensó el cónsul de *Bajo el volcán* en el momento en que lo mataron. Como si hubiera un solo antecedente entre los miles de millones de seres humanos que han pasado por esta Tierra y han muerto, uno solo, de alguien que haya regresado de la muerte a decirnos qué sintió y pensó al morir. ¿Y no hay pues un clásico del cine, *Sunset Boulevard,* que empieza con el cadáver del personaje que narra la película en off? Por algo el cine es heredero de la novela. Es que tres milenios de omnisciencia en la literatura de Occidente hacen milagros. De omnisciencias por parte del autor y de credulidad por parte del lector, ambas sin límites. Tres milenios, que empiezan con Homero, de verdades ficticias, inventadas, paradójicas, verdades que no pueden serlo porque los procedimientos con que nos las narran se revelan, por imposibles, mentirosos. La pretensión de Lowry va contra la esencia misma de la experiencia humana, que nos dice que vivimos y morimos encerrados en nosotros mismos sin saber qué piensan, exactamente, los demás; que las palabras textuales que dijimos o que dijeron otros no bien fueron pronunciadas se las llevó el viento; y que nadie ha regresado de la muerte a contar.

Por contraposición al ubicuo y omnisciente narrador homérico, el historiador sólo puede tener una visión limitada de las cosas, la que le permiten sus fuentes de información. Para escribir su *Historia* Heródoto dispuso únicamente de tradiciones orales –egipcias, fenicias, libias, persas y griegas– y de ningún documento, pues no los había en su tiempo. Después, en Roma, sí, pero Tito Livio, que pudo consultar los archivos romanos que ya existían, ni los consultó. ¡Para qué! ¡Cómo iba a intercalar él en su obra de arte palabras ajenas que le fueran a romper la unidad del estilo! Prefería componer cuatrocientos discursos ajenos con palabras propias. Así toda su *Historia Romana* en 142 libros sería suya entera y de nadie más. Muy pronto, sin embargo, los historiadores entendieron que su objetivo no era tanto hacer una obra de arte sino alcanzar la verdad, la verdad auténtica, así se convirtiera la historia en un género menor de la literatura. Liberándose entonces de los resabios de la epopeya, de esos discursos inventados y esos diálogos pretendidamente textuales, empezaron a consultar archivos y a intercalar humildemente en sus obras documentos y citas, pasajes ajenos. Creo que los primeros documentos incluidos en un libro de historia son unas frases de unas cartas de Augusto a Tiberio que transcribe Suetonio en sus *Vidas de los Césares:*

> Pienso que después de haber considerado los vicios y las virtudes de Tiberio, a Augusto le pareció que prevalecía en éste lo bueno. Tanto más lo creo cuanto que juró en plena Asamblea haberle adoptado «por el bien de la República», y porque veo que en sus cartas le alaba sin cesar como consumado general, como el único sostén del pueblo romano. En prueba de ello citaré algunos pasajes de éstas: «Adiós mi muy querido Tiberio; sé feliz en todo, tú que mandas por mí y por las Musas; juro por mi fortuna que eres el más amado de los hombres, el más valiente de los guerreros y el general más entendido. Adiós». Y en otro lugar: «Apruebo decididamente tus campamentos. Persuadido estoy, querido Tiberio, de que en medio de circunstancias tan difíciles y con tan débiles tropas, nadie hubiese obrado con más sabiduría que tú» (Tiberio, 21).

Y así por unas cuantas frases más tomadas de las cartas. Suetonio escribió sus biografías de los Césares hacia el 120 de nuestra era, cuando era secretario del emperador Adriano. Había nacido hacia el 69, unos treinta y dos años después de la muerte de Tiberio y unos cincuenta y cinco después de la de Augusto. ¿Cómo conseguiría esas cartas?

Leyendo los Evangelios*

Los Evangelios son cuatro: el de Mateo, el de Marcos, el de Lucas y el de Juan. Si en vez de decir «los Evangelios» a secas, decimos «los santos Evangelios», entonces sus autores son: san Mateo, san Marcos, san Lucas y san Juan. Y como al español últimamente le ha dado, para sumárselo a su anglización rabiosa, por el vicio nefando de la mayusculitis como si fuera alemán, entonces sus cuatro autores son: San Mateo, San Marcos, San Lucas y San Juan. Yo, que no paso de un antioqueño carrieludo, les diría simplemente don Mateo, don Marcos, don Lucas y don Juan. «Doctores» no porque ya sabemos que en Colombia «doctor» es cualquier h.p. (o si prefieren, H.P. con mayúscula) y de insultar no se trata. Se trata de comprender: de ver claro en lo confuso y de sacar agua limpia de un pantano. Porque pantanosos son los cuatro Evangelios, a mí que no me vengan con cuentos.

Marcos y Lucas no conocieron a Cristo, y casi todo lo que cuentan de él lo tomaron de Mateo, que fue el que escribió primero y que sí lo conoció, como también lo conoció Juan, el discípulo amado y autor del último Evangelio. Mateo escribió su Evangelio en arameo, que era lo que hablaban en la comarca de Galilea, pero de inmediato fue traducido al griego, la lengua en que escribieron los otros tres. Marcos y Juan eran judíos y también de Galilea, y hablaban por lo tanto arameo (Lucas no, no era judío, era gentil y de

* Artículo publicado en el número de julio de 2005 de la revista *Soho*.

Antioquía en Siria). ¿Cómo le hicieron entonces para escribir sus Evangelios en griego, que yo en años y años de estudios empeñosos no logro ni medio leer? Ah, yo no sé. Lo aprenderían por ciencia infusa del Espíritu Santo: del Paráclito, que también así se le dice a la palomita blanca que bajó sobre los apóstoles en lenguas de fuego para infundirles todas las lenguas, y que salvó al presidente Uribe de los paramilitares, según nuestro Primer Mandatario le contó recientemente a Patricia Janiot en CNN. Ah no, perdón, fue de las FARC de las que lo salvó, que eran los que lo querían matar pero a quienes él les perdonará sus crímenes decretándoles impunidad absoluta y volviendo la otra mejilla como Cristo porque no es vengativo sino todo lo contrario, un hombre bueno cuya sexualidad sólo se expresa con el gustico de contar votos: cada mil quinientos eyacula. Y a propósito de este santo varón bendecido por el Paráclito, ¿qué fue lo que pasó la otra noche en La Carolina, en la oscuridad de sus montañas y de las conciencias? Ah, yo no sé, infórmense en *Semana,* que allá sabrán. Pregunten por los Doce Apóstoles, así, con mayúsculas, capitaneados por Santiago el Mayor.

Pero volviendo a los Evangelios, ¿qué decía que se me olvidó? Ah sí, que san Mateo escribió su Evangelio en arameo pero que de inmediato lo tradujeron al griego. ¿Quién lo tradujo? No se sabe. ¿Y dónde está el original arameo? Se perdió. ¿Y la traducción original griega? También. ¿Y cómo sabemos que el Evangelio de san Mateo que conocemos hoy y que leen los curas en misa (antes en latín y hoy en lengua vernácula) no es un fraude del viento, un invento de los siglos transcurridos, casi veinte? Ah, yo no sé, Doctores tiene la Santa Madre Iglesia que saben responderlo. Lo que sí sé, porque salta a los ojos en una lectura atenta, es que los evangelistas se contradicen. O sea, el viento tramposo y fraudulento que ha tenido veinte siglos para ponerlos de acuerdo se ha limitado a soplar como en un caracol vacío. Un ejemplo. Cuando crucifican a Cristo le ponen a lado y lado, en sendas cruces, a dos ladrones, de los cuales hablan los cuatro evangelistas. Juan apenas si los nombra («en el Gólgota donde lo crucificaron, y con él a otros dos, uno a cada lado, y en el centro Jesús»). Mateo dice lo mismo («También crucificaron con él a dos ladrones: uno a la derecha y otro a la izquierda), pero luego agrega que los príncipes de los sacerdotes, los escribas y los ancianos, más los que pasaban cerca a la cruz, injuriaban a Cristo y se burlaban de él diciéndole que si era tan el Hijo de Dios y tan el Rey de Israel, que se bajara de donde lo habían colgado, y «de la misma manera, también lo insultaban los ladrones que habían sido crucificados con él». Y lo mismo cuenta Marcos: que lo crucificaron con «dos ladrones, uno a su derecha y otro a su izquierda», y que los príncipes de los sacerdotes y los escribas y los que pasaban lo injuriaban y se burlaban de él, para terminar el pasaje diciendo: «Incluso los que estaban crucificados con él le insultaban». Pero Lucas, después de contar que lo crucificaron con dos ladrones, «uno a la derecha y otro a la izquierda», y que todo el mundo se burlaba de él y lo injuriaba, termina el episodio de una forma muy distinta: «Uno de los ladrones crucificados le injuriaba diciendo: "¿No eres pues Cristo? Sálvate a ti mismo y a nosotros". Pero el otro le reprochaba a su colega: "¿Ni siquiera tú que estás en el mismo suplicio temes a Dios? Nosotros, en verdad, aquí estamos merecidamente pues recibimos lo debido por lo que hemos hecho, pero éste no hizo mal alguno". Y luego le dijo a Jesús: "Acuérdate de mí cuando estés en tu reino". A lo cual le respondió Jesús: "En verdad te digo que hoy estarás conmigo en el paraíso"». ¿Entonces qué, en qué quedamos? ¿Los dos ladrones lo insultaban, o sólo uno? Mateo y Marcos dicen

185

que ambos, pero Lucas dice que sólo uno. ¿A quién le creemos? ¿A aquéllos, o a éste? A mí el asunto del buen ladrón me tendría sin cuidado si la Iglesia no sostuviera la «canonicidad» de los cuatro Evangelios, esto es, que al igual que los veintitrés libros restantes del Nuevo Testamento y todos los del Antiguo, los cuatro Evangelios fueron inspirados por Dios. «Un libro es canónico cuando habiendo sido escrito bajo la inspiración divina es reconocido y propuesto como tal por la Iglesia. La Iglesia no define como canónico ningún libro que no sea inspirado», palabras de la Facultad de Teología de la Universidad de Navarra inspiradas si no por Dios por lo menos por monseñor José María Escrivá de Balaguer, fundador y dueño del Opus Dei, un negocito del carajo. ¡Carajo, qué son todos estos cuentos! ¿No se podía poner el Espíritu Santo de acuerdo consigo mismo al dictarles a los cuatro evangelistas cuatro versiones concordantes en vez de ponerlos a contradecirse en este asunto de los dos ladrones?

Señor presidente Uribe: hago una pausa aquí para preguntarle cómo supo que fue el Espíritu Santo el que lo salvó de las FARC y no el Padre o el Hijo. ¿Tiene usted forma de distinguirlos? ¿De decirnos cuál de las Tres Personas Distintas de la Santísima Trinidad es cuál, separándola de las otras? Le dijo usted a Patricia Janiot que el Espíritu Santo fue su salvador. ¿Cómo lo reconoció, cómo lo supo? ¿Por la apariencia? ¿Por la voz? ¿Por el olor? ¿A qué olía? ¿A azahar, o a tabaco rancio? Propongo que la Universidad de Lovaina le dé a Su Excelencia el Doctorado Honoris Causa en Teología y que lo firme el papa Ratzinger. ¡Hosanna, colombianos, de Primer Mandatario tenemos un teólogo, Colombia está salvada!

Como el cuentecito ese de los dos ladrones, entre contradicciones, ridiculeces, turbiedades, infamias, atropellos, absurdos y mentiras, en los Evangelios tengo contados como mil quinientos que he ido anotando en cuadernos para sacárselos en cara a la Iglesia cuando acepten mi desafío a discutir ante los niños de Colombia sus embustes por televisión. Aquí les va un atropello mezclado con una infamia: el episodio del endemoniado y la piara de cerdos. Lo cuentan tres de los cuatro evangelistas: Mateo, Marcos y Lucas. Que al llegar Cristo a la región de los gadarenos y los gerasenos vino a su encuentro un endemoniado (Mateo dice que dos) pidiéndole que no se metiera con él, que lo dejara tranquilo con sus demonios adentro. Pero Jesús, que actuaba como Nazarín el de la novela de Galdós y la película de Buñuel que donde ponía la mano metía la pata, resolvió sacarle los demonios y hacerlos entrar en una piara de cerdos que por allí pacían. Y dicho y hecho. «Entonces toda la piara corrió con ímpetu por la pendiente hacia el mar y pereció en el agua», dice Mateo. Y Marcos: «Y saliendo los espíritus inmundos, entraron en los cerdos; y con gran ímpetu la piara, alrededor de dos mil, corrió por la pendiente hacia el mar, donde se iban ahogando». Y Lucas: «Salieron los demonios del hombre y entraron en los cerdos; y la piara se lanzó con ímpetu por un precipicio al lago y se ahogó». ¡Dos mil! ¿Se imaginan? Ése fue el dañito que la Segunda Persona de la Santísima Trinidad les hizo a los porqueros. Supongamos que le haya hecho un bien al endemoniado sacándole los demonios, ¿pero a los porqueros? ¿Les pagó acaso a los porqueros los dos mil puercos que les hizo caer al lago o al mar? ¡Qué se los iba a pagar! Mateo concluye el episodio así: «Los porqueros huyeron y al llegar a la ciudad contaron todo, en particular lo de los endemoniados. Ante esto toda la ciudad salió al encuentro de Jesús y al verle le rogaron que se alejara de su región». Y con similares palabras concluyen el episodio Marcos y Lucas. ¿Y saben qué comentan al respecto, en nota de pie de página de su edición de los Evangelios, José María Escrivá de Balaguer y sus secuaces de la Facultad de Teología de la Universidad de Navarra? Esto: «Contrasta la distinta actitud ante Jesucristo: los gerasenos piden a Jesús que se aleje de la ciudad; el que fue librado del demonio quiere quedarse junto a Jesús y seguirle. Los habitantes de Gerasa han tenido cerca al Señor, han podido ver sus poderes divinos, pero se han cerrado sobre sí mismos pensando sólo en el perjuicio material que constituyó la pérdida de los cerdos; no se dan cuenta de la obra admirable que ha hecho Jesús». ¡Imbéciles! A ver si los Uribes aceptan que Cristoloco, por sacarle los demonios de adentro a Tirofijo, les eche por un despeñadero sus toros de lidia de La Carolina. Y a propósito, Uribe, de marranos y toros de lidia y demás animalitos hermanos míos de cuatro patas: ¿ya echaste a la mataperros Londoño del Instituto de Bienestar Familiar, o sigue impune? Impune como está impune el mataperros Lucho Garzón, que electrocuta treinta y cinco mil perros callejeros al año en su Centro de Zoonosis. Te va a llover, Uribe, te va a llover.

Cristo es un loco arbitrario y rabioso. ¿Qué es la parábola de los obreros de la viña, que cuenta Mateo, sino la consagración de la arbitrariedad? Un amo sale a contratar obreros para su viña, a denario por día. A unos los contrata al amanecer, a otros a la hora tercia, a otros a la hora sexta, a otros a la hora nona y a otros a la hora undécima. A la caída de la tarde llama a su administrador y le ordena: «Llama a los obreros y dales el jornal, empezando por los últimos hasta llegar a los primeros». Y así procede, a todos les paga un denario, a los que trabajaron el día entero bajo el calor y a los que sólo trabajaron una hora, y no sólo eso sino que les paga primero a los que llegaron de últimos. Y cuando los que trabajaron el día entero se lo reprochan, a uno de ellos le contesta: «Amigo, no te hago ninguna injusticia; ¿acaso no conviniste conmigo en un denario? Toma lo tuyo y vete. Quiero dar a este último lo mismo que a ti, ¿no puedo yo hacer con lo mío lo que quiero? ¿O es que vas a ver con malos ojos que yo sea bueno? Así los últimos serán los primeros y los primeros serán los últimos». Les evito la explicación entera de los secuaces del Opus Dei por descarada y estúpida. Concluye así: «A primera vista, la protesta de los jornaleros de primera hora parece justa. Y lo parece porque no entienden que poder trabajar en la viña del Señor es un don divino». *Va fan culo,* que trabaje su madre en ella, en la viña del Señor, que yo me siento a rascarme las pelotas. Ésta es la parábola de la arbitrariedad y la injusticia. ¡Por las barbas de Castro, por la calva de Lenin, por la tumba de Marx! ¡Viva la revolución matacuras!

En cuanto al rabioso, sirva para retratarlo la expulsión de los mercaderes del templo. «Y entrando en el templo comenzó a expulsar a los que vendían y a los que compraban y derribó las mesas de los cambistas y los puestos de los vendedores de palomas. "Escrito está que mi casa será llamada casa de oración y vosotros la habéis convertido en cueva de ladrones"» (Marcos, 11,15-19). Y yo pregunto: ¿Si no quería que los cambistas y los vendedores de palomas trabajaran en el templo, por qué no los hizo ricos? ¿No dizque era pues el Hijo del Padre, y su padre el Todopoderoso? Lo que pasa es que según mandato del *Éxodo* (23,15) los judíos no se podían presentar en el templo con las manos vacías sino que tenían que traer siempre una víctima para el sacrificio. Así que para facilitarles a los que venían de lejos el cumplimiento de este mandato infame se había montado en el atrio del templo un especie de feria de ganado, un mercado de venta de animales para el sacrificio. Infame la religión judía que no respetaba a los animales, e infame la religión cristiana que nació de ella. ¿Cómo se puede sacrificar a un cordero, que siente y sufre como nosotros, en el altar de Dios, que no existe? ¿Y que si existe es el Todopoderoso que no necesita de la sangre de un pobre animal inocente? ¡Judíos cabrones! ¡Cristianos cabrones! ¡Maricas! ¡Pirobos!

En cuanto a las palomas que vendían los mercaderes del templo, ¿no estaría entre ellas el Espíritu Santo, el Paráclito? ¿El que salvó a Uribe de las acechanzas de las FARC? Y ojo a no leer «paralítico» ni ir a pensar que el Paráclito es el que lo tiene todo el tiempo parado. No. Ésos son los lectores de *Soho*. ¡Ah con estas viejas en pelota que salen aquí crucificadas, en un vía crucis más doloroso que el que padeció Cristo! ¡En qué estado nos mantienen! Tan perturbadoras ellas, tan capaces de parir, desde sus entrañas tenebrosas, los muchachos más hermosos...

Los crímenes del cristianismo[*]

Me alegra volver a Cartagena después de treinta y siete años, que es lo que hace que estuve aquí la última vez. No creí que regresara. Como ya voy de salida de esto... De esta temporadita en el infierno.

A un año del cónclave que como decano del Cuerpo Cardenalicio él presidió y manipuló para que lo nombraran papa, el gran inquisidor Joseph Ratzinger, prefecto que había sido de la Congregación para la Doctrina de la Fe o Inquisición o Santo Oficio durante veintitrés años y que asumió el sobrenombre de Benedicto XVI al montarse al trono de los autócratas vaticanos, fue a Auschwitz a increpar a Dios por el holocausto judío y los crímenes del nazismo: «¿Por qué permitiste esto, Señor?», preguntaba al aire en medio de los flashes de la prensa alcahueta en el descampado de lo que fuera el campo de concentración nazi más espantoso, donde con la complicidad de los católicos y protestantes alemanes y austríacos y sus jerarquías religiosas los esbirros de Hitler asesinaron a un millón de judíos. «Vengo —dijo el tartufo— como hijo del pueblo alemán por sobre el que un grupo de criminales llegó al poder mediante falsas promesas de grandeza futura. En el fondo matando a esa gente estos depravados al que querían matar era a Dios». ¿Depravados? ¿No serían más bien los depravados el que

* Conferencia dictada en el Teatro Heredia de Cartagena el 31 de enero de 2009 durante el Hay Festival.

hablaba y la Iglesia que representaba? Esos que llamaba «esa gente» y por los que se condolía son los judíos, a los que el cristianismo ha perseguido desde que existe acusándolos de haber crucificado a Cristo. Lo cual es una calumnia y una infamia: una calumnia porque Cristo no existió y no se puede crucificar al que no existe; y una infamia porque de haber existido y de haber sido crucificado, esto ocurrió hace dos mil años, de suerte que generaciones y generaciones de judíos no tenían por qué pagar por lo que hubieran hecho unos cuantos de sus antepasados.

Después del año 100 (pero no antes pues antes no hay cristianismo) hubo varios Cristos, no menos de una docena, de otras tantas sectas cristianas, entre los cuales los tres del Nuevo Testamento de la secta que se llamó «católica» o universal (el del evangelio de Juan, el de los Evangelios de Marcos, Mateo y Lucas, y el de las epístolas de Pablo): todos míticos, sacados de los múltiples dioses y redentores del género humano que pululaban por la cuenca del Mediterráneo y el Asia Menor tras las conquistas de Persia y de la India debidas a Alejandro Magno, como Atis de Frigia, Dioniso de Grecia, Osiris y Horus de Egipto, Zoroastro y Mitra de Persia, Krishna de la India, Buda de Nepal: todos legendarios, ninguno de carne y hueso y ni se diga hijos de Dios, pues Dios no existe y el que no existe no tiene hijos. Y si no hay Hijo de Dios, ¿a quién entonces colgaron de la cruz? Al sentido común, a la razón, a la cordura, a la verdad, y después de la verdad a la justicia, eso es lo que colgaron de ese par de palos nefastos. Al que afirme que existe una montaña de diamante en Marte le toca probarlo, a mí no me toca probar que no existe. Pues igual al que afirme la existencia ontológica de Dios y la existencia histórica Cristo: la carga de la prueba le toca al que afirma y no tiene cómo. Los argumentos teológicos de la existencia de Dios y los históricos de la existencia de Cristo son deleznables, una telaraña de sofismas y conjeturas que no hay de dónde colgar. Al nuevo procurador de Colombia, que hace dos años me demandó por insultos a la religión, lo invito a debatir conmigo en público sobre este tema, y sobre los crímenes del cristianismo cometidos a lo largo de su siniestra historia, a ver si ésta es una religión a la que haya que respetar, o una empresa criminal a la que hay que denunciar y a la que hay que proscribir. No habrá futuro para Colombia mientras la plaga de la Iglesia católica (a la que en los últimos años se le han venido a sumar las sectas protestantes) siga pesando sobre nosotros como detentadora de la verdad y la moral en contubernio con el poder político.

Y paso al tema de esta conferencia o lo que sea, los crímenes cometidos en nombre de Dios y de su Hijo, existan éstos o no, y del Espíritu Santo además, pues para aumentar el engaño donde los judíos sólo tenían a Yavé o Jehová, una sola entelequia carnívora que en español podemos llamar simplemente Dios o el Padre, al cristianismo le dio por darle a éste un Hijo y ponerles a los dos encima una paloma: el Espíritu Santo, que es el que salvó dos veces de las FARC a este hombrecito que hoy tenemos montado en la presidencia, según le oí decirle hará año y medio a Patricia Janiot en una entrevista de CNN. ¿Y cómo supo que fue el Espíritu Santo el que lo salvó, y no el Padre o el Hijo? ¿Cómo los distingue? ¿Por el olor? El Padre le olerá como Yavé, a carne de res chamuscada; el Hijo, a sangre; y el Espíritu Santo a excremento de paloma. ¡Ah con estas avecitas paráclitas! En Medellín a la estatua de Bolívar la tienen convertida en su inodoro: del cielo le lanzan cada tanto su bien merecida lluvia de porquería.

¿Y el Espíritu Santo salva también de los paramilitares? Si sí, de todos modos a nuestro teólogo en permanente reelección hasta ahora de ellos no ha tenido que salvarlo. ¡Como él fue el que los fundó! Pero como desde la entrevista a Patricia Janiot ha arrastrado mucha agua de alcantarilla el río, hoy la cosa es otra cosa. Donde a Mancuso le dé por escaparse de la cárcel de los Estados Unidos adonde lo mandó a cantar nuestro hombrecito, ahí sí va a tener que intervenir el Paráclito. Bien hizo en extraditarlo para allá: de haberlo dejado cantando aquí, le habría dado el do de pecho.

Entre las beatificaciones de estos primeros años del pontificado de doña Benedicta Ratzinger quiero mencionar la de su paisano Clemens August von Galen, cardenal y conde y obispo de Münster, el «león de Münster», que saludó a la *Wehrmacht* de Hitler como «protectora y símbolo del honor y el derecho alemanes», y que escribía en la Gaceta eclesiástica de su diócesis: «Son ellos, los ingleses, los que nos han declarado la guerra. Y después nuestro *Führer* les ha ofrecido la paz, incluso dos veces, pero ellos la han rechazado desdeñosamente». Muy apropiada esta beatificación, Su Santidad, muy justa, proceda ahora a canonizar. Y sígase con el cardenal Faulhaber, «el león de Munich», que en 1933 llamaba a Pío XI el mejor amigo de los nazis; que en 1934 le prohibía a la Conferencia Mundial Judía que mencionara siquiera su nombre a propósito de una supuesta defensa suya de los judíos, «una afirmación delirante»; que fue obispo castrense antes de ponerse al frente del episcopado bávaro; que mandaba rezar por Hitler y le hacía repicar las campanas en su honor; y que tras el fallido atentado contra éste del 8 de noviembre de 1939 ofreció una misa solemne en acción de gracias en la iglesia de Nuestra Señora de Munich, y junto con los demás obispos de Baviera le mandó una carta congratulándose de que se hubiera salvado. Como el cardenal Bertram de Breslau, que tras el atentado le mandó un telegrama de felicitaciones en nombre del episcopado alemán y ordenó un tedeum en la catedral de Munich «para agradecerle a la Divina Providencia por la afortunada salvación del *Führer* en el atentado criminal contra su vida»; y que manteniendo su inconmovible lealtad al monstruo hasta el final, al recibir el 2 de mayo de 1945 la noticia de que éste acababa de suicidarse en el búnker instruyó a los curas de su arquidiócesis para que «oficiaran un réquiem solemne en memoria del *Führer* y los miembros de la *Wehrmacht* que habían caído en la lucha por nuestra patria alemana». No lo vaya a dejar sin canonizar.

Y al arzobispo Gröber de Friburgo, miembro destacado de las SS, que abogaba por el necesario «espacio vital» para Alemania; que aportaba dinero de su arquidiócesis para la guerra; y que escribió diecisiete cartas pastorales exhortando a la abnegación y al arrojo para ser leídas desde los púlpitos. Y al arzobispo Kolb de Bamberg que predicaba que «cuando combaten ejércitos de soldados debe haber un ejército de sacerdotes que los secunden rezando en la retaguardia». Y al obispo Wiekens que representaba al episcopado alemán ante el Ministerio de Propaganda nazi. Y al obispo Berning de Osnabrück que le mandó un ejemplar de su obra *Iglesia católica y etnia nacional alemana* a Hitler «como signo de mi veneración» y a quien Goering hizo miembro del Consejo de Estado de Prusia, en el que estuvo hasta que cayó el nazismo y se acabó la guerra. Y al obispo Rarkowski, el clérigo militar alemán de más alto rango. Y al obispo Werthmann, vicario del anterior y su suplente en el ejército. Y al arzobispo Jäger de Paderborn, capitán de división del *Führer*. Y al cardenal Wendel que fue el primer obispo castrense alemán.

Y a los obispos Buchberger de Regensburg, Ehrenfried de Wirzburgo, Kaller de Ermland, Machens de Hildesheim y Kumpfmüller de Augsburgo, que en sus sermones y pastorales se deshacían en palabras de defensa y de apología a su *Führer,* las cuales he citado fielmente, abriendo y cerrando comillas con la humildad de un portero que abre y cierra puertas, en mi *Puta de Babilonia,* un librito que no debe faltar en todo hogar cristiano. Y que el procurador debe comprar, aunque sea pirateado: en la calle Junín de Medellín, esquina con La Playa, se lo venden en paquete con media docena de aguacates. ¡Pero no se vaya a comer los aguacates de un tirón que se le indigestan! Se los va comiendo de a poquito, a medida que vaya digiriendo el libro.

Y siguiendo con los canonizables: el obispo Frings de Colonia (luego cardenal) que como presidente de la Conferencia Episcopal Alemana exigía dar hasta la última gota de sangre por el *Führer.* Y el obispo Hudal que le dedicó su libro *Nacionalsocialismo e Iglesia* a Hitler como «al Sigfrido de la esperanza y la grandeza alemanas», y que tras de la derrota de los nazis le ayudó a fugarse a Brasil a Franz Stangl, culpable de cuatrocientos mil asesinatos en el campo de concentración de Treblinka, consiguiéndole dinero y documentos falsos. ¿Cuándo los va a beatificar, cuándo los va a canonizar, Su Santidad? Y a propósito de Treblinka, donde el total de judíos asesinados por sus paisanos nazis está entre los setecientos y los ochocientos mil, ¿ya fue a visitarla? Vaya y abra los brazos al cielo y pregunte como en Auschwitz: «¿Por qué permitiste esto, Señor?»

Y vaya a lo que fuera el campo de la muerte de Jasenovac en Croacia. Croacia, el «Reino de Dios» del católico Ante Pavelic, el *poglavnik,* el *Führer* croata, a quien Pío XII recibía en audiencia en el Vaticano y quien, acabada la guerra y derrotado después de matar a cientos de miles, huyó disfrazado de cura a Roma desde donde, ayudado por la *Commissione d'assistenza pontificia,* se trasladó a Argentina cargado de oro para acabar muriendo en un monasterio de franciscanos en Madrid bendecido por Pío XII. Y no es gratuito que el monasterio fuera de los franciscanos. De los doscientos mil serbios y judíos asesinados en Jasenovac, cuarenta mil se deben al franciscano Miroslav Filipovic Majstorovic, que en calidad de comandante de ese campo de concentración y ayudado por sus colegas de orden Brkljanic, Matkovic, Matijevic, Brekalo, Celina y Lipovac los liquidó en cuatro meses. Otro franciscano, el seminarista Brzica, en ese mismo campo y en la sola noche del 29 de agosto de 1942 decapitó a mil trescientos sesenta con un cuchillo especial. Queda una foto de Pavelic con el episcopado católico croata: diez obispos con sus cintas rojas y sus batas, cinco a la derecha del *poglavnik* y cinco a la izquierda. El *poglavnik,* de traje militar y botas, parece un gallo entre sus gallinas. El primero de la derecha es el arzobispo de Zagreb Alojzije Stepinac, y el primero de la izquierda el arzobispo de Sarajevo Ivan Saric. Stepinac fue vicario general de las Fuerzas Armadas *ustashis* de Pavelic por nombramiento del Vaticano, miembro del parlamento *ustasha,* arzobispo primado de Zagreb y más adelante cardenal. Wojtyla se lo beatificó a los croatas a cambio de uno de esos recibimientos triunfales a lo Tito y Vespasiano que tanto le gustaban a ese pavo real de cola permanentemente desplegada. Así que a Stepinac ya no hay que beatificarlo: que Su Santidad proceda simplemente a canonizar. Méritos tiene de sobra. Fue a él al que como arzobispo primado de los croatas le correspondió anunciar desde el púlpito de la catedral de Zagreb la fundación del Estado Independiente de Croacia, que en realidad era el «Estado Criminal Fascista de Croacia», un apéndice del Tercer *Reich.* Pavelic lo condecoró con la Gran Cruz de la Estrella, tan merecida como la beatificación que le habría de dar Wojtyla: merced a un régimen de terror convirtió a doscientos cincuenta mil ortodoxos serbios al

197

catolicismo y le ayudó al *poglavnik* a liquidar a otros setecientos cincuenta mil y al ochenta por ciento de los judíos
yugoslavos. Tras la derrota nazi Stepinac fue acusado de
traición y lo condenaron a dieciséis años de trabajos forza-
dos, pero a los cinco ya estaba libre y fue entonces cuando
Pío XII lo purpuró. En adelante se dio a abogar por el uso
de la bomba atómica, a lo MacArthur, como el gran medio
para catolizar a Rusia y a Serbia. «El cisma de la Iglesia ortodoxa –decía– es la maldición más grande de Europa, casi
tanto como el protestantismo. Ahí no hay moral, ni principios, ni verdad, ni justicia, ni honestidad». Yo reformularía
su primer enunciado así: La Iglesia católica, la ortodoxa y la
protestante son la maldición más grande de la humanidad,
seguidas del Islam, los secuaces de Mahoma que rezan aga-
chados mirando hacia La Meca y con el culo al aire apuntando hacia Jerusalén.

En cuanto al arzobispo de Sarajevo Ivan Saric, el que
está a la izquierda de Pavelic, lo llamaban «el verdugo de los
serbios». Le escribió una oda a su *poglavnik* en que le decía:
«Usted es la roca sobre la que se edifica la libertad y la patria.
Protéjanos del infierno marxista y bolchevique y de los avaros judíos que pretenden con su dinero manchar nuestros
nombres y vender nuestras almas». A los «avaros judíos», los
sefarditas de Sarajevo, el que así hablaba, ayudado por la
policía *ustasha,* les quitó sus bienes, y en la hoja episcopal de
su diócesis escribió: «Hasta ahora, hermanos míos, hemos
laborado por nuestra religión con la cruz y el breviario, pero
ha llegado el momento del revólver y el fusil». Por algo los
capellanes del ejército *ustashi* prestaban juramento entre
dos velas y ante un crucifijo, un puñal y un revólver. «Aunque yo lleve el hábito sacerdotal –decía Saric–, con frecuen-
cia tengo que echar mano de la ametralladora». El arzobispo
Ivan Saric de Sarajevo era gallina, sí, y ensotanada, pero de

pluma en ristre y con testosterona hirviéndole en la sangre. Derrotados los nazis la gallina macha huyó con Pavelic, el obispo Gavic y quinientos curas a Austria y luego a España donde escribió un libro en alabanza de Pío XII.

¿Y este Pío quién es, que me suena? Eugenio Pacelli, que es como se llamaba de soltera antes de convertirse en esposa del Señor. Experto en derecho canónico y leguleyerías y acometido de una concordatitis que no lo dejaba vivir, este lacayo vaticano persiguió durante dieciséis años, primero como nuncio en Munich y en Berlín de su patrón Pío XI y luego como su Secretario de Estado, la firma de un concordato de la Santa Sede con Alemania. Lo logró, por fin, pero con el Tercer *Reich:* el 20 de julio de 1933, acabándose de montar Hitler al poder. Si bien firmar en ese momento el ansiado concordato era darle al monstruo en ciernes la bendición ante el mundo, bien valía la pena pues así quedaban unificados en uno solo los varios concordatos regionales de Alemania que les habían dado hasta entonces un relativo poder sobre sus súbditos a los obispos alemanes, en menoscabo del poder absoluto del autócrata de Roma sobre la totalidad de su rebaño alemán. Cuando murió Pío XI (a punto de estallar la Segunda Guerra Mundial) Pacelli lo reemplazó como Pío XII. Déspota hasta la médula, nacido para mandar y hacerse obedecer así hubiera tenido que agachar la cerviz durante los años que le sirvió a su predecesor, como artífice del concordato con el *Reich* Pacelli había trabajado para sí mismo: él era el indiscutido señor de todos los obispos alemanes. Si los dejó hacer ante Hitler como he mostrado, entonces fue su cómplice. Quien sólo supo exigir obediencia, ¿por qué no los metió en cintura y los calló? Además la plana mayor de la jerarquía nazi, excluyendo a Goering, eran católicos: Hitler, Himmler, Goebbels, Hess, Heydrich, Streicher, Thyssen, Barbie. ¿Por qué no los excomulgó exhibiéndolos ante el mundo como los criminales que eran? Para 1942 Pío XII estaba plenamente enterado de la existencia de los campos de concentración nazis y de que en ellos se estaba llevando a cabo el exterminio sistemático de los judíos de Europa. ¿Por qué entonces en sus alocuciones radiales y en sus mensajes navideños, que se transmitían por la Radio Vaticana a numerosos países y en nueve idiomas, no los excomulgó y denunció llamando a las cosas por su nombre y diciendo «nazi» donde había que decir nazi, los victimarios, y «judío» donde había que decir judío, las víctimas? No, nada de eso. Se perdía en una palabrería pía, empalagosa, mierdosa, hablando de vaguedades en nombre de la «civilización cristiana». La prudencia diplomática de este hombre curtido en las lides del lenguaje doble le impedía hablar claro, no fuera a incomodar al *Führer* y no le diera a éste por matar más judíos. Los defensores de Pacelli hoy dicen que de habérsele enfrentado abiertamente a Hitler, en lugar de los seis millones de judíos asesinados que fue los que hubo, éste habría matado a siete millones: a todos. Y así, por un pase de prestidigitador o como por la magia de Aladino, Pío XII se convierte para estos cínicos en el salvador de un millón de judíos.

Y al episcopado austríaco también hay que canonizarlo en bloque pues en bloque se arrodilló ante Hitler. Por ejemplo, cuando el *Anschlus,* el cardenal Innitzer, el arzobispo Waitz y los obispos Hefter, Pawlikowski, Gföllner y Memelauer emitieron una proclama aprobando la anexión de su país al *Reich* alemán y exhortando a sus fieles a apoyar al régimen nazi. Y cuando el monstruo entró en triunfo a Viena lo recibieron con cruces gamadas colgando de las iglesias y en medio de un repique de campanas.

Y ya tiene la respuesta, Su Santidad, a su pregunta de por qué permitió el Señor que le hicieran «eso» a «esa gente»: porque la Iglesia católica de Alemania y Austria (y en Alemania además la protestante) fue cómplice de Hitler. Como lo fueron también la Croacia de Ante Pavelic, de la Eslovaquia del cura Tiso, la España de Franco, la Italia de Mussolini y la Francia del régimen títere de Vichy, con todos sus obispos y toda su clerigalla. A monseñor Tiso, Jozef Tiso, presidente del Estado fascista de Eslovaquia por el apoyo de las SS hitlerianas y que puso tres divisiones con cincuenta mil soldados a disposición de Hitler, Pío XII lo recibía en el Vaticano, le dio el rango de gentilhombre papal y lo hizo obispo. Al final de la guerra Tiso huyó a Austria con todo su Gobierno pero lo ahorcaron. «Muero como mártir y defensor de la civilización cristiana», dijo.

¿Qué entenderían este gentilhombre papal y Pío XII por «civilización cristiana»? ¿Las nueve cruzadas que devastaron a Constantinopla, a Jerusalén y a la «Tierra Santa»? ¿Los quinientos años de Inquisición? ¿El exterminio de las culturas aborígenes de América? ¿La misoginia, el antisemitismo, la homofobia? ¿La oposición a la libertad de culto, la ciencia y la libertad de conciencia? ¿El desprecio por los animales? ¿Los papas hijos de papa, sobrinos de papa, nietos de papa, asesinos de papas? ¿La «pornocracia», como llamaba el historiador y cardenal Baronio a los 117 años en que Roma fue gobernada por los papas salidos de las vaginas de dos putas, Marozia y Teodora, y que le dio a la cristiandad a Juan XI, papa a los veinte años; Juan XII, papa a los dieciséis; y Benedicto IX, papa a los once?

¿Y qué entenderá por «civilización cristiana» nuestro actual procurador que piensa que de veras se puede insultar a la «religión» de ese nombre? Para que trate otra vez de meterme a la cárcel, ya que la primera no pudo, lo voy a demandar para que me pague los daños que me causó y los costos del juicio que promovió contra mí y perdió. Vaya ahorrando. A ver si le queda para el libro y los aguacates. De Juan XII le diré por lo pronto, para darle de muestra un botón, que según cuenta el cronista obispo Liutprando, testigo de su tiempo, era gran cazador y jugador de dado, tenía pacto con el Diablo, ordenó obispo a un niño de diez años en un establo, hizo castrar a un cardenal causándole la muerte, le sacó los ojos a su director espiritual, y en una fuga apurada de Roma desvalijó a San Pedro y huyó con lo que pudo cargar de su tesoro. Cohabitó con la viuda de su vasallo Rainier a la que le regaló cálices de oro y ciudades, y con la concubina de su padre Stefana y con la hermana de Stefana y hasta con sus propias hermanas. Violó peregrinas, casadas, viudas, doncellas, y convirtió el palacio Laterano en un burdel. ¡Claro, como era nieto y bisnieto de putas! Un marido celoso lo sorprendió en la cama con su mujer y lo mató de un martillazo en la cabeza. ¿Alcanzaría a eyacular? ¡Sabrá el Paráclito! Tenía veinticuatro añitos. Y Benedictico IX, que fue papa a los once, ya a esas tiernas edades andaba detrás de las damas. ¡Qué papita más arrecho! ¡No vivir hoy este angelito para darle en sus cuerditas bien templadas un concierto de laúd! Y no me vaya a demandar ahora, procurador, por pederastia, que yo pederasta no soy. Pederasta será el que dijo «Dejad que los niños vengan a mí». Porque ¿para qué los quería? ¿Para darles educación sexual a los analfabeticas?

Cuando el 26 de abril de 1933 el obispo Berning de Osnabrück (que ya mencioné entre los canonizables) fue acompañado de monseñor Steinmann a visitar a Hitler, en el curso de la conversación, que fue muy cordial, el *Führer* tocó el tema de los judíos para hacerles ver a sus visitantes que existía una coincidencia fundamental entre el nazismo y la Iglesia católica, pues durante mil quinientos años ésta los había visto como parásitos y los había encerrado en *ghettos.* Él simplemente iba a actuar con más eficacia. No sabemos qué contestaron los prelados. ¿Pero qué podían contestar después del medio centenar de bulas promulgadas por los papas contra «la pérfida raza judía que había matado a Cristo»? ¡Qué, si fueron estos tiranos de tiara y báculo los que inventaron el antisemitismo y los *ghettos*! Y aquí les va, de muestra, la bula contra los judíos de Gian Pietro Carafa o Pablo IV, *Cum nimis absurdum,* de julio de 1555 y que empieza: «Porque es absurdo e inconveniente en grado máximo que los judíos, que por su propia culpa han sido condenados por Dios a la esclavitud eterna *(Cum nimis absurdum et inconveniens existat ut iudaei, quos propria culpa perpetuae servituti submisit),* con la excusa de que los protege el amor cristiano puedan ser tolerados hasta el punto de que vivan entre nosotros y nos muestren tal ingratitud que ultrajan nuestra misericordia pretendiendo el dominio en vez de la sumisión, y porque hemos sabido que en Roma y otros lugares sometidos a nuestra Sacra Iglesia Romana su insolencia ha llegado a tanto que se atreven no sólo a vivir entre nosotros sino en la proximidad de las iglesias y sin que nada los distinga en sus ropas y que alquilen y posean inmuebles en las calles principales y tomen sirvientes cristianos y cometan otros numerosos delitos para vergüenza y desprecio del nombre cristiano, nos hemos visto obligados a tomar las siguientes provisiones...» Y siguen las provisiones que son obvias dado el preámbulo: confinar a los judíos en *ghettos,* obligarlos a venderles todas sus propiedades a los cristianos a precios irrisorios, prohibirles la casi totalidad de los oficios y profesiones, prohibirles tener servidumbre cristiana y toda familiaridad con los cristianos, prohibirles tener negocios fuera del *ghetto,* y obligarlos a llevar distintivos especiales en la ropa. Por eso cuando en julio de 1941 el régimen de Vichy, títere de los nazis, decretó la expropiación en Francia de todas las empresas y propiedades de judíos, y algunos prelados católicos protestaron, el presidente del Gobierno, Laval, comentó con sarcasmo que después de todo «las medidas antisemitas no constituían nada nuevo para la Iglesia pues los papas habían sido los primeros en obligar a los judíos a llevar un gorro amarillo como distintivo». Varios obispos franceses colaboracionistas y antijudíos se deslindaron de inmediato de esos prelados patriotas y en un apurado telegrama declararon su fidelidad al régimen.

La de Carafa es un buen compendio del medio centenar de bulas que a lo largo de quinientos años promulgaron sus antecesores y sucesores para regular el trato que se le debía dar a «la pérfida raza judía», como la de Honorio III *Ad nostram noveritis audientiam* que los obligaba a llevar un distintivo y les prohibía desempeñar puestos públicos; la de Gregorio IX *Sufficere debuerat perfidiae judaeorum perfidia* que les prohibía tener servidumbre cristiana; las de Inocencio IV *Impia judaeorum perfidia* y de Clemente VIII *Cum Haebraeorum malitia* que les ordenaban quemar el Talmud; las de Eugenio IV *Dudum ad nostram audientiam* y de Calixto III *Si ad reprimendos* que les prohibían vivir con cristianos y ejercer puestos públicos; las de san Pío V *Cum nos nuper* que les prohibía tener propiedades y *Hebraeorum gens* que los expulsaba de todos los Estados Pontificios excepto Roma y Ancona; la de Clemente VIII *Cum saepe accidere,* la de Inocencio XIII *Ex injuncto nobis* y la de Benedicto XIII *Alias emanarunt* que les prohibían vender mercancías nuevas (aunque no ropa vieja, *strazzaria*). Etcétera.

Desde el código de Justiniano a los judíos de Roma se les consideró una raza inferior de la que había que sospechar y se les excluyó de toda función pública. Pero la bula del papa Carafa fue la que instituyó formalmente el *ghetto*. A los cinco mil judíos de Roma se les asignó entonces una zona palú-

dica a la orilla del Tíber, un espacio de unos cuantos centenares de metros que inundaba el río, y allí los hacinaron. Las
siete sinagogas de la ciudad las destruyeron y destruyeron las
dieciocho de Campania. Otros *ghettos* siguieron de inmediato al de Roma: en Venecia, en Bolonia y en Ancona. A fines
del siglo XIX, cuando ya habían desaparecido de toda Europa, los *ghettos* persistían sólo en Roma y en los Estados Pontificios y fue el *Risorgimento* italiano el que los terminó: el 20
de septiembre de 1870 cuando Víctor Manuel II tomó a
Roma y le quitó al estulto Giovanni Maria Mastai Ferretti
(Pío Nono el infalible) lo que le quedaba de su poder tempo-
ral. La Iglesia católica torturó, quemó y persiguió hasta que
tuvo garras y dientes. Ya no los tiene y por eso hoy no tortu-
ra ni quema ni mata, pero sigue haciendo el mal, sin que le
vaya nada en ello, como la peor alimaña.

El cristianismo estuvo unificado hasta el cisma del año
1054 en que se dividió en la Iglesia ortodoxa de Oriente y la
Iglesia católica de Occidente, que se dividió a su vez en 1517,
cuando el alzamiento de Lutero contra el papado, en católicos y protestantes. Como ya dije, «católico» significa universal, y así se llamaba en el siglo II de nuestra era (que es
cuando comenzó esta plaga y no antes pues no hay cristianismo antes del año 100) una de las varias sectas cristianas
que había entonces en el mundo helenizado cuyo centro era
Roma. Otras eran las de los ebionitas, los elkesaítas, los ofi-
tas, los adopcionistas, los docetistas, los nazarenos, los gnósticos, los simonianos, los harpocracianos, los valentinianos,
los de Basílides, los de Cerinto, los de Carpócrates, los de
Marción... Muchas, y cada una de ellas con su Cristo.
Como si con un solo Cristo propio no fuera suficiente, la
secta católica tenía tres, los que ya dije, los tres del Nuevo
Testamento. Pues no bien en el año 312 la pequeña secta católica se montó al carro del triunfo del emperador Constan-

tino, un genocida, como su concubina, se dio a reprimir a las otras sectas cristianas y a las demás religiones del Imperio romano, y en pocos años acabó con todas, salvo con la judía. Al llamarse «católica» la Iglesia de Roma, la de los papas, está usando pues un término que les pertenece también a las Iglesias ortodoxa y protestante ya que las tres provienen de esa lejana secta cristiana del siglo II, cuando había muchas con sus Cristos.

De los grandes crímenes del cristianismo (ortodoxo, católico o protestante; unificado o no; de hoy o de ayer) me he estado refiriendo aquí a uno en especial, la persecución a los judíos, y más en concreto al papel que ha tenido en ella la Iglesia católica, por dos razones: porque este crimen ha durado hasta nuestros días y porque estoy hablando en un país católico. Las otras grandes infamias de esta empresa criminal que se las da de religión no las puedo abarcar en el breve espacio de una charla, pero ya Karol Wojtyla, también conocido como Juan Pablo II, al final de su pontificado y a falta de mejor fórmula para figurar y hacerse ver, se dio a pedir perdón por algunas de ellas, habida cuenta de que en todas ha tenido que ver el papado: la persecución a Galileo; el comercio de esclavos en África; las hogueras de la Inquisición; las guerras que siguieron a la Reforma protestante; la misoginia empecinada y las injusticias cometidas contra las mujeres; la devastación de Constantinopla a manos de los cruzados... A la mezquita de los Omeyas de Damasco fue este caradura a besar el Corán como un apóstata, y no se privó de ir a la sinagoga del antiguo *ghetto* de Roma a que lo fotografiaran junto al Gran Rabino Elio Toaf. Con esta visita Wojtyla se convertía en el primer papa en visitar una sinagoga. Y no digo que el segundo habiendo sido el primero Pedro, pues este Sancho Panza del Reino de los Cielos tampoco existió. Pedro Piedra es un invento del rebaño de la raza de los necios.

Como Cristo, como Pablo, como Juan, como Marcos, como Mateo, como Lucas... Salvo que don Darío Castrillón Hoyos y don Pedro Rubiano, cardenales, digan lo contrario y me lo prueben, partidas de nacimiento y defunción en mano. Y autenticadas, ¿eh?, por notario, habida cuenta de que estamos en un país de leyes.

Las infamias por las que pidió perdón Wojtyla pertenecen al pasado, pero no al olvido. Por lo menos no al mío. Los nazis atropellaron a Europa por sólo doce años y hoy son universalmente repudiados y están proscritos en Alemania. En cambio el cristianismo, que ha atropellado a diestra y siniestra por mil setecientos años, ahí sigue, azuzando la paridera, y recibiendo en Alemania los diezmos obligatorios de sus ovejas ex nazis, cobrados como impuestos, que se reparten a manos llenas las clerigallas católica y protestante.

Cuando Karol Wojtyla fue elegido papa, en octubre de 1978, la población mundial era de cuatro mil quinientos millones; cuando murió en abril de 2005, era de seis mil quinientos. Dos mil millones de personas se le sumaron pues a la Tierra en los solos veintiséis años y unos meses del pontificado de este señor. Nadie como él, el más grande azuzador de la paridera que haya parido la Tierra, es culpable de este aumento desmesurado de la población, que se ha dado ante nuestros ojos y del que hoy padecemos las consecuencias: las hambrunas, el derretimiento de los polos, la capa de ozono rota, los ríos convertidos en cloacas y el mar en un desaguadero de cloacas, las guerras por el petróleo y las que ya vemos venir por el agua... Las calles atestadas, las carreteras atestadas, los aeropuertos atestados... ¡Qué! ¿No oyó hablar nunca esta eminencia del crecimiento exponencial? Lo conocen hasta los muchachos de la escuela secundaria. En su próxima duplicación la población de la Tierra no va a pasar, como en la anterior, de tres mil quinientos millones a siete mil millones, que es lo que hay hoy, sino de siete mil a catorce mil, y ésta ocurrirá dentro de unas décadas. Los niños de hoy la padecerán, si es que antes no volamos el planeta. ¿Y de qué se van a alimentar? ¿De maná del cielo? Wojtyla no fue un criminal de los de horca y cuchillo como los franciscanos de Ante Pavelic: fue uno más sutil, un santurrón taimado y dañino.

¡Dizque defensor de la vida! El que se las daba de guía moral de la humanidad no tuvo una palabra para denunciar las monstruosas fábricas de carne de nuestro tiempo: los pollos criados en unas jaulas tan pequeñas que ni se pueden mover, parados día y noche sobre sus propios excrementos, destrozándose el cuerpo a picotazos, sin ver desde que nacen y hasta que se mueren la luz del sol y producidos por miles de millones como objetos. Y las vacas y los cerdos producidos también al por mayor, acuchillados en los mataderos y exhibidos con la más enceguecida impudicia en las carnicerías para que se los coma la grey carnívora del Crucificado. Y ese paporro, la guía moral de la humanidad, que se prodigaba en sermones y discursos hablando hasta por el sieso, defendiendo un óvulo fecundado por un espermatozoide. El óvulo fecundado por el espermatozoide tiene el tamaño de una amiba, no se ve a simple vista y hay que verlo con microscopio, y no siente nada porque no tiene sistema nervioso. En cambio los pollos, las vacas y los cerdos sí lo tienen, y tan complejo como el de nosotros, en virtud del cual sufren y sienten como nosotros: la sed, el hambre, el frío, el miedo, el terror a la muerte... Así no lo haya dicho Cristo (el engendro ese que llaman Cristo, del que hubo tantos), que no tuvo una palabra de compasión, y no digo que de amor, por ningún animal, los animales de sistema nervioso complejo, como son todos los mamíferos, y muy en especial los que el hombre domesticó y que hoy acuchilla y se come, son nuestro prójimo.

¿Qué papa del futuro pedirá perdón por las bellaquerías de Wojtyla? ¿Por su oposición al control natal? ¿Por su insensibilidad ante el dolor de los animales? ¿Por su misoginia? ¿Por su homofobia? ¡Qué más da! Ya va para cuatro años que Karol Wojtyla, alias Juan Pablo II, se pudre en el pudridero de los papas. Hoy ya a nadie le importa esa alimaña. O sí, a alguien, a mí: a mí que soy un extravagante.

Los difíciles caminos de la esperanza[*]

La esperanza más boba es la del cielo, porque como no sea el atmosférico que a veces llueve y truena, no existe. El que sí existe es el infierno y estamos en él, aquí en Colombia, un infierno cada día más caliente. Y sin embargo esto no siempre fue así; yo recuerdo a Medellín en mi niñez fresquecito. Mataban a uno que otro, claro, eso es normal, muy humano, pero con moderación. Nada que ver con este baño de sangre que nos está salpicando hoy a todos la ropa. De un tiempo para acá estas ciudades se han calentado mucho, cinco grados por lo bajito. Medellín, Cali... Esto está que arde. Por qué razón no se sabe. Unos dicen que por el Niño, otros que por la Niña, pero yo digo que es por la rabia de la población. Por tanto carro, tanta gente, tanta rabia, que les va subiendo de grado en grado la temperatura a las ciudades. ¿Y no habrá forma de enfriarlas, de que sople otra vez una brisita de esperanza? Yo digo que sí: con menos gente. ¿Pero cómo? ¿Cómo se le hace? Con una de dos: o poniéndonos a matar en bloque, más a conciencia, no de a veinte o treinta; o dejándonos de reproducir. Porque ya no cabemos. Y cuando las ratas no caben porque están muy apretadas, unas con otras se matan. Mis hermanas las ratas...

Porque han de saber que el amor de mi vida son los animales. Todos pero con una excepción: el *Homo sapiens,* este

---

[*] Conferencia dictada en la Sala Beethoven del Conservatorio de Cali el 18 de septiembre de 1999, durante el IX Festival Internacional de Arte de esa ciudad.

simio alzado, de cuya inteligencia dudo y cuyas intenciones temo. Estos simios alzados que a veces se convierten en rebaño y le llenan al Papa los estadios. O a Castro la plaza de la Revolución. El tirano azuza al rebaño, y el rebaño entonces se convierte en jauría. Y empieza la jauría a mostrar los dientes y a ladrar, a ladrarles a los gusanos de Miami, que son los que les mandan de allá ochocientos millones de dólares al año para que el tirano y sus esbirros coman. Coman algo más sustancioso que sopita de ideología. Porque de solo ideología no vive el hombre, ¿o sí? Habrá que preguntárselo aquí al mono Jojoy, el ideólogo de las FARC, señor nuestro de la dialéctica y la guerra. El que nos mandó a tomarse a Bogotá al comandante Romaña, orgullo de la raza colombiana. Fue este fiero joven el que apresó a los cuatro ornitólogos norteamericanos y el que los iba a matar. Imagínense, a unos «ornitólogos». ¡Qué será eso tan terrible! ¡Y a cuatro, qué horror! Ornitólogos han de ser los que ponen bombas atómicas. Ah, y eso sí que no, qué bueno que los agarraron porque aquí los únicos que tenemos derecho a poner bombas, a volar los oleoductos, a destruir, a secuestrar, a matar, a acabar con Colombia somos los colombianos, del ELN o de las FARC o del cartel que sea. ¡Ornitologuitos a mí! ¡Y gringos! Descarados. Para destruir lo que queda de esto nos bastamos nosotros solos.

El amor de mi vida son los animales. Por eso me oprimió el corazón una noticia con que me tropecé no hace mucho en un periódico, y que guardé para leerla aquí. Dice: «Enfrentamiento de seis leones y treinta y cinco hienas. Addis Abeba (Agencia Efe). Seis leones y treinta y cinco hienas murieron en un insólito y feroz enfrentamiento que manadas de ambas especies libraron en el sudoeste etíope y al que no se le ha encontrado justificación científica, informó hoy la prensa local. La disputa es tanto más extraña en la medida en que leones y hienas no suelen atacarse, sino que se complementan en el equilibrio del reino animal, ya que las segundas se alimentan de los restos de las presas que antes cazaron y comenzaron a devorar los primeros».

¿Y la Divina Providencia qué hacía mientras esos infelices animales se mataban? Mirar. Mirar que es lo que ha hecho durante cuatro mil millones de años, que es lo que llevamos los seres vivos sobre la Tierra después de que esta entidad perversa echó la máquina de la vida a andar y el séptimo día se sentó a descansar. Mirar desde allá arriba, entre coros de ángeles, arcángeles y querubines, el circo de horror y sangre que montó aquí abajo. Los pobres leones y las pobres hienas matándose... La Divina Providencia... ¡Pero a quién provee y de qué! ¿A las comunas de Medellín y demás tugurios de Colombia de maná del cielo? Ni providencia ni divina. Decirle «divina» a la entidad monstruosa que pudiendo dar la felicidad impone el dolor y la destrucción de unos seres por los otros, según su mandato de comeos los unos a los otros si queréis seguir viviendo, es tan absurdo como decirle «honorable» al Congreso de Colombia, o como decirles «don» a los muertos: don Rufino José Cuervo... Los muertos no tienen don, ni el Congreso de Colombia honorabilidad, ni la Divina Providencia divinidad, ni el Ejército colombiano inteligencia. Ni vergüenza. ¡Cuánto no llevan tragándose medio presupuesto nacional y miren cómo estamos, sitiados por el hampa! En cincuenta años no han sido capaces de ganarles la guerra a unas bandas de forajidos: les dejaron coger fuerza a las llamas y ahora no pueden apagar el incendio. ¡Quién sabe en qué andaban todos estos años nuestros militares de tres y cuatro y cinco estrellas! Tal vez ganándole la guerra de las galaxias a Venezuela. Muy buenos, eso sí, nos resultaron estos pavos reales estrellados para andar en Mercedes blindados por Bogotá mientras en el campo les masacran a los muchachos que reclutan. Y para matar a Álvaro Gómez por mano de sicarios. Pero vamos por partes como dicen en México, que es donde vivo desde que me echaron de aquí.

El 15 de julio pasado un temblor de tierra en México se dedicó a devastar iglesias. Más de seiscientas arruinó en los Estados de Puebla, Oaxaca, Veracruz, Morelos y Guerrero. A unas les rajó los muros, a otras les agujereó la cúpula, a otras les tumbó las torres. A las que de por sí no tenían sino una torre porque la otra ya se la había tumbado hace ochenta años, de un cañonazo, la Revolución (y que en México se llaman iglesias «torresmochas»), les tumbó la torre que les quedaba y de torresmochas las dejó «destorradas». Y una iglesia destorrada donde no hay dónde instalar ni siquiera un pararrayos, ah, eso sí que no, mejor no entro, porque un local así es un doble peligro para el cristiano: si el temblor no te mata adentro, ¡te mata saliendo un rayo!

Arcos se vinieron abajo, bóvedas se agrietaron, paredes se resquebrajaron, pisos se fracturaron. A la iglesia de la Compañía de Jesús en Puebla, que es de 1587, sin respetar su venerable vejez ni la del colegio jesuita anexo el sismo le dio una sacudida tan inmisericorde que la dejó en veremos, con seis de los dieciocho arcos del pasillo oriental en el suelo, el piso agrietado, varios muros de carga fracturados y el techo del salón barroco tan dañado que el agua de la lluvia se empezó a filtrar y acabó de arruinar lo que quedaba de esta joya del estilo plateresco. Iglesias afectadas las hubo en: Puebla, Cholula, Huaquechula, Tolimehuacán, Huatalauca, Acatepec, Zacatepec, Acatzingo, Huejotzingo, Tochimilco, Atlixco, Tecamachalco, Tlalmanalco, Tonantzintla, Tepeji, Tepeca, Tepetzala, Tepapayeca, Amecameca, jesuitas, agustinas, carmelitas, betlemitas, dominicas, franciscanas. A todas el sismo de 6.7 grados en la escala de Richter (que no sé si es la misma escala celestial) las zamarreó sin distingos de orden y las dejó como Señores Caídos, como Divinos Rostros. En la sola Cholula dañó la Capilla Real, el convento de San Gabriel, y las iglesias de San Andrés, San Pedro, San Pablo, San Francisco y Nuestra Señora de los Remedios, que quedó sin remedio: salió en *Excélsior* en primera plana retratada, toda semiderruida y resquebrajada, de dar lástima, con un muro apuntalado con un palo como un cojo apoyado en un bastón. Y a rezar fieles en la vía pública y a ver si la Divina Providencia no les explota encima por añadidura el Popo, un volcán.

De todo lo cual concluyo que la Divina Providencia no sólo es mala sino estúpida: se saca a sí misma los ojos. No se les haga raro que el día menos pensado mate de un rayo al Papa. Mientras tanto este señor políglota, este políglota desaforado, picado de lo que un escritor peruano llamó «afán protagónico» (del que él por lo demás tampoco está exento), sigue llenándonos las plazas y los estadios y predicando contra el condón, el aborto y el homosexualismo en todas las lenguas conocidas, que le sopla al oído el Espíritu Santo. Los seis mil millones de habitantes del planeta Tierra se le hacen pocos. Quiere más. Y yo le pregunto: ¿Para qué más, Su Santidad, dónde los piensa acomodar? ¿Dónde va a meter a los otros dos mil millones que vienen en camino en los próximos veinticinco años? ¿En el Sol? ¿No ve que el Sol gira alrededor de la Tierra y por lo tanto es muy chiquito? Porque no me venga ahora con el cuento de que Galileo tenía razón... ¿Y qué vamos a comer en el 2025 si Cristo no ha vuelto a repetir la multiplicación de los panes y los peces desde el Sermón de la Montaña? El papa de hoy pide perdón por los horrores de la Santa Inquisición y las masacres de protestantes. Ya vendrá otro papa en el futuro a pedir perdón por las irresponsabilidades de éste. Pedir perdón es muy fácil. Y vivir en el Vaticano entre obras de arte, protegido por la Guardia Suiza y alimentado por la pobrería inmensa de esta Tierra. Difícil vivir en el barrio Manrique de Medellín.

El máximo de los doctores de la Iglesia, santo Tomás de Aquino, el Doctor Angélico, defensor acérrimo del plasma germinal del que no quería que se desperdiciara ni una gota, creía que los gusanos que surgían de la carne podrida nacían por generación espontánea. No se le ocurrió pensar que nacían de los huevos que ponían en la carne las moscas. El Doctor Angélico sería un ángel en teología, pero en biología era un asno. Siglos después, en el XIX, cuando Spencer planteó la generación espontánea como una posibilidad seria y científica, la Iglesia satanizó la expresión porque en el tiempo transcurrido desde santo Tomás había resuelto que Dios era el artífice de la vida. ¿Sabrá el papa actual que proviene de un óvulo fecundado por un espermatozoide? ¿O creerá que a su mamá la fecundó también un rayo de luz que pasó por un cristal sin romperlo ni mancharlo? Que es lo que debió de creer Pío IX el infalible, porque todavía en 1870, cuando esta eminencia promulgó el dogma de la infalibilidad del Papa, ni él ni nadie en este mundo lo sabía: la fecundación del óvulo por el espermatozoide la descubrió Oscar Hertwig cinco años después, en 1875. ¿Cómo se pudo declarar entonces infalible uno que no sabía siquiera de donde venía? El ciego diciendo que ve. Éstos son los atropellos de la ignorancia a la inteligencia, los agravios de la Iglesia a la razón, que no tienen cuento. ¡Uy, pero mencionarles la «razón» a éstos es como mentarles al diablo! Inmediatamente ponen el grito en el cielo y le recetan a uno el infierno por «racionalista». Eminencias infalibles, Santidades: No puede haber verdades inconmovibles en una tierra que tiembla.

A estos llenadores de estadios y de plazas, herederos de la Santa Inquisición, les quiero recordar que en cada eyaculación se van ochocientos millones de espermatozoides que se pierden, quieran o no quieran ellos, le guste o no le guste al Doctor Angélico: como para poblar digamos casi a la India y dos veces a Pakistán en un poquito más de lo que arde una hoguera. Con los espermatozoides que se pierden en un día en esta Tierra hay para llenar de gente el sistema solar y esta galaxia. ¿Por qué no recoge todas esas eyaculaciones, Su Santidad, para que no se pierdan, y las congela en frasquitos? En cada uno de esos espermatozoides va un ser humano en potencia. En aristotélica y tomística potencia.

Tampoco parece saber este pastor de ovejas que pontifica *urbi et orbi* a la antigua, pero que viaja p'arriba y p'abajo en avión a la moderna, que el zigoto u óvulo fecundado no llega pero ni de lejos a ser un gusano. Ni la mórula ni la blástula ni la gástrula del embrión humano, que caben en la punta de un alfiler y que no tienen ni siquiera como el gusano un sistema nervioso rudimentario. Entonces, ¿a qué tanto tango con el homosexualismo y el aborto? Que se pierda lo que se tiene que perder y que no nazca más gente que ya no cabemos. Y parrandiémonos como podamos esto antes de que nos coman los gusanos. ¡Bendito seas, sexo, y con lo que sea: con hombre o mujer, perro o quimera! Pero sin reproducción.

Infinidad de especies las hemos exterminado, los bosques los hemos talado, los ríos los hemos secado, los mantos acuíferos nos los hemos chupado y el mar lo hemos contaminado y lo tenemos al borde de la muerte convertido en un basurero. Hoy una vida humana no vale nada porque somos demasiados y estamos devaluados. Devaluados y a un paso de la destrucción, de pagar el precio de ser tantos. ¿Y vamos a permitir que un impostor siga llenando con nosotros las plazas y los estadios, y diciéndonos qué píldoras debemos tomar o no tomar y con quién nos debemos o no nos debemos acostar, tratándonos como a un rebaño? Poseído por las ansias de figurar, andaba hace un año este santurrón de relumbrón en Cuba con Castro, cohonestando con su presencia allá la continuidad del tirano. Tal para cual. Dios los hace y ellos se juntan. Dos Judas juntos en la plaza de la Revolución.

Teníamos en el Colegio Salesiano del Sufragio en Medellín, donde estudié de niño, una materia importantísima que se llamaba «apologética», cuyo objeto era enseñarnos a defender a la Iglesia católica de sus incontables enemigos: los protestantes, los judíos, los mahometanos, los comunistas, los materialistas, los deterministas, los evolucionistas, los ateos... Aprendíamos a callarles a todos el pico a como diera lugar: con argumentos lógicos, teológicos, físicos, metafísicos, sacándonoslos como conejos de prestidigitador de la manga. Cuando estuve en Cuba la primera vez lo que más me llamó la atención, aparte de la prostitución y el hambre, fue lo bien entrenados que tenía el Partido Comunista a los jóvenes en propaganda y dialéctica, en el arte de polemizar para defender a como diera lugar, reconociendo a veces errores, y a veces mintiendo con la verdad, al déspota que les había convertido la isla en cárcel y la vida en miseria. Entonces me acordé mucho de los salesianos de mi niñez. Su cerrazón tenía un eco en la cerrazón de los comunistas cubanos: las sombras resonaban en las sombras. Y me lo explico porque el catolicismo y el comunismo son «ismos», fanatismos.

Entre los enemigos que veía por todas partes la apologética estaban los evolucionistas, que sostenían que la vida cambiaba sobre la Tierra y que lo que en un principio fue simple en el curso de miles de millones de años había dado nacimiento a lo complejo. ¡Habrase visto mayor necedad! Todos los seres vivos fueron siempre como son ahora, como los hizo Dios en los tres últimos días de la creación antes de que se sentara a descansar y a ver girar el Sol en torno de la Tierra. Y que el hombre dizque venía del simio. ¡A ver, dónde estaba el eslabón perdido! ¡Ay padrecitos salesianos, qué confundidores son ustedes! ¡Qué confusión tan grande la que se les metió en el alma! El hombre no viene del simio: el hombre *es* un simio. Un simio alzado al que Linneo puso hace ya doscientos años junto con los otros simios en el orden o jaula de los primates. Y sin embargo todavía no se le bajan los humos.

En cuanto al eslabón perdido, por fin les puedo responder a los padrecitos salesianos (pues yo acabé pasándome al lado de los enemigos) que en estas últimas décadas los paleontólogos han desenterrado en el valle de Hadar de Etiopía (donde se estaban matando los leones con las hienas), en el distrito de Koobi Fora en Kenia y en el desfiladero de Olduvai en Tanzania, no sólo un eslabón perdido sino muchos: muchos fósiles de especies que existieron hace entre dos y cuatro millones de años: el *Australopithecus afarensis,* el *A. ramidus,* el *A. africanus,* el *A. robustus,* el *A. boisei,* el *Homo habilis* y el *H. erectus.* Los cuales ilustran paso a paso los cambios que fue experimentando un simio humilde, pariente por los abuelos del chimpancé, el orangután y el gorila actuales, hasta convertirse en el simio alzado que es hoy, el simio bípedo, el simio por excelencia, el *Homo sapiens,* el único que va a quedar para acabar de destruir, con sus dos patas, la Tierra.

Cristo, por supuesto, nada supo de esto. Ni le importaba. Su limitada capacidad de amor y su limitada comprensión del mundo le impedían ver a los animales, nuestro extenso prójimo, para denunciar los atropellos de que les hacemos objeto y enseñarnos a amarlos y a mitigar su dolor. Ni una sola vez en los treinta y tres años que vivió se detienen con amor sus ojos en ellos. Recuerdo eso sí una piara de cerdos en los que dizque se había metido el espíritu inmundo de Satanás. Los cerdos, los marranos que acuchillamos el 24 de diciembre en recuerdo del natalicio del Señor. A mí todavía me siguen resonando en los oídos sus aullidos de dolor y pánico cuando los acuchillaba en mi infancia, el día de la Navidad, un vecino o mi hermano, cualquier monstruo humano. Por algo Cristo ha sido en Occidente por dos mil años el paradigma de esta pobre especie nuestra, depredadora y rapaz. Por algo nos educaron en su religión del desamor.

Pero ni Occidente es el mundo ni dos mil años son la historia de esta especie ni mucho menos la de la vida sobre la Tierra. Hace cuatro millones de años, cuando el *Australopithecus afarensis* existía en Etiopía en el valle de Hadar, ¿dónde estaba la segunda persona de la Santísima Trinidad? ¿En qué limbo? ¿Y hace seiscientos millones de años, cuando la gran radiación de animales multicelulares que dio lugar al registro fósil? ¿Y hace cuatro mil millones de años, cuando surgió la primera célula de la organosfera? Toda una persona de la Santísima Trinidad, que son sólo tres, ¿con apenas dos mil años? ¿No se les hace muy sospechoso?

Dios no hizo nada: nosotros lo hicimos a Él, lo inventamos por cobardes, por temor al rayo. Está en la esencia de la materia existir, y en prueba el que nada en última instancia se destruye. Unos átomos se transforman en otros átomos sumándose o quitándose los electrones. No nos hagamos ilusiones con el cielo que el cielo no da asidero a la esperanza. El cielo es un señuelo para los tontos, y una justificación descarada para el crimen de traer hijos a este mundo. Nadie va para el cielo. Todos vamos hacia la muerte y sus gusanos.

Y volviendo a los temblores (que es por lo que hoy me dio), paso al de principios de año que devastó aquí la zona cafetera y que en Armenia, Pereira, Calarcá y otros pueblos mató a mil cien. Pues mil cien nacieron en la sola Armenia en la semana que siguió al temblor, según la crónica de un periodista de Bogotá que llamaba a esa proliferación de niños sobre los escombros un canto a la vida. Y pasaba el periodista a entrevistar a algunos de los papás: matrimonios de jóvenes de veinte años o menos con dos hijos o más, y él y ella sin empleo, desocupados como media Colombia y esperando la lluvia de maná del cielo. ¡Un canto a la vida! ¡Periodista irresponsable! Eso lo que es es un canto a la irresponsabilidad, tuya y de ellos. ¿Qué va a ser de esos niños cuando crezcan? Carne de cañón para el Ejército, las guerrillas, el narcotráfico, los paramilitares y el hampa. ¿O es que les va a dar trabajo el Papa? El Papa no trabaja: viaja. Viaja en avión de rico que le pagan los pobres. Un buen día aterriza en Bogotá entre bombos y fanfarrias: se abre la portezuela del avión y sale como si saliera el sol. ¡Aparece! Luego baja la escalerilla del avión escalón por escalón, despacito para no irse a caer, mirando cuidadosamente hacia abajo, y una vez que pone pie en tierra ¿saben qué hace? ¡Pero para qué les cuento si ya saben! Hace a un lado a todo el mundo –funcionarios, dignatarios, empresarios, periodistas con micrófonos y cámaras– y como pavo real protagónico se arrodilla a besar el suelo y despliega al aire su cola vacua. Después se para y habla: «¡Pueblo amado de Colombia!» Y el eco imbécil de los altoparlantes repite sus palabras. ¡Qué nos vas a amar, hombre, si no nos conocés, no seás demagogo! Uno no ama lo que no conoce.

Imponer la vida es el crimen máximo. Nadie tiene derecho a reproducirse, y el pobre y el feo menos porque los pobres y los feos multiplican la fealdad y la pobreza, según la ley del horror exponencial que yo descubrí y que dice: Nunca ha habido tantos pobres ni tantos feos sobre esta tierra como hoy. Mañana habrá más.

Saltapatrases y pobres de Colombia: Mírense en el espejo antes de copular a ver si están tan bonitos como para que se pierda mucho si se les pierde el molde. Claro, como no pagan agua ni luz ni predial ni nada porque son estrato cero... Aquí los ricos son los que pagan, y rico aquí es el que tiene una casa. Pues alégrense, damnificados y envidiosos de Colombia, porque entre las pescas milagrosas del ELN, del ministro de Hacienda y de las FARC, ya tenemos aquí a los ricos pensándolo dos veces antes de vaciar el inodoro, porque con lo que les cobramos de agua, luz, predial, valorización y toda clase de impuestos y secuestro, en cada vaciada se les va un tesoro. En cambio nosotros los pobres... Como no pagamos agua, vaciamos cuantas veces se nos dé la gana el inodoro; como no pagamos luz, dejamos prendidos toda la noche todos los focos de la casa; como no pagamos universidad, la cerramos; y como el Papa y todo el mundo nos bendice, tenemos todos los hijos que nos plazca. ¡Ricos miserables, avaros! Con razón Lenin los llamó sanguijuelas.

Los otros dos tesoros que tenemos en Colombia junto con nuestra santa madre Iglesia para alimentarnos la esperanza son el partido conservador y el partido liberal, que entre estampillas y papel sellado nos han gobernado durante ciento noventa años, desde cuando para quitarles los puestos públicos a los peninsulares nos separaron de España. Y miren dónde estamos: Colombia convertida en un matadero, con miles de secuestrados, decenas de miles de asesinados, un millón y medio de desplazados, otro tanto de exiliados, el campo arruinado, la industria arruinada, los niños y los muchachos reclutados para la guerra o convertidos en sicarios, medio país sin empleo de limosnero o atracando, y como burla máxima la farsa de la Ley: leyes y leyes y leyes que lo regulan todo, que lo obstaculizan todo, que lo ahogan todo, y esta nueva Constitución desvergonzada que salió con ciento ochenta erratas, para protegerle la vida al que todavía la tenga y pueda ir a pagarle a la guerrilla la vacuna de la finca y a don

Ministro de Hacienda el predial de la casa. Los impuestos, don Restrepo, son la vacuna que este Estado delincuente les cobra a los ciudadanos por no protegerles ni la vida.

No voy a recordar aquí la podredumbre del Congreso ni el espectáculo que en estos últimos años nos ha dado porque eso ya es cosa juzgada que Colombia entera juzgó. Voy a recordar la hazaña de la Corte que –mientras los capos del narcotráfico siguen delinquiendo desde las cárceles, comprando adentro alcaides y traficando afuera con coca e imponiendo su voluntad por mano de sicarios, en vez de extraditarlos, como si el Ministerio de Justicia fuera tan eficaz para vigilarlos y controlarlos– tumbó la extradición. Por el celo de estos leguleyos sinvergüenzas, de esta Corte alcahueta hoy seguimos a merced de los capos de la droga que a costa de miles de vidas metimos a la cárcel. Por eso todavía tenemos pesando sobre nosotros a ese par de paisanos de ustedes, esos dos hermanos dueños de las farmacias, grandes señores de la droga y contratadores de sicarios: los corruptores de esta sociedad de Cali que se dejó corromper.

¿Y los doscientos jueces, los dos procuradores, el ministro Lara Bonilla, don Guillermo Cano el de *El Espectador* y la infinidad de periodistas y policías que dieron sus vidas para impedir que se instaurara aquí la impunidad, por no entregarles el país a los narcotraficantes, ésos qué? ¿Se les olvidaron a la Corte? Se les olvidaron a estos desmemoriados y sus muertes fueron en vano.

Y en tanto los expedientes de los criminales se siguen acumulando por centenares de millares en la impunidad de los juzgados colombianos, esta Celestina desdentada sigue haciéndole al cuento de la Ley con mayúscula, el de la Ley sagrada equiparada a la Justicia. Aquí no hay Justicia ni Ley sagrada con mayúscula: aquí hay leyes. Leyes y leyes y leyes, incesantemente cambiantes, como cambian de clientes las prostitutas y cambian los hampones que nos atracan. Aquí no bien empiezas a levantar cabeza y te atraca un hampón en la calle o te atraca una ley en tu casa. Hoy atraco a éste, mañana a aquel otro. Leyes alcahuetas del delito las unas y leyes atropelladoras las otras. Colombia como país de leyes es la venda que tiene el burro sobre los ojos. Y el burro vendado ya va llegando al abismo. No hemos visto nada, no hemos oído nada, no hemos vivido nada, lo bueno está por venir.

Hubo aquí hasta tiempos recientes y durante muchos años, aquí, en un país donde no cabemos y del que millones han tenido que emigrar porque se les cerraron todas las puertas y los caminos, un impuesto de soltería para el que no tuviera hijos, como si no tener hijos fuera un crimen, y un impuesto de ausentismo para el que se fuera, como si tener que irse uno de donde no hay trabajo y lo están atracando y matando fuera una traición. Cada uno de esos impuestos los sancionó una ley. Esto les puede dar buena idea a los marcianos de lo que son aquí las leyes: la consagración descarada del atropello del individuo por el Estado.

¿Cuándo fue que se abrió aquí la última fábrica? No sé. ¿Pero para qué fábricas en un país donde nadie trabaja? Entre sábados y domingos, fiestas patrias y de la Iglesia y Semana Santa, puentes y superpuentes, y vacaciones de principios de año, de mediados de año y de finales de año se nos va el año. Para el que quiera invertir y trabajar aquí, eso sí, la Ley previsora ha dejado el día del trabajo. Por eso hoy está medio país mendigando o atracando.

¿Cuál fue el congresista de la Costa al que se le ocurrió la idea de los superpuentes, el que pasó los días de fiesta que caían en sábado o domingo para el lunes cargándoselos al patrón? Se me olvidó. Si no desde aquí me pondría a bendecir a su madre. Como bendigo todos los días en cada trancón en Bogotá a la del manzanillo de Pereira que con todas

223

las vías que nos construyó y con todos los huecos que nos tapó abrió la importación de carros y nos embotelló a Colombia. El que le construyó la catedral a Pablo Escobar para que allí este santo pudiera decirle misa a su viceministro de Justicia. Y el que nos dejó de herencia la Constitución de las ciento ochenta erratas. En premio lo mandamos a la OEA, y desbancando al canciller de Costa Rica en un acto de manzanillaje colombianísimo al estilo pereirano, lo elegimos secretario de esa corporación y acabó con ella.

¡Qué espectáculo el de su sucesor aferrado al poder como un perro hambriado a un hueso mientras Colombia se desintegraba! Muchos tuvo que repartir en el Congreso este sabueso para que le dejaran roer hasta el final el suyo, pero para eso ahí tenía a su ministro Sierpe, el leal, el oficioso, el perro fiel, que se sintió desde entonces con derecho al gran hueso. Sierpe está muy singular porque habla, pero con la particularidad de que cuando habla rebuzna, y porque rebuzna cree que tiene que ser presidente. Y hasta razón tendrá: ¿no votó pues por él medio rebaño asnal en las últimas elecciones? Casi gana. No ganó porque el otro le salió adelante y se fue a los Llanos a comerse el plato de la paz, al que ya por lo demás la sierpita le tenía puesto el ojo, pero para más adelante, para cuando se hubiera chantado la banda al pecho. Doctor Sierpe: «El que guarda comida, guarda pesares», decía mi abuelita. ¡Por qué no te apuraste hombre y te fuiste a abrazar a Tirofijo!

Pero el plato suculento de la paz, ay, ay, era para ellos, no para nosotros. Paz no es sinónimo de impunidad. No se puede construir una sociedad sobre la impunidad como no se puede construir un edificio sobre un pantano. Los delitos hay que castigarlos. Máxime si son los delitos atroces del ELN y de las FARC, que reclutan niños para que maten y los maten; que trafican con las vidas humanas secuestrando o comprán-

224

doles a otras bandas de secuestradores los secuestrados; que vuelan oleoductos y queman gente. ¿Y todos los boletiados y secuestrados y asesinados por las FARC se quedan así nomás, ya se te olvidaron, sinvergüenzote, desmemoriado? Esto te lo pregunto a vos, granujilla, picarillo, que ganaste. ¡Cómo me reí cuando te le comiste el plato a la Sierpe, diablillo travieso, malo! Te hiciste retratar por los periodistas abrazado a Tirofijo y te comiste el plato. ¿Estaba rico, o qué? ¿A qué te supo? ¿Delicioso? Pero no sabés historia de Colombia y no te querés aprender la lección. Parate ahí en el rincón castigado que te van a salir unas orejas de burro por desaplicado. ¡Qué fuiste a hacer después a Cuba, a ver! ¿Te creés papa, o qué? ¿No ves que ese hippie barbudo que no se afeita ha sido el máximo instigador de las guerrillas colombianas desde los sesentas, desde que existen? ¡O es que no sabés historia patria! ¿No te la enseñó tu papá? ¡Culicagao desaplicado! Andando p'arriba y p'abajo en avión parrandiando en vez de estar estudiando. Estos muchachos de ahora todo lo quieren fácil. No estudian, no aprenden, no se acuerdan de nada. ¿No ves que ese barbudo de Cuba es un lambón traicionero? ¿Te lambió mucho, o qué? Como a Gaviria, como a López, como a Samper, como a Felipe González, como a Fraga Iribarne, como a Carlos Andrés Pérez, como a López Portillo, como a Echeverría, como a Salinas, como a De la Madrid, como a cuanto granuja vaya allá a emborracharse en La Bodeguita del Medio. ¿No ves que ése es un candil de la calle y oscuridad de su casa? Un lambón lengüilargo y traicionero. No querés aprender y todo se te olvida. Sentate en el pupitre y ponete a estudiar que vos no naciste pa negociar. Vos sos un hijo de papá botaratas. Vas a feriar a Colombia. ¿Por qué les diste a los de las FARC esa finca enorme de San Vicente del Caguán, más grande que Suiza, que es donde depositan lo que sacan de aquí en secuestros y coca? Secuestran aquí y depositan allá; secuestran aquí y depositan allá. ¡Pendejo! ¡Bobalicón! Me dan ganas de darte con un fuete mojado una paliza en las nalgas. ¡Claro, como sos hijo de papá! Y como tapaste tantos huecos cuando fuiste alcalde de Bogotá... ¿No te da vergüenza? ¡Burócrata! Te me aprendés pa mañana los nombres de los doscientos jueces que se hicieron matar cuando la guerra contra el narcotráfico para no entregarle a Colombia a la delincuencia, para que no se instaurara aquí la impunidad, y para darte una lección de honor que no te dieron en tu casa. ¡Sentate y no volvás a hablar que vos no sabés y aquí el que hablo soy yo! ¡Callate! ¡No rebuznés más!

¡Claro, los hijitos de papá! Como se pasan la presidencia como balón de fútbol o pelota de ping-pong. ¡Ai va m'hijo, agarre! Se la pasan de padres a hijos, de abuelos a nietos, de primos a primos, de compinches a compinches, de hermanos a hermanos. Los Holguines a los Holguines, los Ospinas a los Ospinas, los Lleras a los Lleras, los Gavirias a los Samperes y los Pastranas a los Pastranas. Pa mañana me traés también aprendidos los presidentes de Colombia, desaplicado. ¡Uy, estos muchachos de hoy son una calamidad! No quieren estudiar. Sólo parrandiar. P'aquí p'allá, p'aquí p'allá, no paran en la casa.

A ver. ¿Cuántos partidos hay en Colombia? ¿Dos? No señor. Cero en historia patria. No hay sino uno: el conservador. Aquí todos son conservadores: de los puestos públicos que agarran.

Para no mezclar y para distinguir y para separar lo que hay que separar, que quede claro que los resultados de ese atropello continuado de ese partido único que se dice dos son de dos tipos que nadie tiene derecho a confundir, así tengan el mismo causante. Por un lado las víctimas: los millones de exiliados en el exterior y los muchos millones de desplazados y desempleados en el interior. Y por el otro los nuevos victimarios: las guerrillas, los paramilitares, el narcotráfico y el hampa sin control de la calle. Las guerrillas y los paramilitares de hoy son los bandoleros liberales y conservadores de ayer, los de la Violencia con mayúscula que esta clase de aprovechadores públicos que se dicen servidores públicos produjo sembrando el odio partidista en el campo. Y si el hampa y el narcotráfico pesan hoy sobre todos nosotros como una condena diferida de muerte que día a día uno por uno de nosotros debemos enfrentar, es porque esta clase inepta los permitió, cuando no es que los toleró beneficiándose de ellos, y les dejó tomar fuerza hasta que no hubo control posible. La moneda del desastre de Colombia tiene dos caras: una inocente y otra delincuente. Y la acuñó la Ley. La Ley atropelladora y prostituta que dictaron los partidos liberal y conservador.

Ésta es la hora de los granujas. Éstos son los nuevos tiempos en que los pillos osados llegan a las presidencias pasando por sobre los cadáveres. Lo que procedía era poner orden en el Ejército y enfrentar la guerra y ganarla y exterminar a estas bandas de forajidos del ELN y de las FARC. Pero para eso primero habrías tenido que ganar dignamente las elecciones respaldado por una obra que nunca hiciste, y luego ponerte a trabajar y a luchar. Tú no eras nadie y ya no se podía hipotecar más a este país: para ser alguien a ti te quedaba la posibilidad de entregarlo. Y eso es lo que has venido haciendo desde tu ida a los Llanos que te valió poderte sentar en esa silla de oprobio que llaman solio de Bolívar. Después te fuiste a viajar, a figurar y a parrandiarte el puesto con tu cuento. Tu abrazo a Tirofijo te ganó las elecciones. Con él te le adelantaste al otro rufián, que pensaba hacer lo mismo. Pero con ese abrazo que te sentó en el gran puesto te has vuelto cómplice del delito. Y te vas después a Cuba a pedirle permiso al déspota para continuar con la entrega haciendo de ese tirano extranjero el árbitro de nuestros destinos. Tú en estos momentos tienes que estar tras las rejas de una cárcel como el delincuente que eres, no despachando desde el palacio de Nariño con la bandera de Colombia ceñida al pecho.

Para ponerme al día y alcanzar el estado de beatitud del olvido de que gozan los granujas, voy a hacer ahora un ejercicio de desmemoria y a entonar una oración por la paz. Que la sangre y el petróleo derramados por el ELN y por las FARC no sean un obstáculo para alcanzarla. Ni ninguno de sus boletiados y chantajiados y secuestrados y quemados y asesinados. Que nuestro Khamer Rouge colombiano, dirigido por el comandante de muchos alias Tirofijo, Pol Pot Marín, pasen de San Vicente del Caguán a apoderarse del resto de Colombia y que nos instalen aquí por fin, en el vasto territorio de esta patria, los campos de la muerte camboyanos. Al final de cuentas la única paz verdadera es la de los muertos.

El pecado de este fin de milenio es el protagonismo: las ganas de figurar y existir de los don nadies. De los que nada han hecho ni son capaces de hacer. Aunque ya está más o menos incluido en el pecado de la soberbia, yo lo propongo como octavo pecado capital. Y como noveno propongo la impostura de la santidad. ¡Al diablo con todos los Nazarines de este mundo, que hacen mucho daño!

Esta clase dirigente colombiana que se dice conservadora o liberal miente hasta con los nombres que se pone para dividirnos y engañarnos porque en realidad es una sola: una sola roña burocrática y leguleya, leguleya y electorera, electorera y rapaz. La gran brecha que existe entre los colombianos no es entre ricos y pobres como pretenden algunos. Pobres siempre ha habido en este mundo y siempre habrá y mientras más se reproduzcan más. La gran brecha, la brecha inmensa es entre gobernantes y gobernados, entre atropelladores y atropellados, entre entreguistas y entregados.

Y como si no tuviéramos suficiente con este tesoro, viene ahora el jefe paramilitar Carlos Castaño (con todo lo ocupado que anda vendiendo coca y matando gente y contratando sicarios) a meterse de constitucionalista y a amenazar con que nos va a imponer aquí el voto obligatorio. Señor don Carlos: yo nunca he votado. Yo tengo este dedo virgen de tinta vil. Si llegado el día usted a mí me obliga a votar poniéndome un revólver en la cabeza, ¡voto por Tirofijo!

El impuesto de soltería nunca lo pagué porque me fui, pero el de ausentismo lo tuve que pagar veinte veces, hasta que lo derogaron. Veinte lo pagué de las treinta que volví, cada año que volvía jalado por la nostalgia de un país que no me quería pero sin el que yo no podía vivir. Yo tengo por principio hablar en nombre propio y no a nombre de los demás, porque yo no soy vocero de nadie ni pastor de rebaños, pero ahora siento como si hablara por los millones de colombianos que como yo viven en los Estados Unidos, en México, en Venezuela, en el Ecuador, regados por el mundo porque aquí nos cerraron todas las puertas y los caminos. Hace treinta años me fui sin irme, llevándome a Colombia a donde iba, en un pasaporte lleno de sellos y firmas y estampillas que lo único que no me estampillaron fue el corazón.

Yo lo que quería hacer era cine. ¿Pero con qué plata si no tenía ni para comer y en Bogotá acabé durmiendo en la calle, con los mendigos y los perros de la Séptima? Cosa que no es tan grave y que no te reprocho yo a vos, Colombia, porque si un perro y un mendigo pueden dormir ahí, ¿por qué no habría de poder yo? ¡O quién me creo! No, yo no me creo. Es que tengo lentes de contacto, y si me los quito de noche en la Séptima y los meto en el estuchito que siempre cargo para descansar los ojos y poder dormir, me los roban.

Y yo sin lentes de contacto no quedo viendo ni para dónde va este país.

De no ser por los lentes de contacto creo que nunca me habría ido de aquí: me habría instalado con los mendigos y los perros de la Séptima como un *clochard* porque yo tengo cierta tendencia antisocial: detesto a los burócratas. A los que están arriba porque están arriba, y a los que están abajo porque están abajo. Detesto el papel sellado, las firmas, los sellos, las estampillas, y que me quieran meter en las treinta y dos páginas de un pasaporte.

Estado civil: soltero. ¡Falso! Yo soy polígamo y panteísta sexual. Creo en el sexo ecuménico.

Religión: católica. ¡Falso! ¡Cuánto hace que la dejé! Desde que tuve uso de razón. Y no me declaro ateo porque creo en el Diablo que fue el que hizo esto y le quedó muy chambón.

Color del cabello: castaño. ¡Falso! ¡Cuánto hace que se me puso blanco!

Y la foto, ¡falsa! Salí horrible. Yo estoy mejor.

Padres: fulanito de tal y zutanita de tal. ¡Falso! Yo sólo reconozco a mi papá.

¡Detesto a los burócratas y yo no quepo en un pasaporte! Me les desbordo de sus miserables páginas.

Lugar y fecha de nacimiento: Medellín, 24 de octubre de 1942. ¡Idiotas, lo que importa es la fecha de defunción! ¡Cuánto hace que me morí! Estoy más muerto que Pedro Páramo. Colombia de los asesinos y de los locos me mató. De tus infinitos locos que le tienen que hablar al aire porque aquí nadie oye y hay que gritarle al eco. Los muertos no necesitamos pasaporte, Colombia, ya no te necesito más, te lo devuelvo. Quédate con mi número: dáselo a un vivo.

Entonces me fui dejando atrás, sin mirar atrás como un cobarde, a tus perros y tus mendigos de la Séptima muertos de hambre y sueño y frío, durmiendo en tu abandono y en la desesperanza y la desesperación. Pero volví. A los pocos años volví, y con plata. Con toda la que no me habías dejado ganar, Colombia, para hacer mi gran película, la que tenía en el alma, la que iba a hacer resonar tu nombre en todos los festivales de cine del mundo. Y por segunda vez me volviste a atropellar: no me la dejaste filmar. Ahí estaba tu Incomex para negarme la licencia de importación del negativo y los equipos; ahí estaba tu Aduana para confirmarme a tu Incomex; ahí estaba tu Ministerio de Relaciones Exteriores para negarme las visas de los técnicos extranjeros que necesitaba traer; ahí estaba tu Dirección de Tránsito para impedirme usar las placas que necesitaba poner; ahí estaba tu Alcaldía de Bogotá para no dejarme filmar en tus calles; ahí estaba tu policía para no quererme proteger y tu ejército para amenazarme con que no fuera a usar sus uniformes en mi película porque si ellos en la realidad no existían por qué habrían de existir en el cine; ahí estaba tu Ministerio de Comunicaciones para no darme la autorización de filmar... Ahí estabas tú enterita, en fin, Colombia, con tu generosidad inconmensurable para negármelo todo. Aquí no hay nada que hacer, me dije. Me voy. Pero te voy a probar, Colombia, que conmigo no podés. Voy a hacer mi gran película colombiana, te guste o no te guste, afuera, en donde sea.

«¿Y por qué si va a filmar aquí no filma sobre otra cosa?», me rebatía todo el mundo en México. «Porque yo soy así». «¡Cómo es eso de que dos hermanos hablándose de usted!» «Es que así se habla allá». «Pero allá no es aquí». «No será pero va a ser». Y en México, reconstruyendo sobre lo imposible a Colombia, filmé mis dos películas colombianas, las que llevaba conmigo desde hacía diecisiete años en el alma. ¡No sabés las maromas que tuve que hacer! Construir caseríos, camiones de escalera, fondas, sembrar cafetales y hasta mover un río, un río ancho, terso, quieto, el Papaloapan, que no avanzaba, que no se movía, negándose a arrastrar, como una mula terca, empecinado, mis decapitados conservadores y liberales. Yo lo que tenía era unos ríos torrentosos desbordándoseme del alma, no un charco quieto. Arrastrados por un cable tirado de una lancha, haciendo surcos en el agua como si se moviera el río, hice bajar tus cadáveres de conservadores y liberales decapitados por el Papaloapan. Y con los gallinazos encima sacándoles las tripas, que es como bajaban cuando los vi bajar. Y volví con mis dos películas a probarte que las había hecho y que conmigo no podías, así me hubieran quedado regularcitas. Pero qué hermosas películas no habrían quedado si me las hubieras dejado hacer, filmadas aquí contigo, con tus ríos, con tus veredas, con tus fondas, con tus montañas, con tus actores, con tu acento, Colombia, con el mío... Esas dos pobres películas que había filmado con jirones de sueños en un país extranjero para que tú las vieras, cuando las traje me las prohibiste, me las prohibió tu censura. Los pundonorosos caballeros y las dignas damas de tu Junta de Censura, que allí estaban para proteger tu buena imagen de un mal hijo que la quería distorsionar calumniándote, retratándote como no eras. El dictamen fue que puesto que mis películas trataban de delincuentes eran una apología al delito. Apelé y me las volvió a prohibir no sé quién más y después la última instancia de tu escalera burocrática, un tal Consejo de Estado.

Los decapitados que bajaban por tus ríos yo no los maté: los mataste vos, Colombia. Eran los de los genocidios de Armero, de La Línea, de Letras, de Irra, de Salento, de Icononzo, de Supía, de Anserma, de Cajamarca, de El Dovio, de El Fresno, de Falan, de El Águila... ¡Qué querías que retratara! ¿Florecitas? Primero me pusiste a soñar, después me despertaste. Colombia mala patria, que enciendes la esperanza y que la apagas.

¡Pero qué ingrato soy! Quejándome porque Colombia no me dejó filmar unas películas... ¡A cuántos ya no ha matado! La verdad es que no me quejo, simplemente observo. Observo que es lo mismo matar que no dejar vivir. Por lo demás estoy convencido de que a mí, tarde o temprano, hable un poquito más de la cuenta o me calle, a mí también uno de estos días este país me terminará por condecorar: con una bala. ¡Qué importa! Así habré vivido plenamente, hasta el final, mi destino de colombiano. Además ya he vivido mucho y somos muchos: hay que abrirle campo al prójimo.

Tuvo mi papá en mi niñez una finca en el municipio de San Carlos, departamento de Antioquia, que atravesaba un río hermoso, torrentoso, que se crecía como una tromba y se llevaba lo que se le atravesara, y que tenía nombre de santo: el San Carlos. ¡Qué santo más bravo! Un río conservador, del gran partido conservador que era el nuestro. Pese a lo cual no era azul sino transparente, como las espumas que le sacaba la rabia. Cuando mi papá fue a conocer la finca a ver si le gustaba para comprarla, el viejo dueño lo llevó cabalgando por potreros y potreros hasta un altico, desde donde se la mostró: «Todo lo que ve, doctor, en la extensión que abarquen sus ojos, es la finca. Va más allá de esa colina, y de ésa, y de ésa». Y se le iban a mi papá los ojos subiendo, bajando colinas, acariciando colinas suavecitas como lomos de gato. Y el mayordomo, Pacho Marín, que iba en el trato, aprobando todo lo que decía el patrón: «Sí, dotor. Hasta más allá de donde usted alcance a ver va la finca». «Y ese pasto de que están sembradas las colinas, ¿qué es?», preguntó mi papá. «La maciega —contestó el dueño—. Buenísima para el ganado, les encanta». «Así es, dotor, les encanta —con-

233

firmaba Pacho Marín el socarrón–. Al de engorde lo pone a engordar, y al de leche lo pone a dar leche». Y mi papá, como Cristo tentado por Satanás desde lo alto de una torre, sucumbió a la tentación del Diablo y compró la finca. «La compro, no se diga más». Y se tomaron para sellar el trato un aguardiente. «¡Salud, dotor!», brindó Pacho Marín que quedó ratificado, *ipso facto,* de mayordomo.

¿A que no saben cómo le puso mi papá a esa finca? ¡La Esperanza! Y sembró en ella todas sus esperanzas. A mí dizque me iba a mandar a estudiar cine a Europa. El trapiche viejo de mulas lo cambió por uno eléctrico que movía con una planta de ACPM. Tumbó y reemplazó por una nueva casa a la vieja. Le hizo casita nueva al mayordomo, a Pacho Marín, con más cuartos que la de nosotros porque Pacho Marín tenía más hijos que mi papá, y todavía estaba en plena furia reproductora. Paría y paría su mujer, y parían y parían las vacas. Sólo que los hijos de Pacho Marín se veían, y crecían, mientras que las terneritas no. «¿La ternerita esa pintada, la bonita, dónde está?», preguntaba mi papá el sábado, en que íbamos a la finca a pasarle revista al sueño. «Se la tragó la boa que sale por la vega del río». «¿Y el toro Fausto, qué se hizo que no lo veo?» «Se lo llevó el río». El lunes una novillona que estaba adelantando se moría atrancada de lo gorda en el paso entre dos barrancos; el martes a otra la picaba una culebra y no había forma humana de salvarla... Y así. Un desastre. Por otra parte Pacho Marín era tan pobre y con tantos hijos y su necesidad tanta, que lo que producía la finca no les alcanzaba. Todo era para ellos los pobres y para nosotros los ricos nada. Los plátanos se los comían, las yucas se las comían, los marranos que engordábamos con los sobrados que traíamos de Medellín se los comían, los huevos que ponían las gallinas se los comían y las gallinas que ponían los huevos se las comían. La panela que producíamos en el trapiche de ACPM se la comían, y el ACPM se lo robaban e iban a venderlo al pueblo a la tienda de otro Marín, un primo, adonde después teníamos que ir a comprarlo. En San Carlos había Marines y Marines y Marines que ni el Ejército de los Estados Unidos. Más Marines que maciega en La Esperanza. Todos emparentados. Hermanos, primos, tíos, sobrinos de Pacho Marín. Los Marines por lo menos eran conservadores como nosotros, pero cuando el bandolerismo liberal mataba a un Marín nacían veinte, que se casaban. Y veinte por veinte cuatrocientos. Cuatrocientos Marines donde había uno solo, y en menos de lo que canta un gallo. ¿Y el gallo? ¡Se lo comían! ¡Pa qué gallo sin gallinas!

¿Y saben qué resultó la maciega? Una yerba mala que no se comía el ganado y que no había forma de exterminar: la arrancábamos con azadón, la picábamos con machete, la quemábamos rociándole ACPM, y cuando se apagaban las brasas, echábamos sal sobre sus cenizas malditas. Y a la primera lluvia, en la colinita reluciente que habíamos limpiado de sol a sol de maciega, como brotando del infierno de Satanás, donde habíamos matado una planta de maciega surgían veinte. Como los primos de Pacho Marín, vaya. Yo me recuerdo de niño un diciembre con mis hermanos, todos con sombreritos alones bajo el sol, echando azadón y arrancando y quemando maciega.

Un día (porque a todo se le llega el día y porque el número de los pendejos es infinito en esta tierra) mi papá logró subir a otro aprendiz de finquero al altico, a otro incauto, y le vendió La Esperanza con todo y Pacho Marín. Ah no, digo mal, no se la vendió: se la cambió a ciegas por una casa en el barrio de El Poblado de Medellín, que resultó unas ruinas con hipoteca. Ése fue el mejor negocio que hizo en su vida. Y aunque él no aprendió puesto que volvió a tener otras fincas, yo sí aprendí. Desde entonces empecé a ver a Colombia como una finca grande poblada de Marines y sembrada de maciega. ¡Finquitas a mí!

Otras fincas tuvo después mi papá, pero a ninguna le volvió a poner La Esperanza. Quedó curado de por vida de esa virtud teologal. Perdió la fe en la esperanza. En cuanto a la caridad, nunca tuvo ocasión de practicarla. ¡Quién practica la caridad con nueve hijos! «La caridad empieza por casa», decía mi mamá.

La última finca que tuvo la llamó La Cascada, por una cascada hermosa que tenía, de tres caídas, que se desprendía de una montaña. Y atrás de esa montaña otra montaña, aún más alta, de la que se desprendían otras cascadas, y arriba de la montaña alta, coronándola entre las nubes desde las que se soltaban los más formidables aguaceros, una estatua de Cristo Rey. Tal era la vista por el corredor de atrás. Por el de adelante, otra vista aún más hermosa, si es que cabe: un valle inmenso abajo y por ese valle corriendo el Cauca por entre dos farallones, y ciñendo al valle, abrazándolo, montañas y más montañas que de noche cuando compramos la finca eran moles negras que ni se veían, pero que con el correr de los años se fueron llenando de lucecitas: Valparaíso, Angostura, Aguadas, Jericó, Riosucio, La Pintada, Versalles, Santa Bárbara, que empezaron a tener todas luz eléctrica, y un inmenso resplandor de fondo: Medellín. Anochecíamos entre esas luces y amanecíamos entre la bruma. Pero paso a paso se iba levantando, como la cortina de un teatro de maravillas, la bruma, y nos iba descubriendo el paisaje espléndido que nos dio mi Dios. ¡Qué panorama!

Esto por cuanto a la vista. Pero como sólo de vista no vive el hombre y el hombre come, ¿qué daba La Cascada? Nada. Ni esperanzas. Por el lado de los rendimientos era un cero a la izquierda en el libro de contabilidad de una quiebra.

El café que producía, cuando no se lo robaban apenas si alcanzaba para pagarle al mayordomo.

Mi papá de profesión fue abogado, de desgracia político y de vocación finquero. Como estudió para cura y sólo sabía latín, no le quedó más remedio cuando se salió del seminario que seguir abogacía. ¿Y qué hace en este país un abogado sino política? Según todo lo que aquí he dicho hoy estaría en los infiernos, pero no. Ni lo piensen porque no. Doctor Vallejo: desde aquí te abro de par en par todas las puertas del cielo; entra con mi bendición. Amaba los cafetales, los platanares, los animales y le encantaba construir. Era un poeta del paisaje y de las vacas, y un caballero de la acción. Hace cuatro años lo tuve que ayudar a morir. ¡Qué bueno que no alcanzó a ver lo que es hoy Colombia! Peor que la que le tocó. En sus últimos tiempos había dejado de volver a su finca por temor a que lo secuestraran. Para quitarle qué no sé. Tal vez el jeep y lo que valiera la finca, los paisajes del alma.

Desde la cima de esa montaña de Cristo Rey que les digo se divisaba medio país. Pero yo nunca subí. La subida tomaba medio día y yo prefería quedarme abajo estudiando. Mi papá y mis hermanos sí. Varias veces desde la banca del corredor trasero donde me instalaba a leer los vi subir. Subían y subían, perdiéndose en la montaña. Entonces me ensimismaba en el libro. Leía de todo: literatura, historia, biología, filosofía, teología, lo que fuera, preparándome porque sabía que algún día iba a tener que hablar. Lo que no sabía era dónde ni cuándo. Lo que no sabía era que iba a ser hoy y aquí. A ratos ponía el libro a un lado y empezaba a subir con la imaginación por la montaña, saltando de piedra en piedra por sus cascadas rumbo a las nubes desde las que se soltaban los aguaceros, hasta que llegaba a la cima donde estaba, abriendo sus brazos en cruz como para abarcar a Colombia, Cristo

Rey. Me paraba delante de la estatua sobre el abismo, abría los brazos como él, y mis brazos se convertían en alas. Entonces me volvía un cóndor y emprendía el vuelo, el más espléndido vuelo sobre mis valles y mis ríos y mis montañas, y me iba volando, volando, muy alto, muy alto, donde no me podían alcanzar las balas, contra el cielo azul.

Los impensados caminos del amor[*]

Como más me gusta recordarla es en sus días de esplendor, en la plenitud de su vigor y su belleza. Cierro los ojos y la vuelvo a ver, caminando a mi paso, a mi lado, por el parque. El sol se está poniendo ahora y su sombra larga y mi sombra larga avanzan como en el poema de Silva y se proyectan sobre el sendero de adoquín. Adoquín, del árabe: *ad-dukkan,* la piedra escuadrada. Recuerdo que se lo dije (porque como ustedes han de saber, yo dizque soy filólogo). Todo lo que pensaba se lo contaba. Le hablaba de etimología, de filología, de biología, de política, de gramática, de lo habido y por haber. Le expliqué, por ejemplo, con todo detalle, por qué Darwin era un impostor y su supervivencia del más apto una solemne perogrullada o pendejada. Y por qué Newton no entendió la gravedad, nunca entró en órbita.

A ver, fíjate muchachita, le decía. Newton dijo que la fuerza de gravedad es igual a la masa del cuerpo 1 multiplicada por la masa del cuerpo 2 y dividido el producto por la distancia al cuadrado. ¿Y por qué no por la distancia simple? ¿Acaso la gravedad va y viene como pelota de ping-pong? ¿Y por qué una sola fuerza de gravedad siendo que son dos? Dos distintas, separadas: la que ejerce el cuerpo 1 sobre el cuerpo 2, y la que ejerce el cuerpo 2 sobre el cuerpo 1.

---

[*] Conferencia dictada en la Biblioteca Luis Ángel Arango de Bogotá a fines de agosto de 2000 durante el Encuentro Iberoamericano de Escritores *El amor y la palabra.*

Te lo explico con el caso de la Tierra y la Luna. La Tierra ejerce su gravedad sobre la Luna y la retiene en su órbita. Si no fuera por la gravedad de la Tierra, cuánto hace que la Luna se nos hubiera seguido de largo con el impulso que traía y se nos hubiera ido por la tangente rumbo al espacio infinito, y ahora no la estaríamos viendo salir arriba, por entre esas nubes como en el poema de Fallon, ¿qué sabes quién es? Diego Fallon, un paisano mío de Colombia que ya murió. Poeta él. Allá todos son poetas y quieren ser presidentes. Yo no. Yo no tengo esos vicios, soy gente sana. ¿O no te parece, negrita? ¡Claro que le parecía! ¡Me amaba!

Bueno, esto por lo que respecta a la fuerza que ejerce la Tierra sobre la Luna. Ahora lo contrario, la que ejerce la Luna sobre la Tierra. Pues ésa, niña, es simplemente la que produce las mareas: la que mueve el mar y mece los barquitos. Entonces, si hay dos fuerzas de gravedad, ¿por qué habla Newton de una sola? Para la gravedad, amigo Newton, como para el amor, se necesitan dos, se lo digo muy clarito. ¡Venirme a mí con cuentos y ecuaciones! ¡Ve a estos ingleses!

Yo te miro y tú me miras y la Luna desde esas nubes nos ve mirándonos. La Luna, que tenemos apresada allá arriba, girando noche a noche en torno de nuestro amor. Esa luna fue testigo, como diría León de Greiff, un poeta de mi tierra. Otro.

Todo se lo contaba, conocía mis más recónditos pensamientos, los que tengo en el fondo del fondo de esta caja negra que es mi alma. ¡Cuánto no me oyó despotricar de Gaviria y de Samper! ¡Y del Papa! Pero como ella era de alma limpia (no como yo) mis odios nunca fueron sus odios, ¡pero mis amores siempre fueron sus amores! Al final ya se sabía de memoria a Laureano Gómez y a Colombia.

A ver, niñita, ¿qué está arriba? ¡La Guajira! ¿Y abajo? ¡Pasto! Exacto: Pasto, de donde son los pastusos, que en

Colombia son como aquí los yucatecos, a los que les hacemos los chistes. Que dizque los pastuzos son brutos. ¡Qué va! Los colombianos somos todos muy inteligentes. A los Estados Unidos los tenemos invadidos de coca. Con nosotros no puede ni el Putas. ¡Ay, con perdón!

Ahora los enamorados que se arrullan tras las sombras en las bancas del parque nos ven pasar. «Éstos, piensan, son de los nuestros. Ahí van: el mismo siempre con la misma». Pero claro que siempre el mismo con la misma. A todo el planeta Tierra le dábamos ejemplo de fidelidad. Lunes, martes, miércoles, jueves, viernes, sábado y domingo, los siete días de la semana, los treinta días del mes, los trescientos sesenta y cinco del año, juntos siempre, ella conmigo y yo con ella.

Y de día, ¡qué fiesta el parque! Las flores, los pájaros, las abejas, las mariposas. Una mañana vimos un mapache subiéndose hasta la copa altísima de un árbol, un fresno de cincuenta metros y de ciento veinte años, más viejo que yo. Pero en Colombia no saben qué es un mapache. Allá no hay. Es el *Procyon lotor,* también llamado osito labrador o tejón o coatí, un animalito hermoso. De piel color gris amarillento, hocico blanco, cola poblada, cara manchada en claro y oscuro, y del tamaño de un gatico. De día descansa o duerme, y en la noche trabaja: come peces, insectos, reptiles, huevos de pájaro, lo que encuentra, y le encanta el maní. El de esa mañana, ¡pshhhh!, pasó rozándonos como un cohete y se subió hasta la copa del fresno. Se le acababa de escapar al dueño. Y claro, se subió a donde le gustaba, pues el mapache es un animal arbóreo. Como cierto presidente de cierto país que no digo pero que empieza por ce y sigue por o y por ele, y que para hacerse ver anda siempre por las ramas. (Que dizque quiere hacer la paz. ¡Cuál paz! Aquí lo que hay es una guerra y hay que ganarla. ¡Bajá del árbol, pendejo, o vas a acabar con esto!) Aquí en la cara, en torno de los ojos, el mapache que vimos esa mañana tenía la piel manchada en dos círculos, como si usara antifaz. ¿Sí te acordás, muchachita?

A veces le hablaba de tú, a veces de vos: cuando se me olvidaba que hacía años que vivía en México y se me salía lo antioqueño. Ella era mexicana, yo no, yo soy de aquí, del país más loco. Vení, vení p'acá, le decía. ¿A qué horas te querés dormir? Que cuando yo quisiera.

¿Que si la quise? ¡Uf! De México hasta Envigado y de Envigado hasta Sabaneta donde está Santa Anita, la finca de mi abuela.

—Te prometo, niña, que te voy a llevar a conocerla —le decía—. Vas a ver que la vas a querer. Tiene los ojos verdes desvaídos y el pelo blanco, largo, y se lo recoge en un moño atrás de la cabeza. ¡Y Santa Anita! ¡En diciembre Santa Anita! El cielo repleto de globos, y del 16 al 24 la novena. El 24, entre globos y papeletas y voladores y pilas de Bengala que sueltan chorros de lucecitas, nace el Niño Dios. Para la felicidad no hay mejor lugar que ése. Vas a ver.

Como a Madame Swann, la de Proust, no la recibían en todas las casas: en unas le cerraban las puertas. ¡Ah! ¿No me reciben con ella? Aquí no vuelvo a poner un pie. Se meten su casa por donde sabemos. Pero en otras sí, nos recibían, y ése era el termómetro que yo tenía para descubrir quiénes me querían a mí. O me querían a mí con ella o nada, yo no acepto amores a medias ni la discriminación racial. Como era negra...

Por la mañana, a las nueve, para empezar, caminata por la avenida Ámsterdam donde vivo y que en los veinte era un hipódromo: veinticuatro cuadras, dos kilómetros, una vuelta. Y luego parque, el parque México, que está atrás de mi apartamento, el parque más bonito de la ciudad, y no es por presumir sino porque ésa es la verdad y por la verdad murió Cristo. Los vecinos de acá, de allá, de este edificio, de aquel otro, todos nos conocían: ella era popularísima, en especial entre los niños: no más nos veían venir y corrían hasta nosotros a saludarla, a acariciarla, a quererla. Los que aún no la conocían al principio se nos acercaban de a pasitos, con respeto, como gallinita timorata entrando en casa ajena.

—¿No ha mordido? —me preguntaban.

—No —les contestaba yo—. Es muy buena.

—¿Cuántos años tiene?

—Tres.

—¿Cómo se llama?

—Bruja.

—¿Bruja? ¡Jua, jua! ¿Qué marca es?

—Gran danés.

Sí, ésa era su raza, su marca como decían los niños. Gran danés, negra, alta, esbelta, con una macha blanca en el pecho en forma de mariposa. Yo decía que era el *sigillum diaboli,* la marca del Diablo, ¡pero qué va! ¡Bruja era un ángel!

Como gran danés que era estaba destinada a vivir nueve años a lo sumo, y ni uno más porque ésa es una raza que hizo el hombre mezclando lebreles y mastines o no sé qué. Pues vivió trece, un record. ¡Cómo no los iba a vivir si yo viví para ella! Si le hervía el agua, le daba jamón, pollo, leche, carne, arroz, huevos, queso, y entre comida y comida aperitivos, antojitos, pasabocas, *delicatessen.* Comía lo que quería, hacía lo que quería y dormía donde quería: en los sillones, en las alfombras, en las camas, y podía destrozar, con mi venia y risa, lo que se le antojara: los sillones, las alfombras, las camas... Total, si ella era la dueña de mi alma, ¿cómo no lo iba a ser de mi casa? E infaltablemente, todas las noches después de comer, lavado de dientes. De eso no se escapaba. Pero tampoco es que le chocara: le gustaba.

¿Y por qué Bruja? Por mi abuela, la materna, la que conocí, Raquel Pizano, Raquelita, a quien tanto quise, y por sus cuentos de brujas que me hechizaron la infancia. Nunca fui más feliz que oyéndoselos. Uno al menos me tenía que contar cada noche. Al final no sabía la pobre qué inventar y me repetía los cuentos viejos.

—No, abuelita, eso no fue así. Si el que me estás contando es el de la bruja de Santo Domingo que era la sirvienta del cura, ella no se iba al aquelarre a las ocho sino a las doce, «sonando doce campanadas el reloj».

—Si te dije, niño, que fue a las doce, entonces fue a las doce, y hoy me equivoqué. Perdón.

—No me cambiés las cosas, abuelita, que me ponés nervioso.

A las doce de la noche negra, «sonando doce campanadas el reloj», la bruja Domitila sacaba su escoba preferida del desván de las escobas, y escoba en mano salía al patio, se montaba a horcajadas en ella, «y alzando el vuelo se encumbraba a la región».

Medio siglo ha pasado, mi idioma se ha convertido en otro que ya ni entiendo, pero aún me suena su voz en lo más hondo y les puedo repetir sus exactísimas palabras: «y alzando el vuelo se encumbraba a la región».

Por ella, en su recuerdo, en recuerdo de sus cuentos de brujas que tan feliz me hicieron, puse a mi perra Bruja. Y Bruja y ella son a quienes más he querido. ¡Cómo no las voy a recordar entonces ahora si vine hasta aquí desde México a hablar del amor!

Me la regaló un amigo, Miguel Ángel, y me jodió la vida porque lo que tenía que ser para siempre resultó efímero. Buda ya lo dijo: el que tiene tres amores, tendrá tres dolores; el que tiene dos, dos; y el que tiene uno, uno. Mejor no tener ninguno.

Cuando me la regalaron Bruja tenía un mes y el tamaño de lo que después fue su cabeza. La recibí en los brazos, la arrullé un ratico, y cuando la puse en el suelo, en sus cuatro patas, para que caminara, ¿saben qué hizo? Se orinó en la alfombra. ¡En la alfombra persa carísima! ¡Ay! Como si me importara a mí una maldita alfombra. ¡Ni que fuera voladora! Al mes ya se le había comido media pata al Steinway de cola. ¡Y qué! Total, bien mal pianista era yo. Soy.

Al año, convertida ya en una señorita, no volvió a hacer travesuras. De ella no tengo en adelante ni una sola queja. En esos trece largos años –cortos, cortísimos, felices, fugaces– que me duró, puedo asegurarles que fui feliz. Pero claro, es que viví todos los trece para hacerla feliz a ella. Para probarme a mí mismo que yo sí podía disminuir, aunque fuera un poquito, el dolor de este mundo. Bruja no conoció la infelicidad. Es más, si de veras alguien puede ser feliz, ella lo fue. Y yo de paso con ella.

No bien se fue Miguel Ángel y me quedé solo con mi niñita, corrí al teléfono y llamé a un paisano, un compinche de parrandas, muy destrampado, de Manizales (o sea de lo peor), y le dije:

–Venite rápido que me trajeron una belleza danesa.

Compareció con la velocidad de un rayo.

–¿Dónde? ¿Dónde está? –preguntó jadeando.

–Ahí.

Y le señalé en un rincón a Brujita.

–¡Ah! –dijo desilusionado–. ¡Pensaba que era un muchacho!

–¡Idiota! Muchachos es lo que sobra en este mundo. Aquí lo que tengo es un ángel.

Y eso es lo que era, un ángel negro sin alas.

A los tres meses me la atropelló un carro y casi me muero. Se me salió del parque a la calle y el carro, dando un frenazo violento, la atropelló. Recuerdo que acababa de anochecer y que al oír los chillidos de Brujita todos los perros del parque se pusieron a aullar. Entonces descubrí que existe la solidaridad entre los animales. No sé si ustedes sepan que si una rata se está ahogando y hay otra en la orilla, la de la orilla gira para que la que se está ahogando se le agarre de la cola y se salve. Lo de Brujita no fue nada grave, fue el frenazo y el susto, el carro apenas si la rozó. Y nunca más en la vida Bruja se volvió a salir a la calle sin mi permiso. Andaba a mi lado, a mi paso, sin cadena, y sólo cruzaba la calle cuando la cruzaba yo.

—El susto enseña, Brujita. Cayendo uno aprende.

Esa noche descubrí cuánto la quería y desde entonces fue el amor de mi vida. No sé cómo pude seguir viviendo el día en que se me murió. Pero no hablemos de cosas tristes. Déjenme recordarla en uno de sus momentos mágicos, del máximo esplendor. Por predios de San Luis de la Paz, municipio del Estado de Querétaro, vamos una noche en medio de una polvareda rumbo al pueblito de Jofre. Vamos en una camioneta y la carretera es destapada (de terracería como dicen allá), llena de baches, pedregosa, una trinchera, un terregal. Hagan de cuenta una calle de Bogotá antes de este alcalde, que fue el que nos invitó. (¡Que Dios lo guarde en su puesto y que se repita la invitación!) Bruja no va en la camioneta. Va atrás de nosotros corriendo, negra, deslumbrante, fulgurante, montada en la velocidad y el viento, como un lebrel. No corre, vuela. ¡Es un prodigio!

La Luna está medio loca esa noche y le da un no sé qué de disparatado al aire. Yo voy a toda, de piedra en piedra, de bache en bache, despanzurrando la camioneta, a lo que da el acelerador. De repente, de un rancho que está a la orilla surge una jauría de perros rabiosos que se nos vienen encima ladrándonos como demonios. «La van a matar», pienso, y freno en seco. Desde la camioneta presencio entonces una escena asombrosa. Los perros se inmovilizan ante la aparición de Bruja y embelesados, atónitos, la ven pasar. Nunca en sus pobres vidas habían visto un ser más portentoso. Ni yo tampoco.

Antes de ella, para los terribles dolores de cabeza que me daban por ponerme a buscarle solución a este país, tomaba Mejoral, Demerol, Nubaín, Cafergot, Acetaminofén. Nada me servía. Un día, por casualidad, puse mi cabeza contra la suya al abrazarla y santo remedio, ¡adiós dolor de cabeza! ¡Se me quitó! Bruja tenía propiedades curativas. Tiempo después me entró una duda: ¿y si el dolor de cabeza que se me quitaba a mí se le pasaba a ella? Por si acaso, no me le volví a acercar cuando me daba. Y otra vez a tomar Mejoral, Cafergot, Acetaminofén, Nubaín, Demerol... Nada sirve, puro cuento, y este país no tiene remedio.

Mi promesa de llevarla a Colombia a conocer a Santa Anita y a la abuela se quedó en eso, en promesa, en sueños vanos de comprador de lotería. Ante todo la estaba engañando, porque ¡cuánto hacía que la abuela se había muerto y que habían tumbado a Santa Anita! Y luego Colombia se nos había ido volviendo inalcanzable, como un espejismo. Yo me negaba a llevarla en la bodega de un avión. ¿Encerrar a mi Bruja en una jaula? ¡Jamás! Va en primera o nada. Pero tampoco me la recibían en primera. ¿Cómo entonces? ¿Por carretera? Ahí estaba el tapón del Darién. ¿Me lo saltaba por barco para después seguir el viaje por tierra? Tras desembarcar, en la primera curva del primer kilómetro de la primera carretera colombiana nos va a parar un retén de la guerrilla, se dan cuenta de lo que la quiero y me la secuestran.

—Allá son capaces de todo, Brujita: de quemar gente viva y de secuestrar un perro. Por carretera imposible, tiene que ser por avión.

Le mandé a hacer entonces una jaula grande, cómoda, espléndida, con cama y yacusi, de barrotes espaciados para que no se fuera a sentir encerrada y con dos puertas: por una entraba y por la otra salía, y así empecé a entrenarla. En la sala de mi apartamento se quedó la jaula sin usar como una escultura moderna, o como un testimonio burletero de lo loca que puede ser a veces la ilusión.

Un día me enteré de que estaba llegando los martes desde Colombia, al aeropuerto de Toluca, un avión de carga de una compañía transportadora de Cali, y un martes fui a constatar. Y sí, en efecto, tras de una escala en Acapulco para cargar gasolina, llegaba un tetramotor colombiano de la Segunda Guerra Mundial. Hablé con el capitán y aceptó llevarnos en el siguiente vuelo el siguiente martes: la cabina entera para nosotros dos, en la que íbamos a viajar solos, juntos, abrazados, felices, comiendo sandwiches. El único problema que yo veía era: ¿cómo subirla al avión, si en vez de una escalerilla civilizada lo que tenía era una escalera de lazos?

—Por ahí no puede subir ella, capitán.

Que no me preocupara, que la subíamos con una grúa.

—¡Ah! Si es así, sí. Me subo en la grúa con ella. ¿Entonces convenido?

—Convenido.

—Hasta el próximo martes.

¡A qué finca no la iba a llevar, qué amigos no le iba a presentar, por qué carreteras no iba a viajar! ¡Cómo soñé! Se iba a llenar el alma de los paisajes de Colombia, de sus pueblos, de sus ríos, de sus montañas, de sus carreteritas tortuosas que suben serpenteando al páramo bordeando los precipicios, con cantinitas aquí y allá para que pare en cada una el cristiano (como Cristo cae en las estaciones), a tomarse un aguardientico con mango biche hasta que por fin, borracho uno hasta el alma de aguardiente y curvas, llega a donde tiene que llegar: a Medellín, corazón de la Tierra.

¿Y la guerrilla? ¿Y los precipicios? ¡Cuál guerrilla, cuáles precipicios! Disfrazaba a Bruja de gozque y manejaba con cuidado y listo. ¡Tampoco hay que cuidar la vida más de la cuenta!

El martes convenido fui al aeropuerto de Toluca con Bruja a tomar el tetramotor. No llegó: lo detuvieron horas antes en la escala de Acapulco con un cargamento de coca. ¡De la que me escapé! Donde me hubiera montado en ese avión ésta es la hora en que seguiría tras las rejas, alegando como loquito que era inocente. Y hoy no estaría aquí hablándoles del gran amor de mi vida y de lo mucho que quiero a los animales.

Bruja: si existiera el cielo allí estarías, y te juro que para volverte a tener no volvería a pecar, así tuviera que renunciar a los infiernos donde me pensaba encontrar con: Sartre, Renan, el marqués de Sade, Diógenes Arrieta, Vargas Vila y Voltaire. Desde hace años voy por la calle hablando solo, sin ti, calculando que si subo a la azotea de mi edificio y salto los siete pisos sin ni un paraguas como nací, conmigo no va a poder la gravedad. ¿Tú qué crees, niñita? ¿Sí podrá? Mientras tanto, mientras subo y hago el experimento, por más oscuro que esté esto aquí abajo sin ti, tú eres la que más brilla allá arriba, Brujita, tú eres la estrella de la noche. Para volverte a ver no tengo sino que cerrar los ojos.

Mi otro prójimo*

Durante la segunda mitad del siglo XVIII y las dos primeras décadas del XIX Maupertuis, Lamarck y Erasmus Darwin empezaron a hablar de lo que hoy conocemos como la teoría de la evolución: que todos los seres vivos, sin excluir al hombre, están emparentados por provenir de antepasados comunes, y en última instancia de un solo antepasado común, la primera célula que dio origen a toda la vida que ha existido y existe hoy sobre la Tierra. En 1859 Charles Darwin (nieto de Erasmus) publicó *El origen de las especies* para tratar de explicar cómo se origina una especie de otra, el fenómeno de la «especiación», que es un aspecto de la evolución pero no toda la evolución, y postuló para ello el mecanismo de la «selección natural» o «supervivencia del más apto», el cual a mi modo de ver no pasa de ser una perogrullada o tautología, una explicación que no explica nada: como Dios, ni más ni menos, con quien tratamos de explicar lo que no entendemos, aunque sin lograr entenderlo a Él. Pero en fin, repleto de datos de botánica y zoología, *El origen de las especies* daba la impresión de ser un libro muy científico y su aparición marcó el triunfo de la teoría entera de la evolución, que es lo que importa. Y es que la evolución biológica es una realidad manifiesta. Compárese usted con un perro y verá: usted y él tienen dos ojos, dos oídos, una

---

* Conferencia dictada en la Universidad de Berkeley el 16 de noviembre de 2005.

nariz con dos orificios nasales, boca u hocico con dos hileras de dientes, un sistema circulatorio con venas y arterias y sangre roja con hemoglobina, pulmones para respirar, un sistema digestivo que procesa los alimentos y los excreta, etc., etc. Y sobre todo, que es lo que cuenta para la tesis que voy a sostener aquí, un sistema nervioso con el que usted y el perro sienten el dolor, el hambre, la sed, la angustia, la alegría, el miedo... Un sistema nervioso, que es el que produce el alma.

Y dejando al perro, compare ahora a su mujer con la hembra del chimpancé y verá que los ciclos reproductivos de ambas son casi iguales y que usted está casado con una casi igual, una semisimia parlante que produce óvulos, tiene menstruación mensual, es fecundada en el coito a través de una vagina y pare después de varios meses de gestación por el mismo orificio por el que la inseminaron. Y ponga a una simia y a su mujer a levantar sendas piedras a ver. Míreles las manos. ¿No se le hacen muy eficaces, muy expresivas, muy parecidas por no decir que iguales? Y míreles las caras, la expresión de las caras. Y por si le quedan dudas, tenga presente lo que nos enseñan la citología respecto al cariotipo y la biología molecular respecto al genoma: el chimpancé, el gorila y el orangután, o sea los grandes simios, tienen veinticuatro pares de cromosomas; el hombre tiene veintitrés, pero resulta que uno de los cromosomas nuestros está partido en dos en ellos, y los restantes veintidós pares de cromosomas son iguales. En cuanto al genoma (o sea el conjunto de los genes que están en los cromosomas y que determinan quiénes somos, si fulanito de tal o zutanito, si blanco o negro, si perro o gato), el del hombre y los del gorila y el orangután coinciden en el noventa y ocho por ciento, y el del hombre y el del chimpancé en el noventa y nueve por ciento. Así nos lo dice la última de las grandes ciencias biológicas, la biología molecular, la de Watson y Crick, la de Avrey, Kornberg, Spiegelman, etc. ¡Carambas! Si no estamos emparentados con los simios, los perros, los gatos, las vacas, las ratas y demás mamíferos (por no ir más allá de la clase *Mammalia* y ampliar nuestro parentesco al fílum de los vertebrados) tampoco entonces lo están los padres con los hijos, los hermanos con los hermanos, los primos con los primos...

Somos como los perros, los gatos, las vacas, las ratas... Lo que nos separa de ellos y de los restantes mamíferos frente a las coincidencias es insignificante. Hasta tenemos sus mismas enfermedades. Las ratas nos contagian la peste, pero del mismo modo nosotros se la contagiamos a ellas. Y a los perros les da diabetes, como a nosotros, y sobre todo si les sacamos el páncreas para ver si sí les da. Y les da cáncer, como a nosotros. Y envejecen, como nosotros. Y se mueren, como nosotros. ¿A qué entonces la pretensión bíblica de que el hombre es el rey de la creación? Acaso porque sólo el hombre ha desarrollado el lenguaje hablado, el de las palabras, en el que radica su portentosa capacidad de mentir. Nos designamos desde Linneo como el *Homo sapiens* u hombre sabio pero no, somos el *Homo mendax,* el hombre mentiroso, la mentira es nuestra esencia.

Milenios le tomó al hombre desengañarse del cuento bíblico, redescubrir y aceptar lo que en un principio bien sabía (cuando vivía en las copas de los árboles como simio o cuando bajó de ahí a las sabanas de África como australopiteco u homínido y se enderezó y empezó a caminar en dos patas), que en esencia es un simple animal, una especie más entre los millones de especies animales que pueblan la Tierra. Para mediados del siglo XX ya a ningún científico le quedaban dudas de esto. El «creacionismo», como se llamó a la teoría opuesta a la de la evolución y que sostiene que

Dios creó todas las especies inmutables tal como aparecen en el presente y que unas no provienen de las otras, hoy no es más que un feo engaño del pasado.

¿Y por qué se tardó tanto el hombre en descubrir verdad tan obvia? Es que nacemos con dos ojos para ver y dos oídos para oír pero con una venda moral que nos impide sentir el dolor del prójimo, entendiendo por «prójimo» todo el que tenga un sistema nervioso para sentir y sufrir, así camine en cuatro patas. Unos pocos en el curso de sus vidas se logran quitar la venda pero la mayoría no, como nacieron se mueren, con el alma tapada, que es como vivieron y murieron Cristo y Mahoma, a cuyas religiones hoy pertenece más de la mitad del género humano: tres mil cuatrocientos millones. Y sin embargo ya en el siglo VII antes de nuestra era Zaratustra, quien acabó en Irán con los sacrificios de bueyes y fue el primer protector de los animales, lo había entendido muy bien. Como lo entendió un siglo después Mahavira, el fundador del jainismo, cuya norma básica es la de no infligir jamás el dolor a ninguna criatura viviente y cuyo ideal supremo era la muerte voluntaria por inanición, con la que se anticipó en más de milenio y medio a los cátaros. Fueron jainistas los primeros en fundar, en el siglo III antes de nuestra era, asilos para animales viejos y enfermos donde los alimentaban hasta la muerte.

Pero las religiones de Cristo y de Mahoma no surgieron de la nada: provienen de la de Yavé, el Dios local de los judíos que fue el que creó el mundo en seis días. Y claro, con semejantes prisas así le quedó: un engendro chapucero. Tan mal le quedó que al punto se arrepintió y nos mandó el diluvio. «Yavé vio que la maldad del hombre en la tierra era grande y que todos sus pensamientos tendían siempre al mal. Se arrepintió entonces de haberlo creado y se afligió su corazón. "Borraré –dijo– de la superficie de la tierra a la humanidad, y también a los animales, pues me pesa haberlos creado"» (Génesis, 6,5). ¿Y por qué también a los animales? ¿Qué culpa tenían ellos de la maldad del hombre? ¿Por qué tenían que pagar ellos por nosotros? Oigan lo que dice el *Levítico,* el tercer libro de la Biblia:

«Si todo el pueblo de Israel ha pecado por ignorancia, en cuanto se dé cuenta de su pecado ofrecerá un novillo como sacrificio» (4,13).

«Si el que peca es el sumo sacerdote, le ofrecerá a Yavé un novillo sin defecto» (4,1).

«Si es un jefe, traerá como ofrenda un macho cabrío y lo degollará en el lugar de los holocaustos» (4,22).

«Quien toca por inadvertencia inmundicias humanas o pronuncia un juramento insensato, como sacrificio de reparación le llevará a Yavé una hembra de oveja o de cabra y el sacerdote hará expiación por él» (5,3).

«Si un hombre tiene relaciones con una esclava, le ofrecerá a Yavé como reparación un carnero (19,20).

«Si un hombre tiene relación sexual con un animal, morirán él y el animal. Y si una mujer se deja cubrir por un animal, los dos morirán también. Son responsables de su propia muerte» (18,23; y 20,15).

¡Carajo, yo jamás he visto a un pobre burro persiguiendo a una puta vieja para cubrirla!

Cada día, «ofrecidos en holocausto de calmante aroma para Yavé», se le sacrificarán al exigente dos corderos de un año sin defecto, uno por la mañana y otro al atardecer; el sábado serán dos corderos; el primer día de cada mes, siete más un carnero; el día 14 del primer mes, lo mismo; y lo mismo el día de las primicias, «además de un macho cabrío para que expíe por ustedes» (Números, 28,3 y siguientes). Y así se va haciendo la larga lista de los animales que hay que sacrificarle en tal día o en tal otro al despótico Señor del mundo, por lo uno, por lo otro, por lo otro. Porque a la mujer le vino la regla, porque dio a luz una niña... Cabras, tórtolas, vacas, chivos, corderos, carneros, ovejas, pichones van cayendo degollados o despanzurrados para después ser quemados en el altar del Monstruo.

De los libros de la Biblia, y de cuantos ha escrito el hombre en arcilla, en papiro, en pergamino, en papel, con ideogramas, jeroglíficos, caracteres cuneiformes o letras de alfabeto, el *Levítico* y *Números,* en los que Yavé le exige a su pueblo de carnívoros sacrificios de animales, son los más infames. Son el tercero y cuarto de esa colección de libros imbéciles y pérfidos que en el curso de medio milenio pergeñó el pueblo de Israel para justificar sus crímenes y sus guerras de conquista y para desgracia eterna de los hombres. Ni siquiera el libro de *Josué* es tan vil. En éste, el sexto del mamotreto, es donde está el famoso pasaje en que durante la batalla de los israelitas contra los amorreos Yavé detiene el sol en medio del cielo sobre Gabaón para que se tarde en ponerse de suerte que Josué, su esbirro, pueda completar a cabalidad el exterminio de sus enemigos. En el curso de su campaña de guerra santa y tierra arrasada por las montañas, las planicies y las lomas de Canaán, la tierra prometida, que Josué recorre sin dejar vencido vivo, pasándolos a todos a cuchillo y asolándolo todo, el esbirro de Yavé ataca por sorpresa a los amorreos y los vence. «Y mientras los amoreos huían ante Israel y ya alcanzaban la bajada de Bet-Horón –anota el relato bíblico–, Yavé les lanzaba desde lo alto del cielo grandes piedras de hielo. Los que murieron golpeados por las piedras fueron más numerosos que los que cayeron bajo la espada de los israelitas». ¡Qué imagen grotesca! El creador del mundo lanzándoles piedras desde lo alto del cielo, a mansalva y sobre seguro como cualquier rufián de baja ralea, a unos vencidos que huyen... Pero dos páginas después, cuando

Josué emprende la conquista norte del país, el Monstruo se supera en infamia: «No les temas a tus enemigos –le dice a Josué– porque mañana a esta hora los entregaré heridos de muerte a Israel. Les cortarás entonces los jarretes a sus caballos y echarás al fuego sus carros» (Josué, 11,6). Y así se hace, los derrotan sin dejar un solo sobreviviente, les cortan los jarretes a los caballos y echan al fuego los carros.

«Cuando alguien me presente una ofrenda de animales –le ordena Yavé a Moisés en el *Levítico*–, que sea de ganado mayor o menor. Sacrificarán el novillo delante de mí y los sacerdotes ofrecerán su sangre derramándola sobre el altar; desollarán la víctima, la despedazarán y ahí la quemarán; éste es el holocausto o sacrificio por el fuego, cuyo suave olor apacigua a Yavé. Si alguien me ofrece ganado menor, corderos o cabras, que sean también machos sin defecto: los sacrificarán en el lado norte del altar, derramarán su sangre alrededor y luego los despedazarán en porciones. Si el holocausto es de aves, que sean tórtolas o pichones: el sacerdote les retorcerá la cabeza y las quemará sobre el altar rociando antes con su sangre la pared. Éste es el holocausto o sacrificio por el fuego, cuyo suave olor apacigua a Yavé». Y esta fórmula inicua, «cuyo suave olor apacigua a Yavé», se repite una y otra y otra vez como en un responso fúnebre y monstruoso en la letanía de los sacrificios de holocausto, de comunión, por el pecado, por la malicia y por todos los delitos del hombre, en que van cayendo degolladas cabras, novillos, tórtolas, pichones, ovejas, corderos, carneros... Así que también Yavé tiene el sentido del olfato. Con razón dice el *Génesis,* empezando la Biblia, que Yavé «hizo al hombre a su imagen y semejanza». ¿Se comerá también Yavé, y los excretará como el hombre, a los animales que le sacrifican? Manual de los carniceros, el *Levítico* se lo destinó Yavé a los levitas, los de la tribu de Leví, su preferida, a quienes eligió como sus sacerdotes y de quienes proviene la estirpe rezandera de curas, pastores, popes, rabinos y ayatolas que después de milenios siguen infectando al mundo.

La fuente de la que manan las tres religiones semíticas del judaísmo, el cristianismo y el mahometismo es la Biblia, un conjunto de libros escritos por incontables autores anónimos que a lo largo de medio milenio lo fueron reescribiendo, cambiando y comentando hasta lograr la maravilla que tenemos hoy: la palabra de Dios apresada en hebreo, griego, latín, inglés, castellano, etcétera, y donde Yavé, el Ser Supremo, cohonesta, autoriza y sanciona: la mentira, el engaño, el robo, el asalto, la esclavitud, el adulterio, la prostitución, el canibalismo, la intemperancia, la ignorancia, la arrogancia, la intolerancia, la tiranía, la brujería, la holgazanería, la embriaguez, la obscenidad, el asesinato, el fraude, las guerras de conquista, el atropello a niños y mujeres, los sacrificios de animales y la crueldad con ellos... Y qué sé yo, todo un catálogo de infamias. El incesto también, aunque ése es bueno, digo yo, ¿pues quién teniendo comida limpia y sana en su casa se va a comer a los restaurantes sucios de afuera? Y también la poligamia, aunque entendida como poliginia, o sea un hombre con varias mujeres, y nunca como poliandria, o sea una mujer con varios hombres, pues la Biblia es rabiosamente antifeminista. En tanto no se reproduzca y no haga daño, la mujer tiene derecho a cuantos hombres le plazca: diez, veinte, treinta, cien... Mientras no haya atropello ni reproducción el sexo es bueno con lo que sea: hombres, mujeres, perros y gatos. Madres con hijos, hijas con padres, hermanos con hermanas, hermanos con hermanos... El sexo despeja la cabeza y alegra el corazón. Lo malo de esa actividad tan encomiable es cuando el hombre, en contubernio con una mujer, la destina a la reproducción, a imponerle la existencia a un tercero que no la ha pedido y que está tranquilo en la paz de la nada. Nadie tiene derecho a reproducirse, imponer la vida es el crimen máximo.

Pero pasemos a Cristo para seguir con Mahoma. ¿Quién fue este buen hombre, incierto y lejano, que hace dos mil años fundó la religión que lleva su nombre, a la que hoy pertenecen dos mil millones y que tanta desgracia ha sembrado sobre la Tierra? Que nos lo describan, primero, sus palabras, que después seguimos con sus hechos.

«El que no está conmigo está contra mí, y el que no recoge conmigo desparrama» (Lucas, 11,23).

«Fuego he venido a traer a la tierra, ¿y qué quiero sino que arda? No he venido a traer la paz sino la espada. Y desde ahora habrá cinco en una casa divididos: tres contra dos y dos contra tres. Se dividirán el padre contra el hijo y el hijo contra el padre, la madre contra la hija y la hija contra la madre, la suegra contra la nuera y la nuera contra la suegra» (Lucas, 12,49 y Mateo, 10,34).

«Al que tiene se le dará, pero al que no tiene aun lo que tiene se le quitará. Y a esos enemigos míos que no quieren que yo reine, traédmelos y matadlos en mi presencia» (Lucas, 19,26).

«Yo he venido a este mundo para un juicio, para que los que no ven vean, y los que ven se queden ciegos» (Juan, 9,39).

«Si alguno viene a mí y no odia a su padre y a su madre y a la esposa y a los hijos y a los hermanos y a las hermanas y hasta su propia vida, no puede ser mi discípulo» (Lucas, 14,26).

«Y si tu pie te escandaliza, córtatelo, y si tu ojo te escandaliza, sácatelo, que más vale entrar tuerto al Reino de los Cielos que ser arrojado con dos ojos al fuego del infierno» (Marcos, 9,45).

Hombre, éstas son frases de loco. Con razón Porfirio, el filósofo neoplatónico del siglo III, escribió un libro, *Contra los cristianos,* burlándose de semejantes cretinadas. El emperador cristiano Teodosio, un santurrón asesino del siglo IV, ordenó quemar el libro, pero algunas de sus frases han llegado hasta nosotros, y por ellas compruebo, con emoción, que lo que a mí se me ocurre hoy leyendo los Evangelios ya se le había ocurrido a otro hace mil ochocientos años. Porfirio escribió también otro libro, *Sobre la abstinencia de animales,* en el que propone el vegetarianismo y sostiene que comer carne constituye un grave delito pues requiere dar muerte a seres inocentes que tienen vida, sensación, memoria e inteligencia como nosotros, y que están emparentados con nosotros, sin que el vínculo de parentesco se rompa por el hecho de que algunos sean feroces.

Que Porfirio haya escrito un libro defendiendo a los animales y otro atacando a los cristianos no se me hace casual. Aquí yo estoy haciendo lo mismo. Le dedico entonces este texto a su memoria. Porfirio, san Porfirio que estás en los cielos, aquí me tienes de tu lado en la pelea que casaste contra esa religión infame cuando aún no mostraba los colmillos, hace mil ochocientos años. ¡Huy! ¡Cuánta agua no ha arrastrado el río! No bien se montaron los cristianos en el carro del poder de Constantino gracias a sus intrigas zalameras, y de inmediato de perseguidos se convirtieron en perseguidores y de víctimas en victimarios. Entonces empezaron a quemar libros, y después de los libros pasaron a quemar herejes y brujas. En esa religión santurrona e hipócrita que denunció Porfirio estaba en germen el monstruo que andando los siglos habría de establecer el *Índice de los libros prohibidos* y de quemar a Giordano Bruno en una hoguera por obra de la institución más monstruosa que haya concebido la mente podrida del hombre, la Inquisición.

Pero volviendo a Cristo pasemos a sus hechos. Por ponerse a sacarle los «espíritus inmundos» de adentro a un endemoniado que estaba muy contento con ellos y pasárselos a una piara de cerdos, a los porqueros de Gerasa les hizo lanzar por una pendiente hacia el mar, donde se ahogaron, dos mil cerdos que se dicen rápido pero que el alucinado no les pagó porque ¿por qué? ¿Para eso no era pues el Hijo de Dios? (Mateo, 5,11).

Y en un ataque de ira sacó a latigazos a los mercaderes del templo porque estaban comerciando allí para ganarse la vida: «Mi casa será casa de oración, pero vosotros la habéis vuelto una cueva de ladrones» (Lucas, 19,45). Si no quería que los mercaderes comerciaran en el templo, ¿por qué no los hizo ricos y así no habrían tenido que trabajar? ¿No era pues el Hijo de Dios? Le hubiera pedido plata al Padre Eterno... Además los curas de Medellín, donde nací, ¿no venden pues empanadas en los atrios de las iglesias? ¿Por qué ellos sí pueden y los mercaderes no? ¿Y por qué resucitó a Lázaro, si la vida es un horror y él ya estaba tranquilo en la tumba? Lo hubiera dejado allí descansando en paz. Total, después Lázaro se tuvo que volver a morir. ¿O me van a venir ahora con el cuento, los telepredicadores gringos del *Evangelio,* de que Lázaro sigue vivo? Que me lo presenten a ver, para tomarme con él un tequila. Y ese expulsador de demonios y explotador de pobres y sacador de mercaderes a latigazos y resucitador de muertos ¿es el paradigma de lo humano, el ejemplo que todos tenemos que seguir? Que dizque le era más fácil a un camello pasar por el ojo de una aguja que a un rico entrar en el reino de los cielos. ¡Claro, lo decía porque él era pobre, hijo de un carpintero! Si hubiera sido rico como Bush que se ganó su platica trabajando de sol a sol, ¡otro gallo nos cantara! En los Evangelios nunca se ve a Cristo dándoles de su plata a los pobres. Comiendo sí, como un gorrón, cuando lo invitan, y bebiendo. En las bodas de Caná convirtió el agua en vino para que se pudieran seguir emborrachando los borrachos. ¿Qué diría Mahoma de esto?

¿Mahoma, que no bebía ni dejaba beber? Para más soy yo que les di los cien mil dólares del Premio Rómulo Gallegos que me dio Venezuela a los perros abandonados de Caracas. ¿Por qué no se ocupará de ellos el Padre Eterno que los hizo, y me echa encima toda la carga a mí que no tengo velas en ese entierro? «No deis las cosas santas a los perros, ni echéis vuestras perlas a los cerdos, no sea que las pisoteen con sus patas y revolviéndose os despedacen», dice Mateo en su *Evangelio*. Pues a mí jamás los cerdos me han pisoteado ni despedazado con sus patas. Ceguera moral es pensar que un pobre cerdo, un animal indefenso, no merece respeto. En Colombia a los cerdos el día de la Navidad los acuchillan para celebrar la venida a este mundo del Niño Dios. Sus aullidos de dolor aún me siguen resonando en los oídos después de tantos y tantos años transcurridos. Es que ni la Iglesia católica, ni la ortodoxa, ni la protestante, ni los judíos, ni los musulmanes han respetado nunca a los animales.

«Serpientes, raza de víboras» les dice el Hijo de Dios a los escribas y fariseos en el capítulo 23 del *Evangelio* de Mateo, insultando con nombres de animales. Como Lenin. O como los Doctores y Padres de la Iglesia que vinieron luego y siguieron su ejemplo: san Atanasio llama a los arrianos «serpientes» y «escarabajos». San Agustín llama a los donatistas «ranas» y a los judíos «víboras» y «lobos». San Hilario de Poitiers dice que los judíos «no son hijos de Abraham sino de la estirpe de la serpiente», y a los idólatras los llama «rebaño de reses» y «bandada de cuervos». San Juan Crisóstomo considera a los judíos «peores que los cerdos, los machos cabríos y todos los lobos juntos», a la sinagoga la llama «cubil de bestias inmundas» y a los herejes «perros que ladran». San Efrén (que de niño mató a pedradas a una vaca) llama a los judíos «lobos sanguinarios» y «cerdos inmundos», a los partidarios de Marción «hijos de serpiente», y a los seguidores de Mani «piara de cerdos». San Jerónimo, el de la *Vulgata,* la traducción más famosa de la Biblia al latín, llama a los herejes «asnos de dos pies», a Vigilantius «perro viviente», a Lupicino «asno» y «perro corpulento de raza irlandesa bien cebado», a Orígenes «cuervo» y «pajarraco negro como la pez» y a Rufino «escorpión», «tortuga que gruñe» e «hidra de numerosas cabezas». San Ambrosio juzgaba las opiniones de Joviniano «ladridos de perros», y Teodoreto, obispo de Ciro, llama al patriarca Jorge de Capadocia «lobo», «oso» y «pantera». San Gregorio Nacianceno llama al emperador Juliano «cerdo que se revuelca en el fango», san Efrén lo llama «lobo», «cabrón» y «serpiente», y Eusebio, el primer historiador de la Iglesia, lo llama «perro rabioso», que es como san Ignacio de Antioquía llama a los cristianos que se le oponen, amén de «lobos que se fingen mansos». San Pablo llama «perros» a los dirigentes de la comunidad cristiana de Jerusalén y poco más le faltó para incluir a san Pedro entre «los que orinan contra la pared» (perífrasis de Lutero en su traducción al alemán de la Biblia). Tertuliano llama a los herejes «lobos insaciables» y san Epifanio de Salamina «víboras de variadas especies».

Termino la lista con el que la empecé y lo que responde en un pasaje del *Evangelio* de Lucas: «En aquel momento se acercaron unos fariseos diciéndole: "Sal de aquí y vete porque Herodes te quiere matar". Y les respondió: "Id y decidle a ese zorro que yo hago curaciones y expulso demonios"». ¡El Hijo de Dios llamando «zorro» a su prójimo! ¿Y qué tenía en contra de los zorros? ¿Acaso no los hizo él mismo, o mejor dicho su papá?

Y ahora, con la venia de los que vuelan torres, paso a Mahoma, esta máquina de infamias que ni de la reproducción se privó: seis hijos tuvo con Khadija, la viuda rica con que se casó, y otro con su concubina María la Copta. Desde los veinticinco a los cuarenta y cinco años, este mercader taimado que habría de fundar la religión musulmana (pomposamente llamada el Islam) se pasaba el mes santo encerrado en la caverna de Hera, en las inmediaciones de La Meca, esperando al ángel Gabriel, que le aterrizaba encima y le hacía «revelaciones»: que Alá, le decía, era grande, y que él era su Profeta. Y en el árabe más puro, el coránico, que en esos instantes mismos nacía limpísimo, intocado, libre de anacolutos y moscas y de todo excremento humano o de perro, el enviado de Alá el Clemente y Misericordioso le iba dictando a su Profeta los luminosos versículos de los justicieros suras del Corán:

«Si teméis no ser equitativos con los huérfanos, no os caséis más que con dos, tres o cuatro mujeres» (sura 4, versículo 3).

«En el reparto de los bienes entre vuestros hijos Alá os manda dar al varón la porción de dos hijas» (sura 2, versículo 12).

«Jamás le ha sido dado a un profeta hacer prisioneros sin haberlos degollado ni cometer grandes sacrificios en la tierra» (sura 8, versículo 68).

«Felices son los creyentes que limitan sus goces a sus mujeres y a las esclavas que les procuran sus manos diestras» (sura 23, versículo 6).

«¿Hemos creado acaso ángeles hembras?» (sura 37, versículo 150).

«Las peores bestias de la tierra ante Alá son los mudos y los sordos, que no entienden nada. Si Alá hubiese visto en ellos alguna buena disposición, les habría dado el oído. Pero si lo tuviesen, se extraviarían y se alejarían de él» (suras 8, 22 y 23).

Se diría la Biblia donde Yavé, en el *Deuteronomio* y el *Éxodo,* le dicta a Moisés los siguientes sabios preceptos que han de guiar a su pueblo:

«El que tenga los testículos aplastados o el pene mutilado no será admitido en la asamblea de Yavé. Ni tampoco el mestizo, hasta la décima generación» (Deuteronomio, 23,2).

«Si un hombre toma una mujer y se casa con ella, a lo mejor después le encuentra algún defecto y ya no la quiere. En tal caso le expedirá un certificado de divorcio y la despedirá de su casa» (Deuteronomio, 24,1).

«Si compras un esclavo hebreo, te servirá seis años» (Éxodo, 21,2).

«Si el esclavo dice: "Estoy feliz con mi patrón", éste le horadará la oreja con un punzón y el esclavo quedará a su servicio para siempre» (Éxodo, 21,5 y Deuteronomio, 15,16).

«Si un hombre golpea a su esclavo o a su esclava con un palo y lo mata, será reo de crimen. Mas si sobreviven uno o dos días no se le culpará porque le pertenecían» (Éxodo, 21,18).

«Si un hombre hiere a su esclavo en el ojo dejándolo tuerto, le dará la libertad a cambio del ojo que le sacó» (Éxodo, 21,26).

En crueldad y maldad, en antifeminismo y esclavismo, el Corán compite con la Biblia.

Muerta Khadija y dueño de su herencia, el flamante Profeta se entregó de lleno a la cópula con mujeres, y montándose a horcajadas en el monoteísmo poligínico se dio a propagarlo por el mundo con la espada. Llegó a ser el hombre más poderoso de la península arábiga, donde instaló su reino del terror y mató a millares. No obstante, el socarrón seguía recibiendo las visitas del ángel, que le hacía nuevas revelaciones: las que necesitara para justificar su lujuria rapaz y sanguinaria. Como en el aura de un ataque de epilepsia oía campanitas, entraba en trance y entonces se le aparecía su compinche alado y le dictaba, por ejemplo, el versículo 4 del sura 33 autorizándolo a disponer sin reparos de conciencia, como bien quisiera, de Zaynab, la bella joven esposa de su hijo Zaid, porque éste no era hijo propio sino adoptivo. Cuando sus bandidos de Medina asaltaron en el mes sagrado, en que la costumbre prohibía el derramamiento de sangre, una caravana que iba de La Meca a Siria y en el asalto mataron a uno, el iluminado volvió a oír campanitas y su Gabriel alcahueta le dictó el versículo 214 del sura 2 para justificar el crimen: «A los que te interroguen sobre la guerra y la carnicería en el mes sagrado diles que es pecado grave, sí, pero que es mucho más grave apartarse de la senda de Alá y la idolatría». Y tras de embolsarse la quinta parte del botín, el Profeta santo y noble cuyos secuaces hoy se sienten autorizados a volar torres con aviones y a matar en su nombre a cuantos se les atraviesen, aceptó cuarenta onzas de oro de rescate por cada prisionero.

Otro versículo de otro sura le dictó el ángel alcahueta para legalizarle su concubinato con María la Copta, criada de su mujer Hafsa. Porque aparte de Khadija, Zaynab y Hafsa y las esclavas, que no cuentan, tuvo otras once mujeres legítimas (contabilizadas), entre las cuales Aisha, que tenía nueve años cuando él, de cincuenta y tres, la estupró. ¡Más pederasta que cura de la diócesis de Boston! Si hoy viviera, lo condecoraríamos en México con la cruz del padre Marcial Maciel y sus Legionarios de Cristo. Parece que en esta ocasión el remilgado no necesitó de versículo especial: violó a Aisha y de paso se echó al bolsillo la voluntad de su padre, Abu Bakr, quien habría de sucederlo, una vez que Alá llamó a su seno a su Profeta, como primer califa. Cuando Aisha creció, con sentido del humor comentaba que cada vez que a su multicompartido marido se le presentaban problemas de conciencia, el Mensajero de Alá oía campanitas: venía el ángel Gabriel, le dictaba su versículo y santo remedio. Para males de conciencia no hay medicina mejor que un espíritu celeste del octavo coro.

Al poeta Abu Afak, del clan Khazrajite y de cien años de edad, lo mandó asesinar mientras dormía por haberse atrevido a criticarlo en unos versos. Y por motivo igual mandó matar a la poetisa Asma bint Marwan, de la tribu de los Aws, a quien su esbirro Umayr ibn Adi, azuzado por él, fue a buscarla a su casa y allí, en momentos en que la joven amamantaba a su niño de pecho, la asesinó clavándole una espada. Al judío Kab ibn al Asharaf, que se atrevió a llorar en verso a unas víctimas del Profeta, el sanguinario también lo mandó matar, y cuando sus esbirros le echaron la cabeza de Kab a sus pies los alabó por sus buenas acciones en pro de la causa de Alá. A los judíos de la tribu de Nadir los expulsó de Medina para apoderarse de sus bienes y después los masacró, como masacró, en el 627, a los judíos del clan de los Qurayza, que tuvieron la temeridad de quedarse en la ciudad: a todos los hombres (entre seiscientos y novecientos) los ejecutó, y a las mujeres y a los niños los vendió como esclavos. Los crímenes, atrocidades y bellaquerías de esta máquina imparable de matar y fornicar dan para todo un compendio de la infamia: su biografía.

La Biblia y el Corán aprueban pues, explícitamente, la esclavitud. En cuanto a Cristo, al no desligarse de la ley antigua de la que dijo que no venía a abolirla sino a perfeccionarla, implícitamente la acepta. Y así, con la bendición de ambos libros y la aprobación tácita de Cristo, hubo en el mundo esclavitud declarada hasta mediados del siglo XIX aquí en los Estados Unidos, país cristiano, y hasta mediados del siglo XX (si no es que hasta hoy subrepticiamente) en Arabia Saudita y Yemen, países mahometanos. Después de lo dicho, ¿se podrá esperar compasión para un cordero de parte de los secuaces de Alá y Mahoma, de Jehová y Moisés, de Dios y Cristo? Lo más que se puede pedir es que al Padre y al Hijo no les dé por comerse la paloma del Espíritu Santo, el Paráclito, porque entonces ahí sí va a ser el Armagedón. ¿Se imaginan un cónclave sin Espíritu Santo? ¿Quién va a inspirar a los purpurados? ¿Quién va a poner de acuerdo a los tonsurados? ¿Quién va a evitar el zafarrancho de los travestidos la próxima vez que se junten para elegirle pastor a la grey carnívora? Al Padre y al Hijo desde aquí les hago un comedido llamado: por el bien de la humanidad no se nos vayan a comer al Paráclito.

Autorizados por la Biblia, los Evangelios y el Corán, hoy dos mil millones de cristianos, mil cuatrocientos millones de musulmanes y diez millones de judíos se sienten con el derecho divino consagrado en el *Génesis* de disponer como a bien les plazca de los animales: de enjaularlos, de rajarlos, de cazarlos, de befarlos, de torturarlos, de acuchillarlos, en las granjas-fábricas, en los cotos de caza, en las plazas de toros, en los circos, en las galleras, en los mataderos, en los laboratorios y en las escuelas que practican la vivisección... «Dios es amor» dicen los protestantes. No. Dios es odio. Odio contra el hombre, odio contra los animales. E infames las tres religiones semíticas que invocan su nombre.

Cuando yo nací las gallinas y los pollos andaban sueltos por el campo buscando comida, picoteando, respirando a pulmón pleno el aire del planeta que a todos nos tocó. Hoy viven y mueren encerrados en las estrechas jaulas en que transcurren sus vidas, con los picos cortados, casi inmovilizados sobre las montañas de sus propios excrementos, bajo una luz artificial que suben y bajan sus dueños para engañarlos y que les produzcan más en carne y huevos, y sin ver nunca la luz del sol. A las gallinas y los pollos de mi infancia terminaban por retorcerles el pescuezo, pero el crimen sólo duraba unos instantes. Los pollos y las gallinas de hoy, en cambio, viven un largo infierno que sólo se termina con su muerte. Tomás de Aquino, el ser más repugnante y depravado que ha parido el cristianismo (por sobre Pablo de Tarso y Agustín de Hipona), aceptaba que los animales tenían alma, pero no inmortal como la nuestra, lo cual nos confería el derecho de hacer con ellos cuanto se nos antojara. De la orden dominica, inquisidora, la de Domingo de Guzmán que se habría de entregar en cuerpo y alma a degollar cátaros y a quemar brujas y herejes en hogueras, Tomás de Aquino era un barrigón glotón. Para tenerlo más cerca cuando lo invitara a comer, el papa Urbano IV le hizo abrir a su mesa un semicírculo, de suerte que su voluminoso huésped se acomodara allí y no le quedara tan lejos y pudiera oírlo. El gordo Aquino iba procesando entonces en sus tripas corderitos y faisanes que, condimentados con las abstrusas categorías aristotélicas que aprendió de su maestro Alberto Magno, le salían por el sieso convertidos en excremento sólido, y por la mansarda de arriba en escolástica, que es espíritu sutil. «El que mata al buey ajeno –decía en su excrementicia *Suma Teológica*– no peca porque mata al buey, sino porque perjudica al dueño». Y he aquí la opinión de Agustín de Hipona, el hijo de santa Mónica la borracha o *biberona,* en latín: «Cristo mismo mostró que abstenerse de matar animales y destruir plantas es el colmo de la superstición, pues juzgando que no había derechos comunes entre nosotros y los animales y las plantas envió a los demonios a una manada de cerdos y maldijo la higuera que no daba fruto». ¡La piara de cerdos de que les hablé arriba!

La caridad, sostenía Tomás de Aquino, no se extiende a los irracionales por tres razones: una, «porque no son competentes propiamente hablando para poseer el bien, siendo éste exclusivo de las criaturas racionales»; dos, porque no tenemos comunidad de afectos con ellos; y tres, porque la caridad se basa en la comunión de la felicidad eterna que los irracionales no pueden alcanzar. Con razón a mediados del siglo XIX Pío Nono, el infalible, impidió que se fundara en Roma una Sociedad para la Prevención de la Crueldad con los Animales arguyendo que eso significaría que los seres humanos tienen obligaciones para con ellos. ¡Ah par de malnacidos! El alma, cabrones, es un epifenómeno de la materia, una entelequia perecedera, humo del cerebro que dura lo que duran las conexiones nerviosas que lo producen y que después, cuando nos muramos, se han de tragar los gusanos o las llamas.

Desde mi infancia en que los pollos andaban libres por el campo hasta el día de hoy en que viven, sufren y mueren encerrados en sus minúsculas jaulas, la desdicha de la mayoría de los animales de la Tierra ha ido en aumento. La forma en que sus torturadores la han acrecentado en las fábricas de animales y en los laboratorios que experimentan con ellos raya en la insania. Lo que pasó con los pollos se extendió en los Estados Unidos y Europa a los pavos, los cerdos, los terneros y las vacas: la producción masiva de estos pobres animales en las estrechas baterías de las fábricas de carne donde les han ido reduciendo el espacio hasta casi inmovilizarlos. Basadas en la racionalización extremada de la producción que inventó Henry Ford para los carros, estas fábricas de animales tienen la gran ventaja sobre las otras de que pueden prescindir de los obreros, que exigen, amenazan y hacen huelgas y chantajean con los sindicatos. No, los que fabrican ahora el producto son almas: almas despreciables y perecederas de las que según Tomás de Aquino y Pío Nono no tienen derecho al cielo. ¡Pero qué digo al cielo! Los nuevos Henry Ford de las fábricas de carne han llevado su eficiencia industrial hasta el delirio de una pesadilla alucinante para los pobres, inocentes, indefensos animales, que ya no tienen ni siquiera el derecho a la luz del sol y al mínimo espacio que les permita darse vuelta en sus lóbregos calabozos. Hoy en los Estados Unidos se están produciendo y masacrando al año por este sistema de producción desalmada cincuenta millones de vacas, terneros y cerdos, doscientos millones de pavos y seis mil millones de pollos para que los dueños de los Burger King, los McDonald's y los Wendy's inflen sus bolsas y los comedores de carne, negros y blancos, cristianos y musulmanes, tengan carburante para sus almas inmortales.

Me niego a describir el horror de los mataderos o los sufrimientos a que son sometidos los miles de millones de animales enjaulados y torturados en las granjas-fabricas de los Estados Unidos, Japón y Europa y en los laboratorios y escuelas donde se experimenta con ellos y se les practica la vivisección con el pretexto de la ciencia aunque en realidad por los motivos más baladíes e inmorales, en busca de becas, honores, cátedras y premios, y repitiendo a menudo experimentos que ya se hicieron y se reportaron con fines tan injustificables como la comprobación de un nuevo producto industrial o un cosmético. Según un análisis bursátil, el Charles River Breeding Laboratory, compañía al servicio de los laboratorios norteamericanos, produce ella sola al año veintidós millones de animales para la experimentación.

Este país que se las da de justiciero ha permitido que durante años sus matarifes de bata blanca, que acumulan títulos y doctorados a costa del dinero público, les hayan venido inyectando el virus del sida a los chimpancés con el cuento de que por ese camino van a producir una vacuna para salvar humanos. ¡Ay, tan desprendidos ellos, tan generosos! Dios, si es que existe y si es que ve, bien sabe que mienten. Detrás de lo que van estos avorazados es de más becas y del Premio Nobel. Hoy por hoy no quedan ni diez mil chimpancés en el planeta; maricas, en cambio, hay como seiscientos millones, sin incluir salesianos, escolapios, jesuitas, Legionarios de Cristo, Hermanos Cristianos y tartufos del Opus Dei. En la medida en que un animal se parezca a nosotros no podemos experimentar con él. Y en la medida en que no se parece, ¿para qué experimentamos si no sirve? Existe entre los animales una jerarquía del dolor que no vieron Moisés, Cristo y Mahoma, y que es la misma de la complejidad de sus sistemas nerviosos. En proporción a esa complejidad de los sistemas nerviosos, que es de donde resulta la capacidad, mayor o menor, de sentir el dolor, que es parte del alma, debemos respetar a los animales. Por las coincidencias genéticas, fisiológicas, neurológicas, psicológicas, sociológicas y de todo orden que tienen con nosotros no podemos experimentar con los chimpancés. Y no podemos experimentar con los perros porque además de las coincidencias biológicas, hace más de cien mil años hicimos un pacto de solidaridad con ellos para ayudarnos. Ese pacto no lo podemos violar, si es que creemos que debe existir eso que llamamos moral o ética. A las mezquitas no entran los perros ni los perros cristianos, ya lo sé; el buen musulmán les cierra el paso. Dicen que son sucios. ¡Ay, tan limpiecitos ellos! A lo mejor Bin Laden es un espíritu glorioso, del octavo coro, con cuatro pares de alas y sin piojos, como Gabriel.

Después de dos mil quinientos años de mentira obtusa seguimos haciéndonos los tontos con el viejo cuento que fraguaron los escribas de Yavé cuando pergeñaban el *Génesis,* de que el viejo ese rabioso de arriba creó el mundo en seis días y que en el quinto y el sexto, antes de sentarse a descansar y a rascarse las pelotas, creó a los animales para el servicio del hombre. «Hagamos al hombre a nuestra imagen y semejanza –dijo Yavé–. Que tenga autoridad sobre los peces del mar y las aves del cielo, sobre los animales del campo, las fieras salvajes y los reptiles que se arrastran por el suelo» (Génesis, 1,26). Si de veras así fuera, a su imagen y semejanza, entonces Dios sería una bestia lujuriosa, excretora y mala. Pero no. Dios no existe. Dios es una entelequia viciosa, monstruosa, un engendro de la mente podrida del hombre. Los animales se fueron formando solos, y nosotros con ellos, desde la primera célula de nuestro común origen con que empieza la tremenda y dolorosa aventura de la vida.

Yo nací en la religión de Cristo, con la venda en los ojos. En la religión de quien no tuvo una sola palabra de amor para los animales. En vano la buscarán en los Evangelios, que tanto predican en este país de vivos tantos vivos que viven de ellos. Y sin embargo Cristo nació entre animales: en un pesebre, flanqueado por una mula y un buey. Y el Domingo de Ramos entró en triunfo a Jerusalén montado en un borriquito. Pero no quiso a la mula ni al buey ni al borriquito, no le dio el alma para ello.

Sí, yo nací en la religión de Cristo y en ella me bautizaron y educaron pero en ella no me pienso morir. Me muero en la impenitencia final, maldiciendo de Dios y sus lacayos y bendiciendo a mi señor Satanás que me espera abajo, en tierra caliente. En tanto, mientras me llega la hora, trabajo en mi obra máxima, *Los crímenes del cristianismo,* una enciclopedia en veinte volúmenes que me está dictando Dios a través de un ángel hembra, Lucía, y en la que levanto el imponente inventario de los papas, sus iniquidades y bellaquerías. Y de paso, por joder, me he inventado una nueva religión con dos preceptos espléndidos, que hacen papilla el verborreico decálogo de Moisés: uno, no te reproducirás; y dos, respetarás a los animales, tu prójimo. El primero me lo sugirió Cristo, que en eso por lo menos obró bien y no le dio nietecitos a su papá el Padre Eterno; y el otro lo tomé de Mahavira y sus jainistas que fundaron los primeros refugios de animales. Y aquí estoy, aquí me tienen, desmemoriado pero lúcido, esperando el día del juicio en que suene la trompeta.

Osos y Reyes[*]

El 12 de octubre de 2004 el periódico *Romania Libera* de Bucarest informó de la cacería en la región rumana de Covasna, al pie de los Cárpatos, en que Juan Carlos Borbón, alias Su Majestad don Juan Carlos I de Borbón y Borbón (con el «de» y la «y» que se suelen poner estos zánganos en sus nombres para significar que nacieron de la vagina de oro), mató a escopetazos a nueve osos, una osa gestante y un lobo y dejó malheridos de bala a varios otros animales que medio centenar de ojeadores le iban poniendo a su alcance de suerte que los pudiera abatir alevosamente. Varios miembros de la policía secreta rumana disfrazados de campesinos e infiltrados entre los ojeadores protegían de los osos y de cuanto peligro se pudiera presentar al señorito. La cacería o masacre tuvo lugar del viernes 8 de octubre al domingo 10 y la organizó la empresa Abies Hunting, experta en estas bellaquerías. El Rey había llegado al aeropuerto Otopeni de Bucarest en su jet privado, y escoltado por diez patrullas de la policía y varios vehículos de acompañamiento protocolario se había trasladado a las cabañas que tenía en la región para sus cacerías Ceaucescu. Los lugareños de Covasna le depararon a Su Majestad un cálido recibimiento folclórico vestidos con trajes típicos y lo agasajaron con palinca, un aguardiente de ciruela que no sé si le gustó o no al borrachín. Porque han de saber que este señorito viejo además de

---

[*] Artículo publicado en el número de marzo de 2007 de la revista *Soho*.

cazador es mujeriego, buen vividor, borrachín y corrupto. Lo de mujeriego, buen vividor y borrachín es cosa suya y de su familia, que se lo tendrán que aguantar. Lo de corrupto es cosa de España, que lo alcahuetea. Y lo de cazador es cosa mía y la que me mueve a escribir este artículo para denunciar al bellaco. Dada la absoluta insensibilidad de la mayoría de los seres humanos ante el sufrimiento de los animales, pero dada también la indignación general que causan en todos lados la venalidad y los peculados de los funcionarios públicos, voy a mencionar de pasada a algunos de los amigos íntimos del Rey, con quienes ha tenido negocios (ya no más porque están en la cárcel) y quienes, tramados en la más embrollada red de complicidades y llenándose de paso sus bolsillos de millones, han hinchado las arcas reales con los sobornos que han sacado de aquí y allá con su consentimiento y usando su nombre hasta el punto de convertirlo, del pobretón que era cuando llegó a la Corona en 1975, en uno de los hombres más ricos del mundo: en el 2003 la revista *Forbes* le atribuía una fortuna de 1.790 millones de euros. He aquí unos cuantos de sus amigos delincuentes:

Javier de la Rosa y Manuel Prado y Colón de Carvajal (otro con la «y» y el «de», nacido de la chimba de oro), condenados en diciembre de 2002 por la Audiencia Nacional de España el primero a cinco años y medio de prisión y el segundo a dos por los delitos de apropiación indebida y falsificación de documentos (75 millones de euros le transfirió De la Rosa a Prado para que éste se los repartiera con el Rey). Mario Conde, «el banquero de la monarquía», que se embolsó 8.000 millones de pesetas, y que fue condenado por el Tribunal Supremo por los delitos de estafa, apropiación indebida y falsificación de documentos a veinte años de cárcel que viene purgando desde diciembre de 1994. Este Conde sin condado, un «financiero» (hampón), es el del famoso caso del banco Banesto, que presidió de 1987 a 1993 y donde el Rey tenía dos cuentas, la 8317-172 y la 148963-172, vinculadas con operaciones en la Asturiana de Zinc, Sindibank y el propio Banesto. Alberto Alcocer y su primo Alberto Cortina, «los Albertos», del Banco Zaragozano y asiduos del palacio de la Zarzuela, a quienes en marzo de 2003 el Tribunal Supremo condenó a tres años y cuatro meses de prisión por los delitos de estafa y falsificación de documento mercantil en la venta de la sociedad Urbanor, propietaria de los terrenos donde se construyeron las torres KIO de los kuwaitíes (de cuyos fondos en 1992 De la Rosa transfirió 12 millones de euros a una cuenta personal en Suiza del «administrador privado del Rey», el mencionado Manuel Prado y Colón de Carvajal). Los Albertos pidieron el indulto al Gobierno, que lo denegó, tras de lo cual recurrieron la sentencia del Tribunal Supremo ante el Constitucional, recibiendo el apoyo del Rey. Obligados por la condena del Tribunal Supremo a renunciar a sus cargos en el Banco Zaragozano y a vender la participación del 40 por ciento que tenían en la empresa Barclays, se embolsaron en esta última operación 453 millones de euros. En los montes de Toledo tienen una finca de 2.000 hectáreas, Las Cuevas, donde para venderles una flota de carros de combate y cañones a los saudíes los invitaban a cazar en el mejor estilo del franquismo, cuyos jerarcas solían cerrar sus negociados y tramar sus corruptelas en el curso de las cacerías, a las que tan aficionado era el Caudillo. Impuesto por éste, Juan Carlos Borbón, el cazador, no surge pues de la nada por generación espontánea: brota de lo más corrupto e inmoral de España. Es la herencia infame que les ha dejado Franco a los españoles después de haber arrasado con su cultura.

Tres hijos oficiales y reales tiene Juan Carlos: dos infantas y un principito, casados todos y en pleno delirio reproductor. El principito anda ya por los cuarenta y se ha convertido en un principote alto y largo como una cañabrava que mandan a las tomas de posesión de cuanto presidentucho de América no alcanza a merecer rey (como Uribe) para que se destaque entre los invitados y los aborígenes por su gran altura moral. Lee bien los discursos que le escriben, a diferencia de su papá que será muy bueno para la escopeta y la rapacería pero que nos ha resultado a los de la raza hispánica bastante torpe de lengua así lo pongan a presidir los congresos de Academias de la susodicha, como el que viene a inaugurar en Medellín, la ciudad de las orquídeas en el país de los doctores (donde se le dice «doctor» a cualquier hijueputa).

Señor alcalde de Medellín: Ahora que vaya el Rey a mi ciudad y lo suba en su Metrocable para mostrarle desde arriba la bella villa toda despedorrada abajo por las obras de su Metroplús, muy respetuosamente le recuerdo que se debe dirigir a él como «Majestad», que es como le dijo Uribe en la última cumbre en que se vieron en el Cono Sur: «Majestad—le dijo con su vocecita, sumiso, el bajito mirando hacia arriba—, cómprenos nuestros productos pero no la coca, que nos hace mucho mal». ¡Pendejo! ¡Qué va a saber el Rey de España qué es la coca! Habrá pensado que son las Coca Colas que producimos en Colombia y no el polvito blanco que tan felices hace a muchos y que fabricamos con gran ingenio artesanal en nuestras cocinas repartidas por todo el territorio nacional como Tirofijo.

En fin, lo que el periódico rumano sacó a la luz no fue más que la punta del iceberg: la testa coronada estaba yendo a Rumania a cazar furtivamente desde hacía décadas, desde los tiempos de su compinche Ceaucescu, el tirano sanguinario de Rumania, que lo invitaba. Y a propósito de genocidas y tiranos, sabemos de una carta del 4 de julio de 1977 en que nuestro Borbón, recién encaramado al trono y en plena pobreza, le extiende la mano al sha de Persia: «Me tomo la libertad, con todo respeto, de someter a tu generosa consideración la posibilidad de conceder 10 millones de dólares como tu contribución personal para el fortalecimiento de la monarquía española». «Con todo respeto», como piden los mendigos de Bogotá. Y a la monarquía saudí le pidió un crédito de 100 millones de dólares, que la empresa kuwaití KIO le entregó a Manuel Prado y Colón de Carvajal a cambio de que durante la Tormenta del Desierto la aviación estadounidense pudiera disponer a su antojo de las bases españolas de Rota y Torrejón. Y hasta el sol de hoy. Nunca pagó.

Otros amigos y cómplices del Borbón son el georgiano Zourab Tchokotua, procesado en Mallorca en 1978 y 1992 por estafas inmobiliarias; el dueño de la FIAT Giovanni Agnelli, implicado en casos de corrupción en Italia; y Marc Rich, calificado como «el delincuente más inescrupuloso de la era moderna», prófugo de la justicia norteamericana que lo perseguía por 65 delitos, enriquecido por sus suculentos negocios con la mafia rusa, Milosevic y la empresa Halliburton de Dick Cheney y nacionalizado español.

«El Rey de todos los españoles» no tiene que rendir cuentas de sus acciones, no se le pueden fincar responsabilidades, goza de inmunidad penal ante cualquier delito y está protegido por la Constitución, que lo considera inviolable. Y como si esto fuera poco, el artículo 490 del Código Penal español amenaza: «El que calumniare o injuriare al Rey será castigado con la pena de prisión de seis meses a dos años si la calumnia o injuria fueran graves, y con la multa de seis a doce meses si no lo son». Y así han llevado al banquillo entre varios, acusados de injurias al Rey, a Jesús Zulet por una caricatura en la revista *El Cocodrilo* y a Javier Madrazo por decir «ya que le pagamos policías, yates, viajes a esquiar y a montar a caballo, no habría estado de más que por una vez abandonase sus ocupaciones y compartiese con la sociedad su preocupación por la guerra de Iraq». Sin embargo cuando José María Ruiz Mateos, prófugo de la justicia española, acusó desde Londres al Rey de haber aceptado «miles de millones» no sólo de su propio bolsillo sino del de diversos empresarios y el Fiscal General del Estado lo iba a procesar por el delito de injurias, lo que habría podido convertirse en un sumario contra el impúdico monarca quedó reducido a nada, le dieron carpetazo al asunto. De la secta tartufa y cazadora de herencias del Opus Dei, este Ruiz Mateos fue el artífice de Rumasa, un *holding* de infinidad de empresas que le expropiaron. La Audiencia Provincial de Madrid lo ha condenado recientemente a tres años de cárcel por los delitos de alzamiento de bienes y de insolvencia punible en la venta de la agencia de viajes Mundo Joven, pecata minuta frente a la inconmensurable magnitud de sus fraudes. Éstos son pues los que le untan la mano al monarca y los que lo han situado en un buen puesto en el ranking de la revista *Forbes.*

Pero no nos desviemos y volvamos a los osos. No bien *Romania Libera* destapó la cloaca los ecologistas pusieron el grito en el cielo. Pero no porque don Borbón hubiera masacrado a mansalva a unos pobres animales que nada le habían hecho, sino porque estaba violando una ley internacional ya que el *Ursus arctos,* la especie de los osos que «abatió», está protegida por la Convención de Berna de 2001. Yo no tengo nada qué ver con los ecologistas que creen, como ese libro imbécil del *Génesis,* que los animales están ahí para el servicio del hombre y que para eso los hizo Dios. Dios no existe y me importa un comino que se vaya al diablo este planeta. Para mí, simplemente, los animales son mi prójimo, los quiero y considero una solemne ruindad ir a matarlos por diversión. ¡Pero qué! Educados como hemos sido los colombianos y los españoles en la infame religión de Cristo que no tuvo ni una sola palabra de compasión por ellos, ¿qué se puede esperar de nosotros? Como les dijo a los ecologistas Demetre Janos, un funcionario rumano que participó en la cacería real, en declaraciones para el periódico *Crónica* cuando la polémica pasó de Rumania a España: «Su Majestad estuvo de visita privada. No entiendo por qué los ecologistas montan tanto jaleo. ¿Por qué no se manifiestan cuando se mata el cerdo en Navidad, o en contra de que las sopas se elaboren con gallinas?»

No escarmentado con el revuelo que desató en España y en toda Europa, don Borbón volvió a sus andadas y en octubre pasado fue a Rusia invitado por Putin y en la región de Vologda, en el noroeste del país, mató de un disparo a Mitrofán, un oso domesticado que le soltaron habiéndolo emborrachado antes con vodka mezclado con miel. Y este hombre valeroso es al que hoy invita el alcalde de Medellín con la esperanza de que se monte en su Metrocable y suba al barrio Santo Domingo Savio, en nuestras sangrientas comunas, a ver si salimos en la prensa internacional ya no por los carteles de la droga y nuestros incontables asesinados sino como anfitriones de todo un Congreso de Academias de la Lengua, que el zángano real va a presidir. ¿Y con qué derecho? ¿Qué ha hecho él por la lengua española, si ni siquiera sabe leer los discursos que le escriben? Piénselo bien, señor alcalde, antes de decirle «Majestad» a este bellaco, ya que metió las patas invitándolo a Medellín para arrodillársele, e infórmese y aprenda historia, por si no la sabe. Este Borbón es nieto del frívolo Alfonso XIII, que tuvo que salir huyendo a Roma, y descendiente de Fernando VII, el déspota tarado que provocó la guerra de Independencia de América convirtiendo a este continente que estaba unido en una colcha de retazos de paisuchos limosneros y desgarrando a España. Y no se olvide de estos versos de Epifanio Mejía, que hoy cantamos en el Himno de Antioquia:

> Nací libre como el viento
> de las selvas antioqueñas,
> como el cóndor de los Andes
> que de monte en monte vuela.

No me vaya a salir ahora como el Cid, de quien se dice en su poema: «Qué buen vasallo sería si tuviera buen señor». ¡El héroe nacional de España soñando con ser criado! España no tiene redención y nuestra gran desgracia ha sido que nos colonizara esta raza, la más cerril de Europa y la más cruel con los animales, la de la Inquisición de Torquemada, la gran lacaya de la puta vaticana de Roma, la nación de los tiranistas que fueron capaces de gritar cuando los franceses los querían liberar de Fernando VII: «¡Vivan las cadenas!» España, capaz de tirar cabras vivas desde los campanarios de las iglesias.

En Tordesillas (provincia de Valladolid), el martes de la segunda semana de septiembre y durante las fiestas que se celebran desde hace siglos en honor de Nuestra Señora la Virgen de la Peña, se corre el famoso «toro de la vega»: sueltan un toro para que una horda de católicos de a pie y de a caballo y armados de lanzas que terminan en afiladas hojas metálicas lo persigan y lo alanceen una y otra vez en cualquier parte del cuerpo, pero eso sí, sin matarlo ni usar vehículos de motor por prohibición expresa del Ayuntamiento que es muy civilizado. Al toro lo obligan a cruzar un puente que desemboca en una vega y por ella sigue la persecución hasta que el animal cae al suelo exhausto. Entonces el que llega primero lo remata acuchillándolo en la nuca, le corta los testículos que enarbola en una lanza y como premio del Ayuntamiento recibe otra lanza, ahora toda de hierro, y una insignia de oro. En cambio en las fiestas de San Juan en Coria (provincia de Cáceres), al toro no lo alancean: lo acosan por las calles durante horas bajo una lluvia de dardos que la chusma católica y borracha le lanza con cerbatanas hasta que lo matan. Y en Medinaceli (provincia de Soria), ni lo alancean ni lo asaetean: echan el toro a correr vuelto una bola de fuego. Son los «toros de fuego», de los que los hay también en las provincias de Zaragoza, Teruel y Tarragona y por toda la comunidad valenciana: la turba arrastra al toro hasta un pilar donde lo inmovilizan, le atan en los cuernos un dispositivo metálico con bolas de material inflamable (como las candilejas de nuestros globos) que encienden y sueltan al animal que huye envuelto en fuego mientras el líquido encendido le chorrea por la cabeza y por los ojos. O como los toros «ensogados» de las provincias andaluzas de Almería, Málaga, Huelva, Córdoba, Cádiz y Jaén; o los de Lodosa en Navarra; o los de Cenicero y Cabretón en La Rioja; o los de las provincias aragonesas de Zaragoza y Teruel; o los de la provincia catalana de Tarragona, o los de San Sebastián en el País Vasco, víctimas todos de la crueldad más vesánica. O como las vacas «enmaromadas» de las provincias de Zamora y de Cuenca o las que sacrifican a la vista del que pasa por las calles de los pueblos de Extremadura. O como las becerradas de El Burgo de Osma (provincia de Soria) o las de Segovia en que sacan terneros al ruedo para que la turba los golpee, les clave banderillas y los mate. Y todo ello en honor de las Vírgenes y los santos de nuestra infame Iglesia Católica, Apostólica, Carnívora y Romana, que calla y mama de la ubre grande de la vaca. Todo esto es hispanismo, cultura hispánica, de esa que tanto defiende mi taurófilo amigo Antonio Caballero, en lo cual, con todo y ser él la conciencia de

Colombia, coincide con el difunto padre de nuestro reelecto Primer Mandatario, y padre asimismo del tenebroso Santiago, el de los Doce Apóstoles. Papá Uribe solía organizarles corridas de toros en sus fincas a los Ochoa, los del cartel de Medellín, nuestra inefable Medallo a la que dentro de unos días llegará el Rey entre centenares de agentes secretos españoles y un batallón de soldados colombianos, más cuidado que ni que fuera la chimba de la Virgen.

¿Juan Carlos Borbón es una vergüenza de España? No. España es una vergüenza de la humanidad. Él la representa a la perfección. España es eso: crueldad con los animales, cerrazón del alma, servilismo de lacayos. Hay que sacarla de la Unión Europea rapidito, antes de que la pudra.

Señor alcalde de Medellín, paisano: por disculpable ignorancia histórica (y no quiero pensar que por bajeza moral) metió usted las patas al invitar a mi ciudad a ese bellaco. No nos vaya a salir ahora de arrodillado con zalemas uribescas, lacayunas. Nada de «Majestad», que le va a sonar muy lambón y montañero. Dígale doctor. Doctor Borbón.

Ah, y no lo suba en su Metrocable que de pronto se le descula. Mejor llévelo a La Macarena y que Santiaguito Uribe, buen hijo de su papá, le organice una corrida.

Presentación de *El río del tiempo*[*]

Quién iba a decirme cuando vivía mi vida plenamente, irresponsablemente, sin que me pesara el pasado ni me importara el futuro, gastándomela a manos llenas, que habría de terminar aquí, así, comprimido en este ladrillo... Ni me lo sospechaba. Uno nunca sabe qué le depara esto. ¡Qué locura! Haber vivido y caminado tanto para acabar en un mamotreto hecho de nada, hecho de viento, de palabras deleznables y de deleznable papel de caña. Algún día por fortuna, y más pronto que tarde, también el mamotreto se desintegrará y entonces de mí ya no quedará ni rastro. Como debe ser.

Yo soy un pecador por partida doble: por haber vivido y por haberlo escrito. De ambas cosas me arrepiento. Y es que lo que soy yo, yo en la impenitencia final no caigo, yo al infierno no me voy, le tengo terror al fuego eterno, a pasarme la eternidad en tierra caliente acompañado vaya a saber Dios de quién, a lo mejor (o a lo peor) de López Michelsen. ¡Dios libre y guarde! *Mea culpa* por todo, por los pecados cometidos y los por cometer.

Aparte del papel, que bajo la lupa se ve como un revoltijo de fibras, más caótico y confuso que este país y mi conciencia, el libro como salió a mí me gusta. Me gusta la ilustración de Grau, la presentación de Javier Murillo, la tipografía... Y el peso: pesó kilo y medio en balanza de granero. Si los de Alfaguara hubieran tenido mejor papel, uno más gruesito,

---

[*] Texto leído en la Biblioteca Nacional de Colombia en febrero de 1999.

pues habría pesado más y habría sido un arma más definitiva contra mis enemigos. Pero qué le vamos a hacer, este bagazo de caña es el único papel que tenemos en Colombia, y a mucho cuento. Y al que no le guste que se vaya, a que lo editen en Barcelona.

Cuando acabé *Entre fantasmas,* el último tomo de *El río del tiempo,* pensé que con esa sarta apurada de muertos ya había dado cuenta de mis personajes (familia, amigos y enemigos y conocidos bíblicamente o no que llenaban los otros cuatro tomos) y escrito lo que tenía que escribir. ¡Qué va! Después fue cuando empezó lo bueno, cuando los muertos del papel se me empezaron a morir en la realidad, uno tras otro en una racha imparable de decesos. Quedé solo, quedé yo. ¡Qué cosita tan dura es la vida, pero qué cosita tan seria es la muerte! Pues todos esos muertos, todos los días de estos últimos años y todos a una me jalan coordinadamente hacia la tumba. Amanece y empieza el jaloneo: «Vení p'acá», me dicen ellos. Y yo que no. Yo vivo pues, como quien dice, por obstinación, por oponérmele a la voluntad de unos muertos. Me levanto y mientras me tomo el primer café del día (un cafecito humeante de Colombia en taza de Pedernal Corona, y eso que tengo vajilla china) les voy diciendo: «Ya no jodan más, muertos. No me llamen, no me busquen, no me insistan, no abusen de mi cariño, déjenme respirar. ¿No ven que todavía me faltan dos volúmenes, uno contra no sé quién y el otro a favor mío? ¡O qué! ¿Vamos a dejar la obra inconclusa?» Que sí, que no, que me vaya con ellos, que esto no sirve, que qué hago aquí. A eso, créanme, se reduce últimamente mi vida: a llevarles la contraria a una banda de desocupados que no saben qué hacer con la eternidad.

Les voy a evitar esta noche mi tesis de la primera persona y mi odio al narrador omnisciente: a Balzac, Dickens,

Flaubert, los Goncourt, Zola, Blasco Ibáñez, Eza de Quei-
rós, Dostoievsky y demás diositos inmodestos, sabelotodo,
cuentavidas deslenguados como comadres chismosas que
olfatean bajo las camas en las bacinicas y en las ollas de la
cocina. Y no sigo por cuestión de principios, porque yo no
me repito: que me repita el viento. Lo que dije ya lo dije y
seme borró el caset. Pero el problema en que ando ahora
metido es cómo voy a contar en primera persona mi propia
muerte, cómo les voy a hacer entender a mis lectores que me
morí, que parezco vivo pero estoy muerto y que cuando
digo «yo» es como si lo dijera un fantasma desflecado seña-
lándose con el dedo el corazón: «Yo, dizque yo...»

Había hace años, muchos años, tras una curva por la carreterita de Medellín a Sabaneta, antes de llegar a Santa Anita, la finca de mi niñez, una tapia encalada de blanco en la
que anunciaban la Urosalina, que también anunciaban por
radio así: «¡Urosalina! U-ere-o-ese-a-ele-i-ene-a», deletreán-
dola a toda carrera, como quien traza una raya rabiosa con
un lápiz. Era un remedio milagroso que servía para todo,
para cuantos males había entonces del cuerpo y del alma: para el dolor de estómago, para las lombrices, para la posesión
del diablo, para el tuntuneo en la cabeza y los desajustes del
corazón. Pero la menciono porque estaba ahí, anunciada en
la tapia, pues lo que en realidad me importa aquí ahora no es
el remedio sino la tapia misma y el viento que pasaba tum-
bándole su cal blanca. Y es que cuando acabe el libro ese que
les dije, en el que me morí, me pienso poner al final esto de
epitafio: «Pasó por esta vida como un ventarrón tumbándo-
le la cal a una tapia».

¡Santa Anita! Estaba en un altico, por esa carreterita de
Medellín a Sabaneta, a mano izquierda yendo. ¡Santa Anita!
¡Cuánto hace que la tumbaron y que cortaron a pico hasta
la barranca! Y sin embargo me ha seguido acompañando.

La tengo guardada en lo más hondo de mi cabeza, pero no les sabría decir en qué circunvolución.

A mi amigo William y a mi amigo Melo gracias por sus amables palabras. Y a todos ustedes igual, gracias por haber venido esta noche a acompañarme.

Presentación de *La Rambla paralela**

Yo soy un sobreviviente de muchas cosas: del matadero de Colombia, el terremoto de México, cinco visitas de papa, diez mundiales de fútbol e incontables elecciones. Elecciones a todas horas y por todas partes: en Ecuador, en Argentina, en Estados Unidos, en Azerbaiyán, en la China, entendiendo por la China lo que se entiende aquí. Cómo he podido sobrevivir a tanto desastre, no lo sé: será mi buena estrella, que me acompaña desde el comienzo, desde esa noche en que a mi papá y a mi mamá, que habían montado una asociación delictiva con fines reproductivos bendecida por la Iglesia, les dio por sacarme de la paz de la nada y traerme a esta fiesta. ¿Por qué no les daría mejor por componer una ópera? ¡Pero cuál ópera! Si en Colombia nunca ha habido ópera... Lo que ha habido siempre allá es pasillos y bambucos, bambucos y pasillos, unas chirimías sosas, melosas, sin modulación, lo más bobo que se puedan imaginar ustedes. Conocíamos la rueda, sí, pero no la modulación. Todo se nos iba en tónica y dominante, tónica y dominante. Por eso no fui músico, que es lo que me habría gustado ser, y me tuve que contentar con esto, la literatura, unos libritos miserables, efímeros, hechos de deleznables palabras que se lleva el viento. Y aquí me tienen esta noche presentando el último, el ultimísimo, el *non plus ultra,* el que dijo basta, me morí. Y sí, me morí en mi ley, en primera persona como viví y es-

---

* Texto leído el 6 de diciembre de 2002 durante la Feria del Libro de Guadalajara.

cribí, despreciando al novelista omnisciente, ese pobre diablo con ínfulas de Dios Padre Todopoderoso, de sabelotodo. ¿Cómo va a poder un pobre hijo de vecino contarnos los pensamientos ajenos como si tuviera un lector de pensamientos, repetir diálogos enteros como si los hubiera grabado con grabadora y describirnos lo que hicieron los amantes en la cama como si los hubiera visto con rayos X, o como la Inquisición por un huequito? No se puede, nadie puede, no me vengan a mí con cuentos.

Bueno, con este libro me despido y le dejo el campo libre a Octavio Paz para que siga haciendo de las suyas, en su quehacer poético, cantando y pontificando desde el Olimpo con Júpiter y Victor Hugo a su lado boquiabiertos oyéndolo. Poeta: sigue como vas, no nos prives de tu voz sin par y no te pongas celoso que en tu ausencia nadie te ha movido el tapete. Tú eres único. Tú eres el Nobel, la paz. Pero no el Nobel de la Paz, que es para minusválidos como Carter y Rigoberta, sino el otro, el que te dieron a ti y que te dio la paz aunada a no sé cuántos cientos de miles de dólares que tu generosidad manirrota repartió entre los pobres. Gracias en nombre de ellos. Dios te lo pague.

En México pasé treinta y dos años, de los que perdí doce en el cine y veinte en la literatura, y no me quedó ni uno para robar, que como nos lo ha enseñado el PRI en forma tan magistral es el fin del hombre. Fui un ciego, un sordo, un necio. No quise oír, no quise ver, no quise aprender. Y sin embargo ahí tenía día a día en el periódico de cada mañana las lecciones gratis de ese partido excelso. Familia Obregón, familia Calles, familia de Abelardo I. Rodríguez, familia Alemán, familia Díaz Ordaz, familia Echeverría, familia De la Madrid, familia Salinas de Gortari, familia Zedillo, familia Casas Alemán, familia de Aarón Sáenz, familia de Ramón Aguirre, familia de Hank González, señor

Uruchurtu, señor De Prevoisin, señor Cabal Peniche, señor Ángel Isidoro Rodríguez, señor Enrique Molina Sobrino, señor Jaime Merino, señor David Peñalosa, señor Leonardo Rodríguez Alcaine, señor Roberto Hernández, y señores Salvador Barragán Camacho, Joaquín Hernández Galicia, Rogelio Montemayor, Ricardo Aldama Prieto, Carlos Romero Deschamps y Jesús Olvera Méndez de la hermandad petrolera que tienen las manos manchadas de petróleo de tanto trabajar, de tanto extraerle a México: ustedes son lo máximo, lo más ilustre de este país, su paradigma. Generaciones futuras, aprendan.

El hombre nació para el peculado, el soborno, el cohecho, la nómina, el presupuesto, el gobierno, la venalidad, la coima y lo demás son cuentos. La moral es boba, la honradez es boba, la honorabilidad es boba, la tierra es de los granujas. ¡Bienaventurados, granujas, porque de vosotros es el reino de esta tierra! El que no roba y deposita en Suiza vive en el error. Así viví y me morí yo y me enterraron en Gayosso, que es la mejor, sí, pero tuve que pagar mi entierro por cuotas, porque lo que gané con la literatura no me dio ni para pagarlo al contado.

Con esta sapiencia que me da la muerte, a los que vinieron hasta aquí esta noche en agradecimiento les quiero dar un consejo: roben lo que puedan, saqueen lo que puedan, embólsense lo que puedan, no dejen ni un quinto, arrasen. Que las arcas públicas terminen como el alma de Locke, cual tábula rasa, y que el que venga se quede mamando en el aire. Vivan, afortunados, la era de la impunidad que les tocó, aprovéchenla. Adulen, lambisconeen, den coba y que no se vaya a apoderar ninguno de lo que les corresponde por derecho propio: las presidencias municipales, las delegaciones, las gubernaturas, los consulados, las embajadas, la SEP, el IMSS, el ISSSTE, Pemex, las secretarías, la regencia, la presidencia, que después del papado es lo máximo. Pero el papado, desafortunadamente, nos queda muy cuesta arriba a los curas del Tercer Mundo. Ya de perdida, pues, conténtense con la presidencia y no sueñen, que vale más una presidencia en mano que un papado volando.

Y no se vayan con la finta de que hay que perdurar porque todo pasa, nada queda. Lo único que tenemos es el aquí y ahora. Dejémosle la eternidad a Dios y la posteridad a los poetas para que se entretengan con ellas. La posteridad es humo, viento, una ramera. Se va con todos, como el lector, que es un polígamo nato: hoy te lee a ti, mañana a otro. El lector es voluble, novelero, traicionero. Siento un gran desprecio por él.

Todo pasa, todo cambia, nada queda. ¡Se murió el verbo «oír», que tenía mil años, la edad de este idioma, no nos vamos a morir nosotros! Lo desbancó «escuchar», un verbo espurio, que detesto. En un mundo que ensordeció el ruido y donde nadie oye ahora todos dizque escuchan. Escuchan un jet, un frenazo, un trueno. Dicen que México no va a ser «santuario» de narcotraficantes, como si los narcotraficantes fueran santos a los que se les prende velitas; y que el país siempre sí va a «honrar» sus compromisos internacionales, como si las deudas fueran madres. Cuando hay que decir «que» dicen «de que», y cuando hay que decir «de que» dicen «que». La concordancia de varios la hacen en singular, y dicen «mexicanos y mexicanas» como si el género masculino no incluyera al femenino. Por eso decimos: «El hombre es un animal bípedo», y no: «La mujer es una animala bípeda». Señor presidente: ¿Cómo se dice: «Los mexicanos y las mexicanas estamos muy contentos con usted»? ¿O «muy contentas»? ¿«Dichosos»? ¿O «dichosas»? Usted en qué hace la concordancia: ¿en masculino, o en femenino? No me venga ahora con que le va a dar por decirlo todo en femenino como

Puig, que decía: «¡Ay de mí, pobre mujer, ahora todas quieren escribir. Hoy en día habemos demasiadas escritoras». Conjugaba el impersonal «haber» como si fuera personal, y me parece bien. Los escritores somos los únicos que tenemos el derecho de acabar con este idioma. ¡O qué! ¿También nos lo van a robar los políticos? ¡Qué importa, róbenselo! Roben y mientan, mientan y declaren por televisión y si alguien los denuncia, calúmnienlo, y si los arraigan, ampárense, que el Poder Judicial son unos perros venales hambreados de mendrugos. ¡Ahí tienen, perros, coman, repártanse esta salchicha! Una vez montado en el presupuesto, cuando llegues al primer millón multiplícalo por diez para que sea de dólares, y por mil para que sean billones. El billón es una coraza de acero. En previsión de lo que ocurra, porque uno nunca sabe, defiende siempre a Cuba que su revolución es eterna, mampara contra todos los vientos. Si algún día te tienes que ir porque te van a agarrar y eres de los del club del billón, no te preocupes que allá te reciben, allá tienes refugio seguro. Pregúntale a Salinas. E instalado allá, invierte en turismo sexual que para eso esa isla es un paraíso. En cuanto al riesgo de que te dé un manotazo la Revolución y se quede con lo tuyo, con lo bien habido, de esa posibilidad despreocúpate, que su comandante es un hombre digno, íntegro, incapaz de grabar una conversación telefónica ni de traicionar a nadie. Que lo digan el Che, Camilo Cienfuegos y Fox. A los gallegos que se arriesgaron y que confiaron en él, hasta ahora que yo sepa no les ha quitado ni un solo quinto. Ellos siguen siendo los dueños de los hoteles y las playas. Pregúntales y verás. Y punto, basta, eso es todo, no digo más porque los muertos no hablamos. *Ite missa est.*

Textos para el Celarg*

Vallejo visto por Vallejo

He vivido a la desesperada, sin una guía, sin una luz, y no creo en nada. No creo en la democracia ni en la tiranía; no creo en el capitalismo ni en el comunismo; no creo en Dios ni en el Diablo. Vivimos en la infamia comiéndonos unos a otros y a nuestro prójimo los animales. Y no vamos para ninguna parte como no sea rumbo a la muerte y el olvido. Mi religión (por no dejar pues poco más me faltará por vivir) no consta de diez mandamientos como la de los judíos o la de los cristianos, sino de dos: Uno. No hay que reproducirse, la vida es un horror e imponerla es el crimen máximo. Dos. Los animales también son nuestro prójimo y no sólo el hombre. Todo el que tenga un sistema nervioso para sentir y sufrir es nuestro prójimo.

El desbarrancadero

Casi todo lo que he escrito trata de lo que he vivido. *El desbarrancadero* no es sino un episodio más de mi vida, no es ficción, es verdad. Como lo que cuento en él para mí es muy doloroso, no quiero recordarlo. Creo que está más mal

* Escritos en Caracas a fines de julio de 2003 con ocasión del Premio Rómulo Gallegos y por encargo del CELARG.

escrito que mis libros anteriores pues siempre he ido de mal en peor. Lo llamamos «novela» porque con esa etiqueta designamos infinidad de libros que no se parecen. Pero no, no es novela, es otra cosa. ¿Qué cosa? ¡Lo que sea, qué más da! Empezando el siglo XXI eso ya no tiene importancia. El personaje central de ese libro es la Muerte, que pongo con mayúscula por burlarme de ella, por darle coba. Para que crea que todavía le tengo miedo. ¡Qué va! A esa señora, de temerla tanto, acabé por perderle el respeto.

Toros e hijueputas*

Semana, una revista ruin que ha logrado envilecer aún más a la prensa colombiana pero que es una exitosa empresa de lucro, está estrenando página taurina. A la mentira periodística de sus crónicas y reportajes inventados que en sus buenos tiempos la hicieron tan famosa, como los muchos que le dedicó a los carteles de la droga (con protagonistas falsos, testigos falsos, cédulas de ciudadanía falsas, direcciones de casas falsas, placas de carro falsas, sucesos falsos), ahora le viene a sumar a su miseria moral la infamia de una página taurina. El dueño de la revista, Felipe López Caballero, es el tipo más cínico que tiene Colombia, más incluso que su papá, Alfonso López Michelsen (¿se acordará el país del asesinato de Mamatoco?), quien se sintió el más joven de las juventudes liberales durante setenta años, aunque hoy, que tiene noventiciento diez años no se atreve a tanto. Aquí estamos pues ante un caso claro de cómo en Colombia un hijo sí puede superar al padre subiendo y subiendo pero bajando y bajando. Subiendo en la plata, quiero decir, y cayendo en la infamia. Pero dejemos al dueño y volvamos a la revista.

En el número del 28 de febrero al 7 de marzo de *Semana,* el reportaje gráfico titulado *Con broche de oro* sobre el cierre de la temporada taurina en la Santamaría viene ilustrado con fotos de los notables («los elegidos», diría papá

---

* Artículo publicado en la revista *Soho* en 2005.

Mamatoco), la crema de la crema de la sociedad más cremosa de Colombia. Ya saben cómo son las fotos sociales, los van retratando en parejas o en grupitos. Y así tenemos en una foto a mi amigo Antonio Caballero (la conciencia moral del país) con Ángela Posada. En otra foto al ex fiscal Alfonso Gómez Méndez (la justicia del país) muy simpático y sonriente e impune, burlándose del país. En otra foto a Carlos Ardila Lulle (la plata del país) con Piedad Echeverri, a quien le está cogiendo la pierna (cogiendo entendido a la colombiana, no a la española, ¿eh?). En otra foto a Jaime Castro (la eficacia administrativa) con María Clara de Castro, que ha de ser su mujer. En otra foto a Alberto Carrasquilla, el actual Ministro de Hacienda. En otra foto a Juan Manuel Ospina, actual Secretario de Gobierno de Bogotá. En otra foto a Fernando Botero (pintor de toros y papá de un pícaro, del que fue Ministro de Defensa de Samper y que hoy goza impune de la ciudadanía mexicana y que de no haber tenido que salir huyendo para México estaría en la Santamaría con su papá en la foto). En otra foto a Germán Castro Caycedo (la probidad periodística) acompañado de Pacheco (la comicidad imbécil o la imbecilidad cómica). Y así y así y así, fotos y fotos con Enrique Vargas, Alberto Calderón, Carmen Martínez-Bordiu, Gonzalo Sanz de Santamaría... Varios con la preposición «de» que tan elegantes los hace. A cuál más simpático, más exitoso, más a la moda. ¿Y los toros? ¿Los toros, que sufren y sienten como yo, compañeros míos en el dolor de la vida, mis hermanos? ¿Ellos qué? Torturados, acuchillados y befados ante esta parodia de clase dirigente y una turba aguardientosa y cobarde. ¿Quién se duele de los toros y ha levantado su voz en Colombia antes que nadie, aun con riesgo de su vida, para que no los sigan masacrando?

Desde hace quince años mi hermano Aníbal y su esposa Nora se han echado sobre sus hombros la Sociedad Protectora de Animales de Medellín, la cruz que nadie quiere. ¿O la querrán acaso Uribe, Garzón, Peñalosa, Mockus, Navarro Wolff, Carlos Gaviria, que son tan generosos y tan buenos ciudadanos? (Si la quieren, les advierto que esa cruz no tiene sueldo y que los perros no votan.) Y han recogido miles y miles y miles de perros abandonados, y les han dado de comer y los han cuidado y cuando estaban heridos los han curado y cuando por la gravedad de sus heridas no pudieron salvarlos los han ayudado a bien morir y han llorado entonces por ellos y cavando con una barra y una pala en el Cerro del Volador los han enterrado. Desde entonces Aníbal ha escrito seiscientos artículos en *El Mundo,* periódico de Medellín, en defensa de los animales, y los primeros fueron para denunciar ante la sociedad antioqueña, con las palabras más delicadas y bondadosas, la infamia de las corridas de toros. Gracias a esos artículos suyos que sembraron la semilla hoy está hablando el país y repudiando ese espectáculo bochornoso.

Y aquí paso a Uribe, el que se quiere reelegir invocando el nombre de Dios como Pastrana, predicando la castidad como cura y comprando a los venales del Congreso con puestos diplomáticos para sus familiares y paniaguados como el politiquero que es, puestos que paga con los dólares de las remesas que mandamos al país los cuatro millones de colombianos de la diáspora, ¿porque si no, con qué? ¿Acaso con lo que exporta Colombia? Lo que exporta no alcanza para compensar lo que importa ni mucho menos para pagar los intereses y vencimiento de la deuda externa. Todo se paga con nuestros dólares: el déficit del comercio interior, los vencimientos y los intereses de la deuda externa y la reelección de Uribe. Nuestros dólares sirven para comprar las conciencias: las de nuestros congresistas venales y las de los policías venezolanos que nos devolvieron a Granda. ¿O no,

Carrasquilla, culicagado taurófilo? Preguntale a Santicos de dónde sacó para pagarles la recompensa.

Paso a ti, Uribe, para preguntarte dos cosas. Una: de quién es la finca La Carolina, ubicada en predios de Santa Rosa de Osos, Antioquia, donde se crían toros «de casta», y que figura a nombre de un Uribe Vélez. ¿Es tuya? ¿O de un hermano tuyo? ¿O de ambos en compañía? Necesito que me lo aclares porque te quiero conocer para saber cómo te voy a seguir tratando. Y dos: ¿no sabes que Beatriz Londoño Soto, a quien tienes de Directora del Instituto Colombiano de Bienestar Familiar, cuando la primera alcaldía de Antanas Mockus (a quien por la figura retórica de la antonomasia bien se puede llamar Antanas Culo), en su calidad de Secretaria de Salud de Bogotá electrocutó a cuatrocientos perros callejeros de Engativá en la forma más monstruosa? A las cinco de la mañana, en el frío de la sabana, bañándolos en agua fría y luego lanzándoles varillas conectadas por alambres a una planta eléctrica, así los electrocutó.

–¿Será que si me orino en uno de ellos me electrocuto? –se mofaba uno de sus esbirros.

Y orinó y le lanzaron al perro la varilla electrizada y le subieron el voltaje a la planta y lo electrocutaron ante el terror y los aullidos de los otros y después siguieron con los otros. ¿A ti Uribe el dolor de estos pobres animales no te llega? ¿O es que tenés así de estrechita tu almita politiquera? Te exijo que destituyas de inmediato a esta mujerzuela y la mandes a la cárcel del Buen Pastor donde hace mucho debe estar por atropellar la Declaración Universal de los Derechos de los Animales y por violar las leyes de Colombia: la Ley 5.ª de 1972 y la Ley 84 de 1989 conocida como Estatuto de Protección Animal, que consideran hecho punible el matar animales con sevicia y crueldad. Y te exijo que prohíbas las corridas de toros porque insultan no sólo a los colombianos, que moralmente ya estamos tan degradados, sino a la especie humana. Y que prohíbas la venta de mascotas y clausures las plazas de toros e introduzcas la piedad y la compasión en los mataderos del país. En los rastros, quiero decir, porque en el gran matadero de Colombia lo que se necesita no es piedad sino castigo. Hoy la reina de Colombia es la impunidad y tú que indultas a los faracos y alcahueteas a los paracos y premias a las mataperros con los altos puestos del Estado, tú, Uribe, te has convertido en su mayordomo o primer lacayo.

¡Ah con estas viejas de la crema y nata de la sociedad colombiana que van a misa los domingos y comulgan y después salen a exhibirse sin ningún pudor en las corridas de toros! Me merecen infinitamente más respeto las putas. ¡Ah con estos Uribes, Ardilas Lulles, Boteros, López, esta clase dirigente colombiana, el ejemplo que nos dan! ¿Qué diferencia hay entre ellos y los asesinos de las FARC que cargan burros con dinamita para lanzarlos contra el Ejército? No sabría precisarlo. Yo, si les digo la verdad, paisanos, entre hijueputas e hijueputas no distingo. Se me nubla la cabeza.

Un siglo de soledad[*]

«Muchos años después, frente al pelotón de fusilamiento, el coronel Aureliano Buendía habría de recordar aquella tarde remota en que su padre lo llevó a conocer el hielo».

En uso del derecho a malpensar que me confiere esta revista, voy a hacerte unas preguntas, Gabito, muchos años después, sobre tu libro genial que así empieza. ¿Muchos años después de qué, Gabito? ¿De la creación del mundo? Si es así, yo diría que tendrías que haberlo dicho, o algún malpensado podrá decir que se te quedó tu frase en veremos, como una telaraña colgada del aire. Pero si no es después de la creación del mundo sino «después de aquella tarde remota en que su padre lo llevó a conocer el hielo», entonces algo ahí sobra. O te sobra, Gabito, el «remota» pues ya está en «muchos años después», o te sobra el «muchos años después» pues ya está en el «remota».

Pero no te preocupés por la sintaxis, Gabito, que con las computadoras y el Internet ¿hoy a quién le importa? Al que te venga a criticar con el cuento de la sintaxis, decile que ésas son ganas de malpensar, de joder, y mandalo al carajo, que vos estás por encima de eso. Soltales un «carajo» de esos sonoros, tuyos, como los de tu coronel Buendía.

Y en efecto, la originalidad de tu frase inicial, así a algún corto de oído le suene sintácticamente coja, es soberbia, y no está en la sintaxis sino en la escena luminosa que describes. Un viejo que lleva a un niño a conocer el hielo, ¿no es una

---

[*] Artículo escrito en noviembre de 1998 para la revista *El Malpensante,* que lo rechazó.

originalidad genial? ¿Cómo se te ocurrió, Gabito? ¿Cómo se dio el milagro? ¿De veras fue como lo has contado en repetidas ocasiones a la prensa, una tarde calurosa en que ibas camino de Acapulco con Mercedes? ¿En qué ibas pensando camino de Acapulco con Mercedes esa tarde calurosa? Aunque yo soy un pobre autor de primera persona que a las doce del día no recuerdo qué desayuné, y no un narrador omnisciente como vos que todo lo sabés, oís y ves, y que leés los pensamientos y nos podés contar lo que recordó el coronel Buendía muchos años después, apuesto a que sé en qué ibas pensando esa tarde calurosa camino de Acapulco con Mercedes. Ibas pensando en Rubén Darío, en su autobiografía, en la que el poeta nicaragüense, muerto en 1916, cuenta que su tío abuelo político, el coronel Félix Ramírez, esposo de su tía abuela doña Bernarda Sarmiento, lo lleva a conocer el hielo: «Por él aprendí pocos años más tarde a andar a caballo, conocí el hielo, los cuentos pintados para niños, las manzanas de California y el champaña de Francia». ¡Te plagió, Gabito, te plagió ese cabrón nicaragüense! ¡Y con semejante frase tan fea! Y no sólo te robó el hielo y el grado de coronel, sino hasta la expresión genial tuya de «muchos años después», pues el «pocos años más tarde» de ese sinvergüenza ¿no viene a ser lo mismo, aunque al revés? Y después dicen que los colombianos somos ladrones. ¡Ladrones los nicaragüenses! Cuando te acusen de plagio me llamás a mí, Gabito, yo te defiendo. A cambio vos me vas a enseñar a ser autor omnisciente y a leer los pensamientos. Como ves, ya empecé a aprender, vos me diste el ejemplo, ya sé en qué ibas pensando camino de Acapulco con Mercedes esa tarde calurosa en que se te ocurrió lo del hielo: en ese nicaragüense ladrón.

Pero explicame ahora la segunda frase de tu libro genial: «Macondo era entonces una aldea de veinte casas de barro y cañabrava construidas a la orilla de un río de aguas diáfanas que se precipitaban por un lecho de piedras pulidas, blancas y enormes como huevos prehistóricos». ¿Huevos prehistóricos? ¡Prehistóricos serán los tuyos, güevón! No hay huevos «prehistóricos». Los huevos son del Triásico y del Jurásico, o sea de hace doscientos millones de años, cuando los pusieron los dinosaurios, y nada tienen que ver con la prehistoria, que es de hace diez mil o veinte mil. Los bisontes de las cuevas de Altamira y de Lascaux sí son prehistóricos. Sólo que los bisontes no ponen huevos. ¿O en el realismo mágico sí? En esto de los huevos prehistóricos sí metiste las patas, Gabito. ¡Por no consultarme a mí! ¿Qué te costaba, si yo también vivo en México, llamarme por teléfono desde Acapulco? Yo tengo en México dos o tres libros de paleontología con unos huevos de dinosaurio fosilizados, magníficos, muy útiles para tu creación del mundo y de tu Macondo.

Pero aclárame aunque sea otra frase, la tercera, Gabito: «El mundo era tan reciente que muchas cosas carecían de nombre y para mencionarlas había que señalarlas con el dedo». Si vos estás escribiendo en español –una de las contadas «lenguas de civilización» de que habla Toynbee, y que ha producido la máxima obra literaria, el *Quijote,* después de la cual sigue la tuya, si no es que es al revés–, ¿no se te hace que se te fue un poquito la mano con eso de que muchas cosas carecían de nombre y que para mencionarlas había que señalarlas con el dedo? ¿No hay ahí una inadecuación entre la lengua tuya, la del narrador (así sean tan genialmente pobres su léxico y su sintaxis), y el mundo que describes? Para mí que te hubiera quedado mejor tu libro en protobantú o en una lengua de la Amazonia. Pero claro, en protobantú nadie se llama Aureliano Buendía con nombre y apellido, ni mucho menos tiene grado de conronel. Gabito: ¿No se te hace raro que en Macondo muchas cosas no tengan nombre pero las personas sí? Y para colmo con grado militar. En un mundo tan primitivo, Gabito, tan recién bañado por el primer aguacero cual es el caso de Macondo, ¿de dónde salió la jerarquía militar? Pues donde hay un coronel hay generales y mayores y cabos. Pero esto no es un reproche, Gabito, yo a vos te tengo buena voluntad. Nada más te lo recuerdo por si algún cabrón malpensado algún día te lo saca a relucir, estés preparado y sepás qué responder. Respondele: «Animal, ¿no ves que estamos ante el realismo mágico? Por eso es mágico. Si las cosas tienen explicación, ¿dónde está la magia? ¿Qué chiste hay pues?».

De todas formas, Gabito, si cuando escribías tu creación del Universo me hubieras consultado sobre este asunto de los nombres de los personajes, yo te habría aconsejado que para evitar malpensamientos de cabrones los señalaras con el dedo. Además eso de llamar a los personajes cada vez que se mencionan con nombre y apellido en realidad no es manía tuya, es de Rulfo y de Mejía Vallejo: Pedro Páramo, Pedro Canales, Anacleto Morones, Fulgor Sedano, Susana San Juan... Vos que sos tan imaginativo y genial ¡qué vas a copiar a ese par de güevones!

Ahora bien, si no querés señalar a tus personajes con el dedo, pues mencionalos siempre con nombre y dos apellidos para que te distingás de ellos. Por ejemplo: Mauricio Babilonia Asiria, Pietro Crespi Rossini, Pilar Ternera Mesa. Con este cambio tu comienzo te quedaría así: «Muchos años después, frente al pelotón de fusilamiento, el coronel Aureliano Buendía Iguarán habría de recordar aquella tarde remota en que su padre lo llevó a conocer el hielo». Mejora mucho en originalidad. Incluso el «Iguarán» lo podés cambiar por «Iguana»: el coronel Aureliano Buendía Iguana. Suena más paleontológico, más a huevo prehistórico.

Llegados a este punto, Gabito, te quiero preguntar una última cosa, pero si no me la querés contestar no me la contestés: ¿De veras plagiaste a Balzac? ¿O eran elucubraciones

302

sin fundamento de ese guatemalteco envidioso de Miguel Ángel Asturias? ¿Te acordás con la que salió ese güevón? Que dizque vos sacaste a tu coronel Aureliano Buendía del Baltazar Claës de *La búsqueda del absoluto* de Balzac, quien arruina a su mujer tratando de fabricar oro pero en vez de oro sólo fabrica un diamante. ¡Cómo lo ibas a plagiar si tu coronel Aureliano Buendía no fabrica diamantes sino pescaditos de oro! El tono, claro, de las dos novelas, la tuya y la suya, se parece mucho. Ustedes dos escriben como comadres chismosas, en prosa cocinera. Pero eso está bien para el tema de ambos. Además, ¿quién te puede probar Gabito que le robaste a Balzac el tono? Robarle un autor a otro el tono es como robarle un hombre a otro el alma. Y si a ésas vamos, también a vos te lo robó Salvador Allende. Ah no, fue su sobrina, ¿cómo es que se llama?

En fin, Gabito, para terminar porque ando corrigiendo unas pruebas y muy apurado, una última inquietud, ahora sobre el título de tu libro genial. ¿Por qué le pusiste «Cien años de soledad» en vez de «Un siglo de ausencia» como el bolero? Yo hubiera preferido «un siglo» ya que estás hablando en números redondos y que tuviste el acierto de que no fueran ciento uno o noventa y nueve, lo cual es otra genialidad. ¿Cómo se te ocurrió? Claro que «años» me suena mal. «Año» me suena a «caño», «coño». Yo sería incapaz de poner la palabra «año» en el título de un libro mío. La eñe es fea letra, hay que desterrarla del idioma. En cuanto a la soledad, mejor cambiásela por «ausencia», pues en español «Soledad» también es nombre propio, y así algún malpensado puede pensar que tus «Cien años de Soledad» son los cien años que doña Soledad lleva sola: doña Soledad Acosta viuda de Samper, doña Sola, doña Solita, ¡ay!

Gabito: No te preocupés que vos estás por encima de toda crítica y honradez. Vos que todo lo sabés y lo ves y lo

303

olés no sos cualquier hijo de vecino: sos un narrador omnisciente como el Todopoderoso, un verraco. Y tan original que cuanto hagás con materiales ajenos te resulta propio. Vos sos como Martinete, un locutor de radio manguiancho de mi niñez, que con ladrillos robados a la Curia se construyó en Medellín un edificio de quince pisos propio. E hizo bien. Las cosas no son del dueño sino del que las necesita. Además vos también estás por encima del concepto de propiedad. Por eso te encanta Cuba y no lo ocultás. El realismo mágico es mágico. ¡Qué mágica fórmula!

Wojtyla vive[*]

Wojtyla vive. Vive en sus obras. Sus malas obras. En el mal inmenso que le ha hecho a la humanidad con su oposición al control natal en un planeta superpoblado en que la capa de ozono está rota, los ríos están convertidos en cloacas, el mar es un desaguadero de cloacas y se está muriendo, las últimas selvas tropicales que quedan están desapareciendo y especies y más especies son destruidas a un ritmo inexorable por la rapacidad del depredador más destructivo que haya existido desde que el sol alumbra, el ser humano. Hoy somos 6.400 millones, de los cuales 3.000 millones han nacido durante los 26 años del pontificado de Wojtyla. De este aumento monstruoso de la población él es el primer responsable. ¡Si por lo menos se hubiera callado el pico! Pero no, tenía que hablar y hablar y hablar para hacerse ver como el vanidoso protagónico que fue y que se parrandeó a plenitud y hasta el último instante con su último aliento su puesto de Pontífice Máximo de esa institución inmoral y corrupta que es la Iglesia católica, el rebaño-jauría de las ovejas carnívoras. Cómplices suyos en la gran catástrofe demográfica que él instigó y que nos ha puesto al borde del precipicio y de la destrucción total de la Tierra han sido todos los jefes de Estado de nuestro tiempo empezando por los presidentes de los Estados Unidos y todos los líderes religiosos como los ayatolas musul-

[*] Artículo publicado en el número de mayo de 2005 de la revista *Soho*.

manes, pero ninguna oposición a los anticonceptivos y al aborto tan necia, tan cerril, tan obtusa como la suya, la de este lobo disfrazado de cordero, este hombrecito travestido que durante 26 años nos representó la farsa de la santidad. Santo que se hace ver es un vanidoso. No puede haber santidad protagónica, eso es un oximoron, como cuando decimos sol oscuro.

¿Y a son de qué y en nombre de qué se oponía al control demográfico? De la vida, según él. ¿Pero es que es vida la que llevan miles de millones de seres humanos sumidos en la miseria, el desempleo, el hambre, la enfermedad y la desesperanza? ¿O la que arrastramos todos, ricos y pobres, en un mundo de ciudades y carreteras atestadas en el que el agua y el petróleo se están acabando y en el que el crimen, la impunidad y la bellaquería se han ido apoderando inexorablemente de todas las sociedades? ¿O la de los animales masacrados en los mataderos, en las selvas y en el mar, por todas partes, sin que quienes detentan el poder político y el religioso alcen siquiera su voz para pedir la mínima compasión? ¿Eso es vida?

Pero soy injusto. Wojtyla sí tenía su fórmula para el control demográfico: la abstinencia sexual por fuera del matrimonio, y aun en su seno cuando la eyaculación no esté destinada a la reproducción, cual es el caso del *coitus per angostam viam* o sodomización de la mujer que atenta contra la propagación de la especie. ¿O interpreto mal, cardenal Ratzinger? Y se lo pregunto a usted que es gran teólogo y decano del Sacro Colegio de Cardenales y prefecto de la Congregación para la Doctrina de la Fe (galimatías cantinflesco tras el que se oculta ni más ni menos que la Santa Inquisición moderna) porque Wojtyla el infalible ya no está y en el interregno en que esto escribo todavía no se reúne el cónclave y le nombran sucesor, otro infalible, y hoy no tengo a quién preguntarle habida cuenta que Tomás de Aquino también ya murió: hace 731 años.

En cuanto al homosexualismo y la pederastia, que también podrían servir para el control demográfico y que tantos curas, obispos, arzobispos y cardenales practican con fervor clandestino, Su Santidad los detestaba. ¡Es que le dieron tantos dolores de cabeza y le trajeron tantos sinsabores y demandas estos prelados non sanctos! Hasta el punto de que le estaban secando las arcas de algunas de sus diócesis más productivas, como las norteamericanas de Boston y de Portland, Oregon, la cual se tuvo que declarar en quiebra para eludir la avalancha de juicios por pederastia contra sus curas que se le vino encima. Ochocientos cincuenta millones de dólares han tenido que pagar las diócesis norteamericanas para acallar a los que demandan a sus curas y obispos por abuso sexual y tapar el escándalo. Si tenemos en cuenta que los católicos de los Estados Unidos le producen al Vaticano 7.500 millones al año, las demandas todavía son costeables, pero dada la voracidad por el dinero que caracterizó a Wojtyla, perder semejante platal para él ha debido de ser algo espantoso, como un segundo mal de Parkinson. ¡Ah, cómo le amargaron los maricas su reinado a Su Santidad! Y así Ella, Su Santidad, fue un papa homofóbico o «mataputos», como se dice en México. Y por añadidura paidófobo, detestaba a los niños. Y en prueba esa palmada en la mano que le dio, ya al final de su vida, a una niña que le ayudaba a lanzar unas palomas desde su ventana (la famosa ventana que da a la plaza de San Pedro y se abre al cielo de mi Diosito) porque la niña por nerviosa se equivocó y las lanzó mal y una se le devolvió y le dio un aletazo a él en la cara y casi lo caga. No se pudo controlar el santo y le propinó a la niña su buena palmada que filmaron y transmitieron por televisión. Yo la vi, a las cinco de la tarde, en un noticiero de televisión. Cuando horas después traté de volver a ver la palmada en otro noticiero de la media noche, ya la habían cortado.

Wojtyla no hizo pues suya la frase de Cristo «Dejad que los niños vengan a mí», que le ha llenado en cambio la vida al padre Marcial Maciel, fundador del jardín florido de los Legionarios de Cristo mexicanos y quien durante el pontificado del difunto papa tuvo abiertas de par en par las puertas del Vaticano, por el que entraba y salía como san Pedro por su casa, o como nuestro Alfonso López Trujillo, quien cuando fue arzobispo de Medellín se distinguió por su pederastia tanto como por sus negocios non sanctos con la mafia que finalmente le costaron la expulsión de mi ciudad y su exilio en el Vaticano donde lo recibieron con los brazos abiertos y en premio a sus trapacerías y sodomías lo nombraron presidente del Consejo Pontificio para la Familia, altísimo cargo desde el que nuestro paisano llueve y truena contra lo que conoce muy bien, el coito sodomítico que atenta contra la supervivencia de la especie, y desde el que insiste tercamente en su tesis de que el virus del sida traspasa los condones. ¿Será que lo habrán infectado? ¿O será que lo habrán preñado? Teólogos metidos a sexólogos, fornicadores haciéndose los remilgados, que por ahí no pichan. Ah, y al arzobispo de Boston el cardenal Bernard Law, el funcionario de más alto rango de la Iglesia católica de los Estados Unidos y quien en diciembre de 2002 tuvo que renunciar a su arzobispado por las presiones de los católicos de su diócesis que lo acusaban de alcahuetear a los curas pederastas, Wojtyla lo refugió en Roma nombrándolo arcipreste de la Basílica Santa María Mayor. Cuando los fieles de una parroquia de su diócesis acusaban a un cura de pederastia, Law simplemente lo transfería a otra parroquia y listo el pollo, adiós escándalo, se apagó el incendio. Esta palomita ha tenido ahora el altísimo honor de celebrar la cuarta de las nueve misas fúnebres del novenario con que la Iglesia ha despedido en Roma al papa difunto. Cañonero mayor, como quien dice, ha disparado el cuarto cañonazo para anunciarle al cielo que va para arriba como un volador el nuevo santo y que abran las puertas rápido. «*Santo subito!*», grita la turbamulta en italiano, o sea «¡Santo ya!»

¿Y por qué refugiaba Wojtyla a semejantes palomitas blancas en el seno de su reino puro? Hombre, por la misma razón que, no bien asesinaron a su predecesor Albino Luciani y él ascendió al papado, de inmediato cubrió con su manto al arzobispo de Chicago Paul Marcinkus e impidió que metieran entre rejas a quien había sido el representante *in pectore* de Pablo VI en los más tenebrosos manejos del Banco Vaticano que llevaron a la quiebra fraudulenta del Banco Ambrosiano tras una estafa de 600 millones de dólares. Alcahueta de cuanto pícaro y marica le pudiera servir, Wojtyla, el papa negociante, le decía a su amigo y biógrafo Gian Franco Svidercoschi que la Iglesia debía ser «una casa de vidrio». Y sí, en una casa de vidrio transparente vivió él para que lo vieran día y noche en su impudicia protagónica, pero nunca lo fueron las finanzas del Estado Vaticano, el octavo paraíso fiscal del mundo, a la altura de Suiza, las Bahamas y Liechtenstein, y cuyo mencionado Banco Vaticano (tartufamente denominado *Istituto per le Opere di Religione*) maneja 55.000 millones de dinero sucio italiano. ¡Como desde el concordato con Mussolini está exento de impuestos este Estado delincuente! Y después le salen a uno con que el producto interno bruto de la Ciudad Santa es de 20 millones de dólares o algo así. ¡Por Dios, no mientan! Multipliquen por tres y después por mil a ver si nos vamos acercando.

¡Cifras tremendas las de estos negociantes tonsurados, de estos gángsteres ensotanados que se han embolsado los millones y las joyas robadas a los judíos durante la Segunda Guerra Mundial aprovechándose del concubinato de Pío XII con los nazis! Pero no nos enredemos con papas del pasado, que pícaros de ésos en total ha habido 264. Concentrémonos en el transparente, en el que acaba de morir, a la vista de todos, con pompa y circunstancia, exhibiendo la opulencia insultante de su reino ante los pobres de este mundo. A ver, reinó 26 años y medio, ¿en días cuántos dan? Veintiséis años y medio de pontificado dan 9.661 días durante los cuales el Papa Viajero visitó 130 países, promulgó 13 encíclicas, 13 exhortaciones, 41 cartas papales, convocó 8 consistorios, 15 sínodos, pronunció 2.400 discursos o sermones u homilías o como las quieran llamar, infló el santoral en 482 santos y 1.316 beatos y trazó en el aire 23 millones 543.327 bendiciones que yo conté y de las cuales una me cayó en el saco como mierda de paloma. Gracias a Dios tenía a la mano unas hojas de cuaderno con las que me lo limpié. Y todo lo enumerado, todo, todo, trompeteado a los cuatro vientos por la prensa y la televisión, que son rameras y se venden pero que cuando huelen un cadáver próximo se convierten en buitres. Como ahora, a raíz de la ostentosa muerte de Wojtyla. Porque, Dios existe y Alá es grande y Mahoma su profeta, finalmente murió.

Nueve viajes «apostólicos» hizo a África, durante los cuales, yendo de Gambia a Zambia y del tingo al tango, visitó 32 países. Dignas de recordar son sus visitas al epicentro del sida –Congo, Zaire y Sudáfrica–, donde anduvo predicando contra los preservativos, pese a que (según dicen aunque no he tenido tiempo de verificar) el Vaticano posee acciones en fábricas de condones. Lo cual habla bien de él y de su rectitud moral pues a él no le importa perder mientras pueda ganar. ¡Como era el Papa de la Vida! Y yo pregunto ahora: de los miles o millones de niños africanos que nacieron infectados por el sida a raíz de su prédica contra el condón, ¿a cuántos recogió en sus palacios vaticanos? A tantos cuantos recogió de los que nacieron en Colombia después de su visita de 1986 a nuestro país adonde vino a predicar lo mismo, y que de no haber sido por su corazón bondadoso que los albergó allá hoy serían carne de cañón de las FARC, el ELN, los paramilitares, el Ejército y el hampa de la calle.

Le atribuyen como gran mérito el haber sido junto con Reagan el gran artífice de la caída del comunismo. No hay tal. El comunismo se cayó porque Rusia fue a dar a manos del inepto de Gorbachov. Donde en vez de éste Rusia hubiera tenido, por ejemplo, a Kim Il-Sung, el tirano de Corea del Norte, hoy otro gallo nos cantara. Al sindicato Solidaridad lo habrían aplastado entonces los rusos como una cucaracha polaca, con papa polaco o sin él.

Su oposición a los preservativos, a los anticonceptivos y al aborto en un mundo superpoblado y por el que se extiende incontenible la pandemia del sida para mí es un crimen contra la humanidad. Y el no haber defendido los derechos de los animales lo considero un crimen contra la vida y contra el planeta. Éstos fueron sus crímenes mayores. En cuanto a sus bellaquerías, no tienen cuento. He aquí algunas: nombrar a Angelo Sodano, amigo de Pinochet y alcahueta de sus crímenes durante los once años que fue Nuncio Apostólico en Chile, para el puesto más alto de la burocracia vaticana después del suyo, como Secretario de Estado. Otra: recibir en audiencia privada en el Vaticano al criminal nazi Kurt Waldheim cuando era presidente de Austria, al terrorista Yasser Arafat (cuatro veces) y a Fidel Castro, a quien le retribuyó la visita viajando un año después a Cuba y legitimando con su presencia allá la continuidad en el poder del tirano. Otra: santificar al tartufo español José María Escrivá de Balaguer, fundador de la secta franquista del Opus Dei y más perverso y tenebroso él solo que toda la Compañía de Jesús junta y sumada a la caterva salesiana (con la bendición de Wojtyla el Opus Dei acabó desbancando a la poderosa secta de Ignacio de Loyola que desde los tiempos del cisma protestante había detentado el poder económico e intelectual del catolicismo). Otra: el show infame del 12 de marzo del año 2000 cuando para hacerse ver convocó a *la giornata del perdono* y divulgó el documento «Memoria y reconciliación: la Iglesia y las culpas del pasado» haciéndole al cuento de que iba a pedir perdón por los crímenes de la Iglesia, pero no, por lo que pidió perdón este embaucador nato fue por los crímenes de los católicos, lo cual es una cosa muy distinta. Crímenes de los católicos son, por ejemplo, los veintisiete mil asesinatos que cometen cada año los católicos colombianos. Y crímenes de la Iglesia son, por ejemplo, las campañas militares asesinas contra los árabes de Jerusalén en la Edad Media conocidas como las Cruzadas; o la destrucción de las civilizaciones precolombinas en la evangelización de los indios americanos por la fuerza; o la quema por la Santa Inquisición de incontables inocentes con las acusaciones de brujería o de herejía. Quemar a un ser vivo (humano o no) no tiene perdón del cielo. Si Dios calla ante este acto monstruoso, una de dos: o no existe, o es el Ser Más Malvado.

¿A dónde no fue? ¿Dónde no habló? ¿Con qué tirano o granuja con poder no se entrevistó? Un poco más y recibe al genocida de Saddam Hussein, a cuyo derrocamiento se opuso porque, oportunista como ninguno, políticamente era lo que le convenía: ir contra los Estados Unidos montándose en la cresta de la ola antinorteamericana. El Papa Viajero viajó siempre en jet privado, y en su agonía impúdica y protagónica ocupó todo un piso del Hospital Gemelli como si fuera un príncipe petrolero saudí. ¡Y cuándo tuvo una palabra de amor por los animales! Una siquiera. ¿Defendió acaso a las focas de los canadienses que las matan a palazos, o las

ballenas que los japoneses y los noruegos matan a arpona-
zos, o las vacas que acuchillan los matarifes en los mataderos
de los países católicos para alimentar con proteínas, dieta
fina, a la grey carnívora? ¡Ah puto viejo, ah puta farsa! Otro
más de los grandes mentirosos y criminales de este mundo
que se nos va sin castigo. El Papa pérfido es como lo conoce-
rá la Historia cuando se calme el revuelo de esta turbamulta
paridora y de esta alucinación colectiva. Mi consuelo es que
su miserable vida y su grotesco fin y su afrentoso entierro los
borrará el próximo mundial de fútbol. ¡Que si qué! Dios
existe, y si no mírenlo haciendo lindezas en Asia mandando
tsunamis. Ahora, en estos momentos, mientras escribo, Karol Wojtyla, el Papa pérfido, goza impune de la eterna paz
de la nada.

Índice